29.80

art in context

Renaissance von Mailand bis Neapel

Die Kunst an den Höfen Italiens

Alison Cole

DUMONT

Umschlagvorderseite: **Giovanni Bellini,** *Festmahl der Götter* (Ausschnitt von Abb. 14)
Umschlagrückseite: **Taddeo Crivelli,** Illuminierte Seite aus Borso d'Estes Prunkbibel (Detail von Abb. 97) und **Andrea Mategna,** Camera Picta - Höfische Szene (Detail von Abb. 114)
Frontispiz: **Antico,** *Apollo* (Ausschnitt von Abb. 121)

Danksagung

Ich danke den folgenden Personen für ihre Hilfe und Unterstützung. Ganz besonderen Dank schulde ich Sharon Fermor für ihre unermüdliche Bereitschaft, mich zu ermutigen. Dank gebührt auch Lesley Ripley Greenfield and Tim Barringer dafür, daß sie mir dieses wichtige und lohnende Projekt anvertraut haben. Vielen Dank sei auch Lauro Martines und Francis Ames-Lewis ausgesprochen für das Korrekturlesen des Manuskriptes und ihre konstruktiven Gespräche. Meiner Arbeit ist auch die Unterstützung durch Evelyn Samuels Welch zugute gekommen, ihr gebührt ebenso Dank wie Shayne Mitchell, der die Recherche für die Genealogien durchgeführt hat. Von unschätzbarer Hilfe war mir das Warburg Institute der London University.

Gedankt sei darüber hinaus meinen Lektoren Jacky Colliss Harvey und Damian Thompson für ihre aufmerksame und sorgfältige redaktionelle Arbeit. Ein großes Lob spreche ich auch Susan Bolsom-Morris für die Bildbeschaffung aus; unbeirrbar hat sie sich um das Bildmaterial gekümmert und nur die hervorragendsten Abbildungen gelten lassen.

Auch bei meiner Familie - Keith, Jay und Louis - bedanke ich mich an dieser Stelle herzlichst für ihre Geduld und ihre unerschütterliche Unterstützung; nicht zuletzt danke ich meinem Vater für seine konstruktiven Diskussionen nach der Lektüre des Manuskriptes und meinem Bruder, der von Rom aus einen ständigen Kontakt mit den italienischen Einrichtungen ermöglichte.

Die deutsche Bibliothek – CIP Einheitsaufnahme

Renaissance von Mailand bis Neapel : Die Kunst an den Höfen Italiens / Alison Cole.
(Übers. aus dem Engl. von Christine Diefenbacher). - Köln DuMont, 1996
(Art in Context)
Einheitssacht.: Art of the Italian Renaissance courts ‹dt.›
ISBN 3-7701-3748-5

NE: Cole, Alison; Diefenbacher, Christine (Übers.); EST

Produktion: Calmann & King Ltd., London
Series Consultant: Tim Barringer (Victoria and Albert Museum)
Design: Karen Stafford, DQP, London

Satz: DuMont Buchverlag, Köln
Druck und buchbinderische Verarbeitung: Toppan Printing Ltd., Singapur
ISBN 3-7701-3748-5

Inhalt

Der Renaissancehof

1. **Cosimo Tura**, *Allegorische Figur* (vielleicht die Muse Kalliope), 1458-1460. Tempera und Öl auf Holz, 110 x 71,1 cm, National Gallery, London.

Tura malte diese Phantasiegestalt als Teil der Ausschmückung der Este-Villa Belfiore in Ferrara.

Untersuchungen über die italienische Renaissance konzentrieren sich für gewöhnlich auf die berühmten Zentren Florenz, Venedig und Rom. Obwohl deren Bedeutung unbestritten ist, stellen sie jedoch nur drei von vielen Kunstzentren dar, die allesamt entscheidend zur Blüte der italienischen Kunst jener Zeit beigetragen haben. Spätmittelalterliche Schriften bezeichneten mit dem Begriff *rinascità* (Wiedergeburt) weniger eine Epoche als vielmehr eine auf die erneute Hinwendung zum klassischen Altertum abzielende Bewegung, die mit ihrer neu entdeckten Vorstellung von der Perfektibilität der menschlichen Vermögen dem politischen und künstlerischen Leben neuen Auftrieb gab. Diese im fünfzehnten Jahrhundert einsetzende Entwicklung wurde von Fürsten und Päpsten ebenso gefördert wie von Dogen, Bankiers, Kaufleuten und Klerikern. Insofern gerade auch für die kleineren Fürstenhöfe ein starkes Bedürfnis nach Neuem, ein Hang zur Prachtentfaltung und der Wunsch nach Anerkennung kennzeichnend ist, fiel ihnen eine zentrale Rolle zu bei der Entwicklung und Verbreitung des Gedankenguts der Renaissance. Ihr rasches Aufgreifen neuer Ideen erklärt unter anderem den Reichtum und die Vielfalt der italienischen Renaissancekunst. Es ist daher lohnend, die herausragende Bedeutung der fünf Fürstenhöfe Neapel, Urbino, Mailand, Ferrara und Mantua eingehend zu untersuchen (Abb. 1).

Seit der territorialen Zersplitterung Italiens, die mit dem Untergang des Weströmischen Reiches im fünften Jahrhundert einsetzte, hatte das Land nie mehr zu einer stabilen nationalen oder kulturellen Identität zurückgefunden. Etwa mit Beginn des 13. Jahrhunderts entwickelte sich Italien zu einem bunten Flickenteppich einzelner, voneinander völlig unabhängiger Stadtstaaten. Zu ihnen zählten republikanische Oligarchien wie Florenz, Siena, Lucca, Venedig und Genua, der Kirchenstaat mit dem päpstlichen Hof in Rom sowie zahlreiche Fürstenhöfe, welche entweder kaiserliche oder päpstliche Lehensgüter waren. De iure ihrem jeweiligen – kaiserlichen oder päpstlichen – Lehensherrn gegenüber zu Abgaben oder Kriegsdiensten verpflichtet, waren diese Territorien de facto unabhängig. Der Süden Italiens wurde von dem großen Königreich beider Sizilien und der Norden von dem reichen und mächtigen Herzogtum Mailand dominiert. Die übrigen größeren Fürstentümer – die in den siebziger Jahren des fünfzehnten Jahrhunderts errichteten Herzogtümer Ferrara und Urbino sowie die Markgrafschaft Mantua – waren vergleichsweise klein. Ihr großes Ansehen beruhte in erheblichem Maße auf ihrer herausragenden Rolle als Förderer der Künste. Daneben gab es noch die winzigen Markgrafschaften Saluzzo und Monferrato sowie kleinere, von päpstlichen Legaten regierte Höfe wie Rimini, Bologna und Pesaro.

Der italienische Begriff *corte* bezeichnet ein von Gebäuden begrenztes Grundstück, einen Hof im ursprünglichen Sinne. In politischer und gesellschaftlicher Hinsicht verstand man unter »Hof« den vom Fürsten (dem Territorialherrn), dessen Gemahlin, den Höflingen, Amtsträgern und der Dienerschaft bewohnten Bereich. Dieser Lebensraum besaß unsichtbare Grenzen, welche von jenen gezogen wurden, die im Namen des Fürsten Macht und Einfluß ausübten. Das Zentrum des Hofes bildete der Palast oder die Burg. Letztere diente gleichzeitig als Hauptresidenz des Herrschers, wichtigste Festung der Stadt und zunehmend als Regierungs- und Verwaltungssitz (Abb. 2). Der Palast bzw. die Burg gehörten zu einem ganzen Komplex von Hofgebäuden, die um die Prunkräume, Kapellen, Kloster- und Parkanlagen herum angeordnet waren. Verteidigungsanlagen wie Gräben, Wälle und massive Schanzen mochten wohl ein Gefühl der Sicherheit und Abgeschlossenheit vermitteln, doch beruhte die »Abgeschirmtheit« der Höfe eher auf der Haltung der herrschenden Elite. Manche Fürsten, beispielsweise Ercole d'Este von Ferrara, waren darauf bedacht, ihre eigene Person und ihren engeren Haushalt – eingedenk der Vorstellung vom Gottesgnadentum – vom gemeinen Volk fernzuhalten (Abb. 3). Andere wiederum gaben sich offener. Innerhalb der höfischen Welt führte ein ausgesprochenes Elitedenken zur Entstehung von Standesprivilegien und hierarchischen Strukturen.

2. Türsturz an einem Hofeingang von Federico da Montefeltros Palazzo Ducale in Urbino. Errichtet in der zweiten Hälfte seiner Regierungszeit (1442-1482).

Der Hof war jedoch keineswegs hermetisch von der Außenwelt abgeschlossen. Das höfische Personal wechselte unablässig, es kamen ständig Ströme von zu- und abreisenden Besuchern, neben permanent ansässigen Botschaftern und Diplomaten auswärtiger Höfe, die beinahe schon zum fürstlichen Haushalt zählten. Galeazzo Maria Sforzas Hof zu Mailand, der unter seiner Regierung bedeutend erweitert wurde, wimmelte nur so von Menschen aus fremden Territorien und aus der Provinz. Durch Heirat war er überdies eng mit dem kleinen Hof von Savoyen verbunden. Fürstliche Heiratspolitik und Militärbündnisse führten dazu, daß sich die Höfe nicht etwa scharf gegeneinander abgrenzten, sondern ganz im Gegenteil eng miteinander verflochten waren (Abb. 4). Pflegten die Stadtstaaten untereinander harmonische Beziehungen, so schlugen sich diese meist in einem regen kulturellen Austausch nieder. Die Herrscherfamilien waren darüber hinaus mit dem niederen Adel verbunden, mit dem sie häufig ihre illegitime Nachkommenschaft verheirateten. Auch die Unterscheidung zwischen höfischen einerseits und bürgerlichen oder kirchlichen Einrichtungen andererseits war oft verschwommen, da sich die Fürsten in hohem Maße an bürgerlichen Unternehmungen beteiligten und religiöse Orden stifteten. Der Hof begab sich regelmäßig auf Reisen, wenn auch weit weniger als im nördlichen Europa, wo die Macht der Fürsten infolge der ausgedehnten Ländereien eher auf viele Orte verteilt war, und sich nur selten auf eine einzige Stadt konzentrierte. Wenn ein italienischer Hof dann zu einer ländlichen Villa oder von Staat zu Staat zog, nahm er seine urbane Identität und einen großen Teil seines Personals mit.

3. Der Torre del Leoni des Este-Palastes aus dem fünfzehnten Jahrhundert, Ferrara.

Die Macht wurde einerseits vom Fürsten ausgeübt, dessen überragende Autorität unbestritten war, und andererseits vom höfischen Verwaltungsapparat durchgesetzt, der innerhalb der allgemeinen Vorgaben des Herrschers oft selbständig agieren konnte. Manche Fürsten betrauten hochgestellte Mittelsmänner mit der Oberaufsicht über Bauvorhaben und künstlerische Projekte. Diese Mittelsmänner überprüften sorgfältig die Entwürfe und kontrollierten die verschiedenen Ausführungsphasen. Wie mächtig ein Hof war, ließ sich daraus ersehen, ob er die namhaftesten Fachleute und Künstler an den Hof zu binden verstand, angefangen bei Feldherren und Söldnerführern *(condottieri)* bis hin zu ausländischen Musikern, und ihre Dienste so lang in Anspruch nehmen konnte, wie er sie benötigte. Die in Aussicht gestellten finanziellen Anreize und die gesellschaftlichen Aufstiegsmöglichkeiten zogen auch manchen Außenseiter an die Höfe. Andere benutzten den Hof als Sprungbrett für ihre Karriere. Viele Höflinge führten ein regelrechtes Doppelleben, indem sie sich bei Hofe verdingten und gleichzeitig für andere Arbeitgeber tätig wurden. Künstler waren oft auf Zeit in den

4. Schmuckteller aus Faenza, um 1476. Mit Zinn glasierter Ton, Durchmesser 45 cm, Metropolitan Museum of Art, New York.

Der Teller trägt das Wappen des ungarischen Königs Matthias Corvinus und seiner Gemahlin Beatrice von Aragon. Er wurde anläßlich ihrer Eheschließung im Jahre 1476 angefertigt.

höfischen Haushalt einbezogen. Ihrer großen Mobilität ist es zu verdanken, daß unterschiedliche regionale Stile weitere Verbreitung gefunden haben und neue Techniken rasch übernommen worden sind.

Die Umsetzung höfischer Kunstvorhaben zog zwar ein ganzes Heer von Handwerkern und Künstlern an, doch beruhten diese Projekte meist auf genauen Vorgaben der Aristokratie. Die Gesellschaft der Renaissance legte größten Wert auf die Wahrung der Standesunterschiede. Edle Abstammung war von allererster Bedeutung, obgleich geschickte Söldnerführer wie beispielsweise der *condottiere* Francesco Sforza dank ihrer Verbindungen und Fähigkeiten in den Herzogsrang aufzusteigen vermochten. Angesehene Berufe boten dabei die besten gesellschaftlichen Aufstiegsmöglichkeiten – tüchtige Vertreter des Kriegshandwerks, kluge Juristen und gelehrte Schriftsteller wurden in den Adelsstand erhoben. Stark vereinfacht zerfiel die Gesellschaft in jene beiden Kategorien, die Machiavelli in seinem 1524 veröffentlichten Theaterstück *Mandragola (Die Springwurz)* einander gegenüberstellte: Adlige/Kaufleute, Reiche/Arme, Einheimische/Auswärtige. Gegen Ende des fünfzehnten Jahrhunderts schlug Leonardo da Vinci in einem Entwurf eine tiefgreifende Umgestaltung der vom Haus Sforza regierten Stadt Mailand vor: Ein höher gelegener, dem Sonnenlicht ausgesetzter Teil der neu zu gestaltenden Stadt war dem Hof und der Aristokratie vorbehalten, während die einfache Bevölkerung in einem deutlich tiefer gelegenen, schattigen Viertel angesiedelt werden sollte. Diese krasse vertikale Differenzierung verdeutlicht auf eindrucksvolle Weise, daß die höfische Kunst von einer Elite konzipiert und überwiegend für ein elitäres Publikum bestimmt war.

5. **Kreis um Andrea Mantegna**, *Das gerechte Urteil des Kaisers Trajan* (Frontrelief der Hochzeitstruhe von Paola Gonzaga), 1477. Tempera, Stuckrelief und Wachsfarben auf Holz, 69 x 210 cm, Landesmuseum Klagenfurt.

Das Gemälde stammt von einer aufwendig verzierten, vergoldeten Hochzeitstruhe, einer *cassone.* Ludovico Gonzagas Tochter Paola nahm zur Vermählung mit Leonhard, Graf von Görz, zwei solche Truhen mit ins Heilige Römische Reich deutscher Nation. Beide Truhen zeigten (in einem fortlaufenden Fries) eine erbauliche Begebenheit aus dem antiken Rom, welche dem frischvermählten Paar als beeindruckendes Beispiel »christlicher« Tugend dienen sollte. Das Bild stellt die Kirche Sant' Andrea in Mantua dar; das antikisierende Gesims des Palastes wird vom Emblem der Gonzaga, einer strahlenden Sonne, beherrscht.

6. Meister der Pala Sforzesca, Pala Sforzesca, ca. 1496–97. Tempera auf Holz, 230 x 160 cm, Pinacoteca di Brera, Mailand.

Der Bildausschnitt zeigt Beatrice, die Gemahlin von Ludovico Sforza.

Durch die äußerst rege internationale Diplomatie kamen die italienischen Höfe eng mit auswärtigen – vor allem französischen, deutschen, spanischen und burgundischen – Machtzentren in Berührung. Trotz ihres nach wie vor eher regionalen, zuweilen sogar provinziellen Zuschnitts erwarben sie zunehmend internationales Ansehen, indem sie auswärtige Würdenträger mit geradezu überwältigender Gastfreundschaft empfingen und in hochrangige fremdländische Dynastien einheirateten (Abb. 5). Wie Leon Battista Alberti in seiner zwischen 1435 und 1444 verfaßten Abhandlung *Della famiglia libri IV (Vier Bücher über die Familie)* dargelegt hat, erstreckte sich die Heiratspolitik auf »die umliegenden Fürstentümer, entferntere Regionen, ja auf die ganze Welt«. Keiner der italienischen Höfe vermochte allerdings gegen Ende des fünfzehnten Jahrhunderts einen ebenso großen internationalen Ruhm zu entfalten wie Rom. Dennoch wirkte die Kunst insofern nivellierend, als die verschiedenen Höfe miteinander wetteiferten und mit dem jeweils herrschenden Statusdenken Schritt zu halten suchten. Dies veranlaßte italienische Fürsten dazu, die prächtige Innenausstattung burgundischer Schlösser nachzuahmen, französische Ritterromane zu sammeln und die eleganten Gewänder und Umgangsformen der Spanier zu übernehmen (Abb. 6).

Die meisten Fürsten verdingten sich nebenbei als *condottieri* und verschafften sich gewaltige Nebeneinkünfte, indem sie ihre Truppen und ihr militärisches Können an Machthaber mit größeren italienischen Territorien verdingten. Für manches kleine Fürstentum wie etwa Urbino, das über keine nennenswerte einheimische Wirtschaft oder sonstige Ressourcen verfügte, stellte der Soldvertrag des jeweiligen Herrschers, die *condotta,* gar die wichtigste Einnahmequelle dar. Der Thronfolger und alle, die ihm dienen wollten, mußten unbedingt das Kriegshandwerk und die Reitkunst beherrschen. Die fürstlichen Nachkommen wurden daher fremden Höfen oder berühmten *condottieri* anvertraut, um dort die erforderlichen Kenntnisse zu erwerben. Seit den vierziger Jahren des fünfzehnten Jahrhunderts ließen die Herrscherhäuser ihrem Nachwuchs zunehmend eine humanistische Ausbildung angedeihen, so daß die ritterlichen Ideale von Ehre und Ruhm eng verknüpft waren mit Vorbildern antiker Staatskunst und militärischer Leistungen. Noch wichtiger war die Tatsache, daß die

Ethik des antiken Roms und Griechenlands ein moralisches Gerüst lieferte, an dem sich das öffentliche und private Leben fortan orientieren konnte. Der Begriff Humanismus kommt von »studia humanitatis«, einem Unterrichtsprogramm, das die Fächer Grammatik, Rhetorik, Poesie, Geschichte sowie Ethik umfaßte; großer Wert wurde auf die Fähigkeit gelegt, klassische Texte im lateinischen Original – der Sprache der gebildeten Elite – lesen zu können. Viele dieser Texte waren im Spätmittelalter wiederentdeckt worden und erfreuten sich nun erneut großer Beliebtheit.

Auch die fürstlichen Gemahlinnen erhielten oft eine humanistische Unterweisung, doch konnten sie sich infolge chronischen Geldmangels meist nicht selbst als Mäzeninnen betätigen. Ihr eigener Haushalt verschlang den größten Teil der ihnen bewilligten Gelder, und die meisten ihrer persönlichen Ausgaben mußten ohnehin die Ehemänner bestreiten. Die fürstlichen Damen nahmen zwar aktiven Anteil an der Ausgestaltung ihrer Privatgemächer, gaben etwa kleine Andachtsbilder oder mit Miniaturen verzierte Manuskripte in Auftrag, ihre Beteiligung an öffentlichen Kunstprojekten war jedoch eher gering. Der Hof von Ferrara, an welchem Isabella d'Este aufwuchs, scheint Frauen eine einflußreichere Rolle bei der Entscheidung über politische und künstlerische Fragen eingeräumt zu haben. Hier war es durchaus üblich, daß Eleonora von Aragon die Staatsgeschäfte führte, wenn ihr Gatte in seiner Eigenschaft als *condottiere* unterwegs war. Die mit Alfonso d'Este vermählte Lucrezia Borgia scharte einen ganzen Kreis angesehener Künstler und

Literaten um sich. Doppelbildnisse von Herrscherpaaren zeigen jedoch deutlich, was für eine begrenzte Rolle den fürstlichen Gemahlinnen zugedacht war. Auf der Rückseite der beiden Porträts, die Piero della Francesca von Federico da Montefeltro und seiner früh verstorbenen Frau Battista Sforza anfertigte (Abb. 7), sind ihm die Kardinaltugenden Gerechtigkeit *(iustitia)*, Klugheit *(prudentia)*, Tapferkeit *(fortitudo)* und Mäßigkeit *(temperantia)* zugeordnet, während seine Gemahlin die Tugenden Glaube *(fides)*, Hoffnung *(spes)* und Nächstenliebe *(caritas)* auszeichnen, die als göttliche Tugenden begriffen wurden.

Der individuelle Zuschnitt der höfischen Zentren wurde entscheidend durch ihre Größe, ihren Reichtum und die Herkunft ihrer Herrscher bestimmt. Die Dynastien der Este von Ferrara und der Gonzaga von Mantua gingen auf einen zahlreiche ländliche und städtische Güter besitzenden Landadel zurück und bezogen ihre Einkünfte mehr aus Landwirtschaft und Kriegshandwerk denn aus Handel oder Gewerbe. Die mailändischen Dynastien der Visconti beziehungsweise Sforza hingegen konnten sich auf ein blühendes Gewerbe stützen und waren zugleich eine Militärmacht. Umgekehrt beruhte der Wohlstand der Republiken meist auf ihrer überregionalen Bedeutung als Handels- oder Gewerbezentren. Die Aristokratie dieser Stadtstaaten war weitgehend in der urbanen Struktur aufgegangen, während der Mittelstand florierte. Florenz, Genua und Venedig wurden von Räten regiert, in denen eine Handvoll patrizischer Familien dominierten. Venedig berief sich voller Stolz auf seine byzantinische Vergangenheit und erfreute sich infolge seines internationalen Handelsimperiums großen Reichtums. Die vielfache Verwendung christlicher Motive in öffentlichen Kunstwerken der Stadt Venedig zeugt von der engen Verbindung zwischen kirchlichen und weltlichen Institutionen.

Das von 1434 bis 1494 von den Medici beherrschte Florenz machte sich manchen Bestandteil der höfischen Ritterkultur zu eigen. Der komplexe und nur schwer faßbare Status dieser Stadt als »höfisches« Zentrum ist in der Forschung vielfach erörtert worden. Fest steht, daß die Medici als Bankiersdynastie weder das Kriegshandwerk erlernt, noch eine ritterliche Erziehung genossen hatten. Viele ihrer in höfischer Manier ausgeführten künstlerischen Auftragsarbeiten sind folglich in erster Linie vom Gesichtspunkt einer souveränen Selbstdarstellung zu begreifen und weniger auf das künstlerischen Motiven geschuldete Wetteifern mit anderen Mäzenen und Auftraggebern zurückzuführen. Die Medici verfügten über keinen großen Hof und bildeten keinerlei vorherrschenden »höfischen« Stil aus. Viele jener Fertigkeiten, welche die Besonderheit der florentinischen Kunst ausmachten – angewandte Mathematik, literarische Bildung und Rechenkünste – entsprangen dem florentinischen Handelsethos. Die mit der Wahrung der merkantilen Interessen betrauten Gilden und Zünfte – von den Seiden- und Wollhändlern bis hin zu den Steinmetzen und Holzschnitzern –

7. Piero della Francesca, *Triumphzug des Herzogspaares*, Rückseite des Doppelbildnisses von Federico da Montefeltro und seiner Gemahlin Battista Sforza, ca. 1472. Öl auf Holz, 47 x 33 cm, Uffizien, Florenz.

Battista thront, in einem Gebetbuch lesend und von den theologischen Tugenden umringt, auf einem von Einhörnern (dem Symbol der Keuschheit) gezogenen Triumphwagen. Ihr Gewand ist von tiefem Rot, der Farbe des Martyriums (Battista verstarb kurz nachdem sie Federico einen Sohn und Thronerben geschenkt hatte); über die im Hintergrund dargestellte Landschaft bricht soeben die Abenddämmerung herein. Der von den Kardinaltugenden begleitete Federico wird von Victoria gekrönt und zieht durch eine etwas andere, im strahlenden Licht daliegende Landschaft seiner Gemahlin entgegen. In harmonischer Weise ergänzen sich die beiden unterschiedlichen Darstellungen des Hintergrunds. Die Inschrift unterhalb seines Triumphwagens besagt, daß Federico offenbar mit Recht das Zepter führt, da er sich in einem eindrucksvollen Triumphwagen befindet.

8. Blick aus einem Fenster des Palazzo Ducale in Urbino auf die umliegende Landschaft

gaben in den ersten Jahrzehnten des fünfzehnten Jahrhunderts die meisten öffentlichen Kunstwerke in Auftrag und unterwarfen sie einer strengen Kontrolle. Ebenso wie die Fürsten wetteiferten die einzelnen florentinischen Gilden in ihrer Bautätigkeit miteinander und mit reichen Florentiner Unternehmern, die zunehmend kunstvolle Paläste und private Kapellen errichteten. Der Humanist Leonardo Bruni führte die Anfänge von Florenz auf das republikanische Rom zurück und Florentiner Humanisten priesen eher bürgerliche Wertvorstellungen als höfische Tugenden. Dessenungeachtet verliehen die weitreichenden internationalen Beziehungen dem Haus Medici ein großes, über Florenz hinausreichendes Ansehen, und andere Staaten und Nationen erkannten seine »fürstliche« Macht und Ausstrahlung an.

Rom verfolgte seine eigenen Ziele: Es trachtete danach, seine geistliche Autorität und seine politische Macht (als Lehensherr über italienische Territorien) in der weltlichen Sphäre zu behaupten. Nachdem die Päpste um 1420 nach dem Großen Abendländischen Schisma und ihrer langen Abwesenheit in Avignon wieder nach Rom zurückgekehrt waren, entstand das dringende Bedürfnis, die herausragende Rolle Roms als alleinige Hauptstadt der Christenheit zu betonen. Da Rom an seine frühere kaiserliche Größe anknüpfen wollte, bediente es sich bewußt der antiken Formen. Neben den Päpsten betätigten sich auch mächtige Barone und vermögende Kardinäle als eifrige Förderer von Wissenschaft und Künsten. In der gesellschaftlichen Hierarchie waren die Kardinäle Fürsten gleichgestellt, und viele von ihnen begründeten eigene, von der Kurie abhängige Höfe.

Daß weltliche Höfe bei der Erforschung der Renaissance bislang vergleichsweise wenig Beachtung fanden, mag vielfach daran gelegen haben, daß von insbesondere diesen Zentren und ihren Kunstwerken nur wenig erhalten blieb (Abb. 8). Viele herausragende Werke wurden zerstört und wir haben von ihnen nur durch historische Dokumente und durch Beschreibungen in der zeitgenössischen Literatur bzw. in wissenschaftlichen Abhandlungen der damaligen Zeit Kenntnis. Die Zahl der erhaltenen Kunstwerke ist dennoch groß genug, um ein faszinierendes Bild davon zu vermitteln, welcher künstlerische Reichtum an den Höfen geherrscht hat. Das im vergangenen Jahrzehnt neu erwachte Interesse der Forschung für dieses Gebiet zeitigte mittlerweile eine ganze Reihe von Publikationen. Auch wenn es in der Kunst den »höfischen« Stil schlechthin nicht geben mag, lohnt es sich doch, den regionalen »höfischen« Stilen und Vorgehensweisen nachzugehen und auf diese Weise den je unterschiedlichen 'Verwendungssinn' von Kunst an den Höfen Italiens deutlich zu machen.

1. Kapitel

Kunst und höfische Selbstdarstellung

9. **Benozzo Gozzoli**, *Zug der Hl. Drei Könige nach Bethlehem* (Detail), 1459. Fresko. Palazzo Medici-Riccardi, Cappella, Florenz.

Gozzoli fertigte seine üppigen Fresken im Auftrag von Cosimos Sohn Piero de' Medici an (welcher auf dem Schimmel im Profil dargestellt ist). Dieser hatte eine ausgesprochene Vorliebe für kostspielige Materialien und reiches Beiwerk.

Große Summen für Kunst und Architektur auszugeben, betrachteten die Fürsten der Renaissance als ehrenvolle Betätigung. Die moralischen und gesellschaftlichen Vorbehalte, mit denen man im vierzehnten Jahrhundert der Zurschaustellung von Reichtum begegnet war und die in vielen Fällen durch die gesetzlichen Verbote gegenüber einer übertriebenen Prachtentfaltung untermauert wurden, griffen im fünfzehnten Jahrhundert immer weniger. Selbst Republiken wie Venedig, in der allzu große Geldausgaben aus Angst vor Neid und Mißgunst verpönt waren, lernten andererseits Cosimo von Medicis Haltung schätzen. Als Oberhaupt der mächtigen Medici fühlte dieser sich verpflichtet, die Stadt um prächtige Bauwerke zu bereichern. Florentiner Humanisten wie Leonardo Bruni und Leon Battista Alberti, die selbst vornehmen adligen Familien entstammten, rechtfertigten diesen aufwendigen Prunk, indem sie sich auf den antiken griechischen Philosophen Aristoteles beriefen. Reichtum, so argumentierten sie mit Aristoteles, sei die Voraussetzung für Tugend im öffentlichen Leben, da nur Reiche die Möglichkeit besäßen, Geld tugendhaft und zum Wohle aller einzusetzen. Dennoch mußte Cosimo – der Oberhaupt einer berühmten Bankiersfamilie und nicht etwa einer Fürstendynastie war – einen schwierigen Balanceakt vollbringen. Angesichts ablehnender Reaktionen verwarf er beispielsweise eine großangelegte Neugestaltung seines Palastes durch den berühmten Filippo Brunelleschi zugunsten eines bescheideneren Entwurfes von Michelozzo di Bartolomeo. Und lediglich den Innenhof des Palastes und die Innenräume, in denen Cosimo – den neugierigen Blicken der Masse entzogen – Botschafter und Fürsten empfing, ließ er üppiger ausstatten (Abb. 9 und 10).

Für gewöhnlich wurden Oberhäupter von Fürstenhäusern von weniger Skrupeln geplagt, wenn es darum ging, vor den Augen der Öffentlichkeit gewaltige Summen für Kunst und prunkvolle Zeremonien auszugeben. War ein Fürst unbeliebt wie etwa der mailändische Herzog Filippo Maria Visconti, der riesige Beträge in Bauwerke investierte, so rechtfertigte die höfische Propaganda

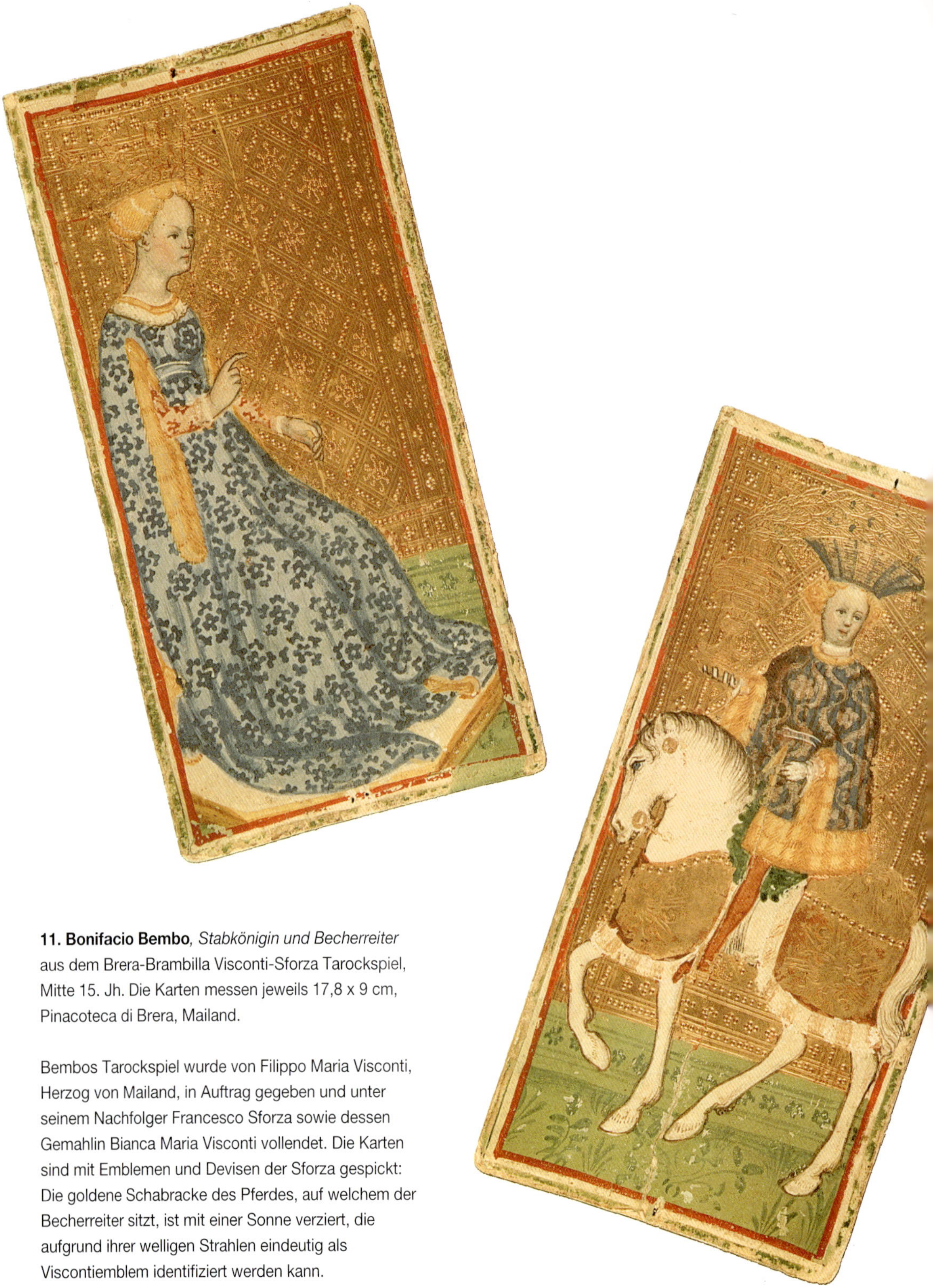

11. Bonifacio Bembo, *Stabkönigin und Becherreiter* aus dem Brera-Brambilla Visconti-Sforza Tarockspiel, Mitte 15. Jh. Die Karten messen jeweils 17,8 x 9 cm, Pinacoteca di Brera, Mailand.

Bembos Tarockspiel wurde von Filippo Maria Visconti, Herzog von Mailand, in Auftrag gegeben und unter seinem Nachfolger Francesco Sforza sowie dessen Gemahlin Bianca Maria Visconti vollendet. Die Karten sind mit Emblemen und Devisen der Sforza gespickt: Die goldene Schabracke des Pferdes, auf welchem der Becherreiter sitzt, ist mit einer Sonne verziert, die aufgrund ihrer welligen Strahlen eindeutig als Viscontiemblem identifiziert werden kann.

derlei Extravaganzen mit dem aristokratischen Ideal der *magnificentia* (Würde und Herrlichkeit) (Abb. 11). Filippo Marias Vorfahr Azzone Visconti, der Mailand von 1302 bis 1339 regierte, hatte dieses Konzept zu Beginn des vierzehnten Jahrhunderts aufgegriffen und zum Bestandteil seines politischen Programms gemacht. Azzones *magnificentia*, die in der reichen Ausstattung seiner »ehrwürdigen« Kirche und seines »würdevollen« Palastes sowie in seinen großartigen Kommunalbauten und aufsehenerregenden Festen anläßlich kirchlicher Feiertage zum Ausdruck kam, wird in einer zeitgenössischen Chronik von Galvano Fiamma eindrucksvoll beschrieben. Die grandiose Wirkung dieser Projekte schlug sich besonders in der Kostbarkeit des verwendeten Materials, in der Qualität der künstlerischen Ausführung und in der Wahl seltener und exotischer Objekte nieder. Auch die in historischer Hinsicht überzogen erscheinende Aussage eines Freskenzyklus' (in dem berühmte Herrscher abgebildet sind – Azzone steht hier u.a. neben Karl dem Großen) und die Hinzuziehung meisterhafter Künstler sind in diesem Zusammenhang zu nennen.

10. Michelozzo di Bartolomeo, Innenhof des Palazzo Medici-Riccardi, Florenz. Erbaut ab 1446.

Der quadratische Innenhof mit seinen an die antike Bauweise erinnernden Arkaden ist mit Reliefs, aufgemalten Girlanden sowie Cosimo de' Medicis allgegenwärtigem Wappenschild verziert. Ursprünglich befanden sich in diesem Hof auch Statuen.

Azzones Eroberung neuer Territorien und der daraus resultierende große Reichtum bildeten die Grundlage für seine Demonstration von Einfluß und prachtvoll repräsentativer Architektur. Letztere bedeutete eine öffentliche Vertrauenserklärung gegenüber Mailands wirtschaftlicher und politischer Macht und täuschte geschickt über unterschwellige politische Spannungen hinweg. Fiamma schildert, welche Zielsetzung Azzones befestigtem Palast zugrundelag: Die Untertanen sollten »vor Bewunderung erstarren« und ihn für einen Herrscher von solcher Macht halten, »daß man ihn unmöglich angreifen konnte«. Öffentliche Bauwerke führten vor Augen, daß ihm das Gemeinwohl am Herzen lag, während die Errichtung von Kapellen und die Restaurierung von Kathedralen von seiner großen Frömmigkeit zeugten. Religiöse Feiertage, die für das ganze Volk ausgerichtete Feste mit aufwendigen künstlerischen Dekorationen waren, zeigten Azzone in demselben Licht – als freigebigen, auf das Wohl von Staat und Kirche bedachten Herrscher.

Die Fürsten des fünfzehnten Jahrhunderts schätzten Kunst und Architektur vor allem als Mittel herrschaftlicher Prachtdarbietung. Sie brauchten den Blick nicht auf die angesehenen Höfe Nordeuropas zu richten, sondern konnten sich vielmehr an den höfischen Traditionen ihrer eigenen Region orientieren. Dieser Umstand verlieh ihrer Herrschaft eine volksnahe – lokale Errungenschaften und vor allem Bürgerstolz nutzende – Grundlage und historische Kontinuität. Der Fortbestand der Dynastie wurde zusätzlich dadurch betont, daß man jene Künstler aus der Region beschäftigte, die bereits für den Vorgänger gearbeitet hatten, oder auch in der Vergangenheit begonnene Projekte fortführte (Abb. 11). Dank der erneuten, vom Humanismus bewirkten Auseinandersetzung mit dem antiken Griechenland und Rom begannen die Fürsten zunehmend, die lokalen Traditionen mit der bewußten Nachahmung der einstigen Größe und Prachtentfaltung des Römischen Reiches zu verknüpfen.

Alberti schrieb in seiner um 1450 entstandenen, aber erst 1485 veröffentlichten Abhandlung *De Re Aedificatoria (Zehn Bücher über die Baukunst)*: »Darf man denn nicht getrost behaupten, daß ganz Italien von einer Art Wetteifer, das Alte zu erneuern, erfaßt wurde? Große Städte, die in unserer Kindheit

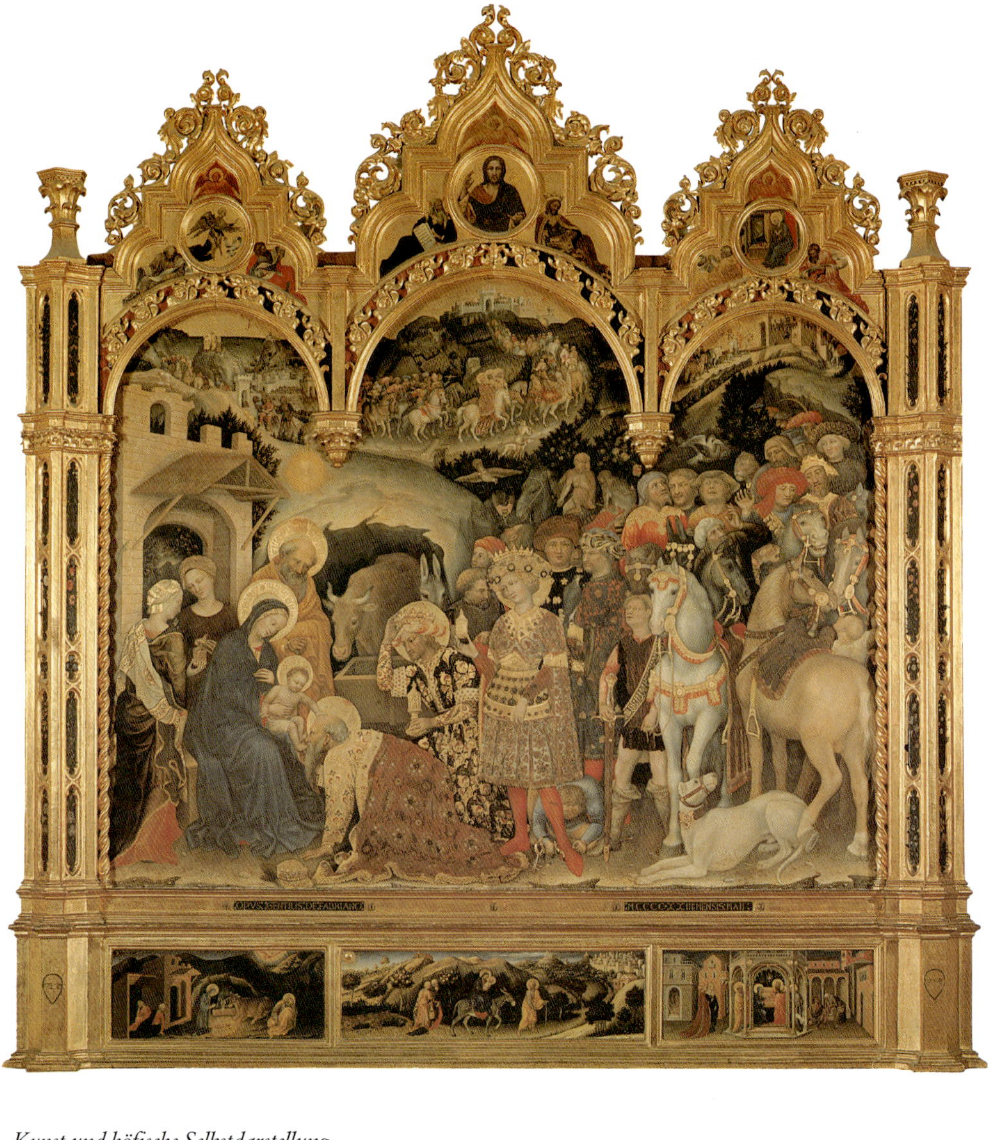

ausschließlich aus Holz gebaut waren, verwandelten sich plötzlich in Marmor«. Dieser fruchtbare künstlerische Wettstreit und die Lust am Innovativen machte sich an den Höfen besonders deutlich bemerkbar. Francesco Sforza beispielsweise war sehr darauf aus, Näheres über Guillem Sagreras Arbeit an Alfons von Aragons Castel Nuovo in Neapel zu erfahren, bevor er sich an die Umgestaltung seines eigenen Palastes Porta Giova machte, während Federico I. Gonzaga von Mantua, von begeisterten Schilderungen beeindruckt, seinen Domus Novus nach dem Vorbild des Herzogpalastes von Urbino zu erbauen beabsichtigte. Das mit Prachtbauten verbundene Prestige war umso größer, als man die Entwürfe für die Paläste meist den Herrschern zuschrieb. Nach dem Frieden von Lodi, der im Jahr 1454 der italienischen Halbinsel neue politische Stabilität bescherte, wurden ganze Städte samt der im Zentrum befindlichen Paläste neu angelegt. Der allgemeine Wettstreit ist zusätzlich durch ein internationales Netz von Heiratsbeziehungen geschürt worden. Die drei Dynastien Este, Gonzaga und Sforza dominierten die Höfe Norditaliens, wobei diese eifrig miteinander konkurrierten und gleichzeitig darauf bedacht waren, »nicht durch Nachahmen zu mißfallen«, um Beatrice d'Este, die Gemahlin des Ludovico Sforza zu zitieren.

Die italienischen Höfe bezogen viele ihrer gesellschaftlichen Ideale aus französischen und englischen Ritterromanen und noch im gesamten fünfzehnten Jahrhundert galt das mittelalterliche Französisch nach wie vor als die aristokratische Sprache schlechthin. Es ist wohl als Relikt des Aufenthalts der Päpste in Avignon zu verstehen, daß Kardinäle und Fürsten fortfuhren, umfangreiche Sammlungen exquisiter französischer Elfenbeinarbeiten und Statuetten anzulegen. In der Kunst vermochte sich die »Internationale Gotik«, eine elegante Mischung lombardischer, sienesischer und französisch-flämischer Einflüsse (Abb. 12), neben den neuen, in Florenz entwickelten Ideen als fest eingebürgerte Formensprache des Adels zu behaupten. Flämische Künstler wurden an italienischen Höfen hoch geschätzt, flämische Musiker und Teppichweber galten gar als die besten der ganzen Welt.

Die italienische Aristokratie beneidete zwar die nordeuropäischen Fürstenhäuser wegen ihrer Pracht und ihrer glanzvollen Geselligkeit, glaubte jedoch gleichzeitig fest an eine eigene, angeborene Überlegenheit. Giovanni Pontano räumte in seiner 1468 für den jungen Alfons, Herzog von Kalabrien und Erbprinz des Königreiches Neapel, verfaßten Abhandlung *De Principe (Vom Fürsten)* wohl ein, daß italienische Herrscher viele Modeerscheinungen aus Frankreich übernähmen, fügte jedoch hinzu, daß die Italiener »einen besonderen Hang zur Würde« hätten. An anderer Stelle vertrat er die weitverbreitete fremdenfeindliche Ansicht, daß die Franzosen nur aus Gefräßigkeit äßen, wohingegen die Italiener prachtvoll – *con splendore* – zu speisen verstünden. Diese »Pracht« bezog sich sowohl auf die geselligen

12. Gentile da Fabriano, *Anbetung der Könige* aus dem Strozzi – Altargemälde, 1423. Tempera auf Holz, 300 x 280 cm, Uffizien, Florenz.

Der Ruhm des umbrischen Malers Gentile da Fabriano drang bis an die norditalienischen Höfe. Das vorliegende Altarbild fertigte er für den reichen Florentiner Bürger Palla Strozzi an. Gentiles höfische »Internationale Gotik« paßt hervorragend zu den aristokratischen Bestrebungen Strozzis. Das Altarbild zeigt eine große Anzahl eleganter Personen, deren Gewänder sich durch die unterschiedlichen Stoffe und deren Beschaffenheit voneinander abheben. Symbolische Farben (Himmel und Heiligenscheine sind in strahlendem Gold dargestellt) vermischen sich mit deskriptiven Details, angefangen bei der Hecke und den Gebäuden bis hin zum »echten« Gold der Kronen, Brokatstoffen und dem Prunkgeschirr der Pferde. Das goldene Beiwerk – vor allem die glänzenden Schwertgriffe und Sporen – verweist auf Strozzis Mitgliedschaft im Ritterorden der Equites Aurati.

13. Rinaldo Mantovano und Gehilfen, nach Entwürfen von Giulio Romano, Sala di Psiche, 1527–30. Fresko, Palazzo del Tè, Mantua.

Der Ausschnitt zeigt die Anrichte mit den darauf zur Schau gestellten kostbaren Gefäßen, Gold- und Silberwaren.

Rituale als auch auf das Essen und dessen Zubereitung. In seinen letzten Lebensjahren verfaßte Pontano eine weitere Abhandlung mit dem Titel *De Splendore (Über die Pracht)*, welche 1498 erschien und Schönheit sowie Ausschmückung der Speisezimmer wohlhabender Familien betonte: Selbst auf dem Land gelegene Villen sollten eher einen »städtischen« als ländlichen Charakter haben. Sie sollten mit eleganten Möbeln, Messern mit geschnitzten Griffen, Bildern, Statuen, Wandteppichen und aufwendig verzierten Anrichten ausgestattet sein. Aufgrund ihrer Schönheit und handwerklichen Vollkommenheit geschätzte Gegenstände sollten zur Schau gestellt und mit Vergnügen benutzt werden (Abb. 13).

Derlei Prachtentfaltung war jedoch nicht nur Fürsten vorbehalten. Höflinge wie Bartolomeo Fazio etwa, der Historiograph Alfons' I., verwendeten den Lohn ihrer Mühen zur Erwerbung prunkvollen Zierrats. Nachdem Fazio für seine Schilderung von Alfons' Regierungszeit das üppige Honorar von 1500 Dukaten ausbezahlt bekommen hatte (dies war ungefähr das Sechzigfache des Jahressolds, den ein Infanterist im Dienste Alfons' erhielt), schickte er sofort nach Venedig, um dort eine kostbare, mit Gold verzierte Schale zum Kühlen seines Weines zu erstehen, und orderte feinste Zinngefäße aus England. Die Begeisterung für solche Gegenstände, einschließlich feinen Porzellans oder Fayencen, kommt auch in Giovanni Bellinis *Festmahl der Götter* (Abb. 14) zum Ausdruck. Der aus Mantua stammende Arzt und Dichter Battista Fiera, der Francesco Gonzaga wegen Syphilis behandelte, erwarb von seinem Honorar drei Statuen, die seinen Herrn, den Herzog von Mantua, den in Mantua geborenen römischen Dichter Vergil und Battista Spagnoli, den »mantuanischen Vergil«, darstellten.

Fürstliche *magnificentia* war auch der höfischen Etikette unterworfen, ein Umstand, dem kluge Herrscher Rechnung trugen. Der im dritten Jahrhundert v. Chr. entstandenen Ethik des Aristoteles zufolge, bestand diese Etikette darin, »sich bei großen Anlässen geziemend zu verhalten«. Kostspielige Pracht sollte demnach nicht nur durch ihre Größe, sondern auch durch ihre Angemessenheit beeindrucken. Eine Reihe historischer Untersuchungen der jüngsten Zeit haben den verschwenderischen Charakter der höfischen Kunst über Gebühr hervorgehoben, ohne jedoch die darin zum Ausdruck kommenden Wertvorstellungen ausreichend zu würdigen. Eheschließungen, Krönungsfeiern, Triumphzüge, Begräbnisse und Staatsbesuche, zu denen aus vielen Regionen bedeutende Würdenträger samt ihrem umfangreichen Gefolge anreisten, waren Anlaß zu besonderer Prachtdarbietung. Geschenke – angefangen bei Medaillen, mit Miniaturen verzierte Handschriften und Gemälden bis hin zu Pferden, schön geschmiedeten Rüstungen und reich bestickten Gewändern – wurden genau auf Rang und Geschmack des Empfängers abgestimmt. Als Giovanni de' Medici (der Sohn von Cosimo) dem frommen Alfons von Aragon eine Freude bereiten wollte, sandte er ihm ein von Fra Filippo Lippi, dem berühmten Florentiner Künstler, gefertigtes Triptychon (Abb. 15). Die zugunsten repräsentativer Einrichtungen wie Kirchen und Palästen ausgegebenen Beträge sollten zur Ehre gereichen, ihre Ausstattung der jeweiligen Lage und Funktion entsprechen. Übertriebene Zurschaustellung wurde mißbilligt.

Qualität und Beständigkeit des verwendeten Materials sollten ebenfalls den religiösen oder weltlichen Rahmenbedingungen Rechnung tragen. Über die Zusammensetzung der für Gemälde und Miniaturen zu verwendenden Farben befand der Mäzen und Auftraggeber. Bei der Ausmalung von Palästen und Kapellen machte man üppigen Gebrauch von Gold und Ultramarin (dessen ins Violette spielendes Dunkelblau das teuerste aller Pigmente war). In dem unvollendeten Freskenzyklus, den Antonio

14. Giovanni Bellini, *Festmahl der Götter*, 1514 (der Hintergrund wurde 1529 von Tizian übermalt). Öl auf Leinwand, 170 x 180 cm, National Gallery of Art, Washington D.C.

Bellinis Gemälde aus dem Besitz Herzogs Alfons' d'Este von Ferrara erinnert mit seinen glänzenden Ölfarben an blauweißes chinesisches Porzellan, schimmerndes Zinn und venezianisches Glas. Die kostbaren Seidenstoffe unterstreichen die Pracht der dargestellten Szene.

15. Fra Filippo Lippi, *Heiliger Antonius und Erzengel Michael* (rechter und linker Altarflügel des Triptychons für Alfons von Aragon), 1457–1458. Tempera auf Masonit (ursprünglich auf Holz). Jeder Flügel mißt 81,3 x 29,8 cm, Cleveland, Museum of Art.

Als Giovanni de' Medici dieses für Alfons von Aragon bestimmte Triptychon in Auftrag gab, stellte er sicher, daß es auch dem Empfänger angemessen sein würde. Die beiden Heiligen auf den Seitenflügeln – der gelehrte Eremit Antonius (zur Linken) sowie der kriegerische Erzengel Michael (zur Rechten) – waren Alfons' persönliche Schutzheilige, wohingegen die einst den (verlorenen) Mittelteil zierende *Anbetung des Kindes* zu seinen beliebtesten Motiven für Andachtsbilder zählte. König Alfons von Aragon schätzte das Gemälde sehr und brachte es in der Kapelle seines Castel Nuovo unter.

Pisano (genannt Pisanello) für den Palazzo del Corte in Mantua anfertigte, stellte er die Brokatgewänder der Herolde und die glänzenden Waffen und Rüstungen der Ritter mit Hilfe einer leicht erhabenen Farbschicht, der sogenannten *pastiglia,* dar, in welche dekorative Muster eingeritzt und mit Blattgold und -silber verziert wurden. Zur Abbildung von Kettenhemden punzierte man den Malgrund (Abb. 16). Diese Materialien wirkten offenkundig besonders kostbar, und die unebene Bildoberfläche der erhabenen und punzierten Partien verstärkte dank des sich darin spiegelnden Lichts Glanz und Schimmer zusätzlich. Der enge Zusammenhang zwischen Materialbeschaffenheit und sozialer Stellung – Seide und Brokatsamt symbolisierten hohen gesellschaftlichen Rang, während rauhes Tuch auf Armut hindeutete – erstreckte sich auch auf Feinheit und Reichhaltigkeit der gewählten Pigmente. Viele Höfe verfügten wie jener von Mantua über Agenten, die ihnen aus Venedig die erlesensten Farben und Bindemittel besorgten sowie – im Falle von Mantegnas *Sieg der Tugend über die Laster* – allerbesten, rasch trocknenden Firnis.

Auch weniger kostbares Material wie etwa Holz konnte durchaus zur Auskleidung einer fürstlichen Kapelle oder eines Palastes Verwendung finden, sofern es durch Vergoldung, kunstvolle Schnitzereien oder aufwendige Einlegearbeiten aufgewertet wurde. Da Intarsien häufig perspektivische Stadtansichten zum Gegenstand hatten, galten sie aufgrund der in ihnen zum Ausdruck kommenden *artes liberales* Mathematik und Geometrie als umso wertvoller. Kunstvolle, vergoldete Stuckarbeiten erfreuten sich ebenfalls großer Beliebtheit. Importierter Stein war kostspieliger und angesehener als heimischer. Ercole d'Este von Ferrara ließ Unmengen feinsten Carraramarmors aus der Toskana herbeischaffen, um seinen Palazzo del Corte damit zu schmücken. Da Mantua und Ferrara über keine eigenen Steinbrüche verfügten, waren die dortigen Gebäude in der Regel aus Backstein. Bauwerke wie der Palazzo dei Diamanti in Ferrara mit seinen an Diamanten erinnernden, pyramidenförmig geschnittenen Marmorblöcken und mit *pietra d'Istria* – aus Istrien importiertem Stein – verkleideten Fassadenelementen beeindruckten daher umso mehr.

Neben einem allgemeinen Bewußtsein dafür, was bestimmten Anlässen und einer bestimmten gesellschaftlichen Stellung angemessen war, gewannen auch die spezifisch fürstlichen Vorstellungen von Etikette und Würde immer mehr an Bedeutung. Während des fünfzehnten Jahrhunderts wurden zahlreiche Abhandlungen über die Rolle des Fürsten verfaßt, welche die traditionellen Tugenden Frömmigkeit, Gerechtigkeit, Tapferkeit, Klugheit, Mäßigkeit, Großmut und Freigebigkeit hervorhoben. Zwei Eigenschaften sind neuerdings besonders in den Mittelpunkt des Interesses gerückt worden: die kaiserlichen Tugenden

16. Pisanello, Unvollendetes Fresko im Palazzo Ducale zu Mantua (Ausschnitt aus einer Rittergruppe), um 1447–1448. Punziertes Fresko.

Die Kettenhemden der Ritter waren wahrscheinlich ursprünglich mit Blattsilber verziert.

der Milde – *clementia* – sowie die *maiestas* – Herrlichkeit – als der wichtigsten von allen. *Maiestate* als höchster Ausdruck fürstlicher Würde und Autorität zeigte sich in der Redegewandtheit des Herrschers, in der geziemenden Bescheidenheit und in der Feierlichkeit seiner Gewänder und Gesten. Pontano empfahl den Fürsten, weder unmäßig zu trinken, gierig zu essen, ruckartig zu gehen, in schallendes Gelächter auszubrechen noch nervös »wie ein wieherndes Pferd«, den Kopf in den Nacken zu werfen. Die fürstliche Rede sollte nicht zu hastig oder impulsiv, sondern vielmehr sorgfältig der jeweiligen Situation angepaßt sein. Der Bedeutung des Begriffs *maiestate* im fünfzehnten Jahrhundert – nämlich im wesentlichen der äußere Ausdruck innerer Würde – kommt bei der Beschäftigung mit höfischer Kunst eine zentrale Rolle zu, da sie von der Gegenwart des Fürsten, seiner Gemahlin und seiner Umgebung (einschließlich der Höflinge in der irdischen sowie der Engel und Schutzpatrone in der himmlischen Sphäre) bestimmt wird. Nicht nur die Gewänder, Gesten und Posen der gemalten Personen spiegeln deren Würde, sondern auch die gemäßigte Manier, in welcher der Maler seine Bilder aufbaute und die Farben anordnete.

In der lateinischen Abhandlung *De Pictura (Drei Bücher über die Malerei)*, die Leon Battista Alberti 1435 Gianfrancesco Gonzaga von Mantua widmete, riet er jenen Künstlern, die vor allem durch den Bildinhalt Würde zu vermitteln suchten, sich auf die Darstellung ganz weniger Personen zu beschränken: »Wie es Gewohnheit der Herrscher ist, durch Prägnanz ihren Befehlen Würde zu geben, so verleiht die beschränkte Anzahl der Figuren einem Bilde in nicht geringem Maße würdevolle Haltung« *(ebd., Buch 2)*. Kostbares Material allein genügte nicht, um den Eindruck von Majestät zu vermitteln – weshalb Alberti auch vor übermäßigem Gebrauch von Gold warnte –; die antiken rhe-

17. Leon Battista Alberti, Fassade des Tempio Malatestiano. Baubeginn Ende 1453, 1468 wurden die Arbeiten an der unvollendeten Fassade eingestellt. San Francesco, Rimini.

Albertis sogenannter *tempio* oder Tempel umhüllt den mittelalterlichen Backsteinbau der Kirche San Francesco mit einer »antiken« Blende aus Marmor, Porphyr und istrischem Stein. Die Fassade ist dem Augustus-Bogen von Rimini nachempfunden und sollte von einer riesigen, das Pantheon zu Rom imitierenden Kuppel gekrönt werden, welche allerdings nie begonnen wurde. Sigismondo ließ den Tempel in Erfüllung eines Gelübdes errichten, das er 1450, mitten in den Wirrren des »italienischen Krieges« abgelegt hatte (Diese Begebenheit ist auf dem Fassadenfries dargestellt). Griechische Inschriften auf den seitlichen Mauern künden davon, daß der »dank seiner mutigen, von Erfolg gekrönten Taten siegreiche Sigismondo diesen Tempel in der angemessenen Pracht und Kostbarkeit zum Ruhme des unsterblichen Gottes und der Stadt errichten ließ... .«

torischen Tugenden Klarheit, Ordnung und Anstand waren ebenfalls zu berücksichtigen. Diese Akzentverschiebung erklärt, warum die strengen Regeln unterworfenen Kunstwerke eines Andrea Mantegna, Piero della Francesca und Leon Battista Alberti ebenso als Ausdruck zeitgenössischer höfischer Ideale verstanden werden müssen wie jene durch überreiche Details und üppige Ornamente charakterisierte Kunst, die in der Regel mit den Höfen assoziiert wird.

Die 'Renaissance' der antiken Begriffe Würde und Anstand erfolgte in enger Anlehnung an das Studium der klassischen Texte. Die damalige Kunsttheorie zeigt sich hierbei von den Rhetorikabhandlungen Ciceros und Quintilians stark beeinflußt. In der Architektur wurde die Rückbesinnung auf die antiken Ideale durch Vitruvs im Jahre 1414 wiederentdeckte – im ersten Jahrhundert vor Christus verfaßte – Abhandlung *De Architectura* (*Über die Architektur*) entscheidend gefördert. Die klassischen Säulenordnungen – dorisch, ionisch und korinthisch – galten als Ausdruck einer gesellschaftlichen und ästhetischen Hierarchie und wurden unter peinlichster Wahrung der Etikette zur Kennzeichnung herausragender Gebäude eingesetzt. Antonio Panormita, der humanistische Sekretär von Alfons von Aragon, berichtete, daß sich der König bei der Neugestaltung des Castel Nuovo stets an Vitruvs Vorschriften hielt. Sein Enkel Alfons II. ließ den Architekten Francesco di Giorgo eigens eine Übersetzung von Vitruvs lateinischer Abhandlung anfertigen. Die klassische Formensprache der Baukunst wurde in Italien zunehmend der vor allem in Frankreich und Deutschland verbreiteten »moderneren« Gotik vorgezogen (mit Ausnahme von Mailand, das nach wie vor einer Mischung aus Gotik und lombardischer Romanik den Vorrang gab). Albertis Architektur-Traktat wandte sich an eine neue Generation humanistisch gebildeter Fürsten und ermutigte sie, die neue architektonische Formensprache zu übernehmen. Die Fassaden seiner im Auftrag des Hauses Malatesta zu Rimini (Abb. 17) und der Dynastie Gonzaga zu Mantua errichteten Bauwerke enthielten eine Reihe klassischer Elemente wie z. B. Tempelgiebel und Triumphbögen.

Die hohe öffentliche Bedeutung eines Gebäudes ließ sich jedoch nicht nur an den klassischen Proportionen ablesen, sondern ebenso an den Skulpturen, welche die einzelnen Bauwerke zierten. Selbst Säulen und Pilaster dienten nach

18. Agostino di Duccio, *Luna*, ca. 1451–1453. Marmorrelief. »Planetenkapelle« des Tempio Malatestiano, San Francesco, Rimini.

Der Florentiner Agostino di Duccio (1418-1481) und der Veroneser Matteo de' Pasti (ca. 1420-1490) zeichneten für die prachtvolle Innendekoration des Tempio Malatestiano verantwortlich: ersterer wurde als »Steinmetz«, letzterer als »Architekt« aufgeführt. Diese anmutige Figur stammt aus jener im Ostteil der Kirche gelegenen Kapelle, in welcher die Planeten und Tierkreiszeichen abgebildet sind. Weitere Kapellen enthalten die Kirchenväter, die Tugenden, die freien Künste, die Sibyllen und die Musen (jene weiblichen Gottheiten, denen die Künstler ihre Inspiration verdanken). Roberto Valturio pries in seinen Sigismondo Malatesta gewidmeten *De Re Militari (Über das Kriegswesen)* die besondere Anziehungskraft dieser Reliefs: »Diese Darstellungen locken – nicht nur wegen des Wissens um das Vorkommen dieser Figuren, deren Charakteristika Ihr, der klügste und zweifellos vornehmste Herrscher unserer Zeit, den geheimen Tiefen der Philosophie entnommen habt – insbesondere gelehrte Betrachter an, die sich von der Masse des gemeinen Volkes von Grund auf unterscheiden«.

Auffassung der Architekten des fünfzehnten Jahrhunderts eher der Dekoration denn der bloßen Statik. Herausragende Gebäude sollten – Alberti zufolge – so reich und kunstvoll verziert werden wie es die finanziellen Mittel zuließen – öffentlichen Zwecken dienende Bauten noch mehr als private. Wohl riet er seinen vermögenden und hochrangigen Auftraggebern, die Regeln des Anstands zu wahren, empfahl ihnen aber gleichzeitig, im Zweifelsfall lieber eine großzügige Ausschmückung zu wählen, als durch gar zu große Schlichtheit zu sündigen. Albertis unvollendeter Tempio Malatestiano (ein fürstliches Mausoleum) sollte zusätzlich zu den roten Porphyrplatten, die den Haupteingang zieren, mit Statuen, Reliefs und antikisierenden Girlanden versehen werden. Das Innere wurde mit aufwendig gestalteten Reliefs ausgestattet, die zudem voller Anspielungen waren (Abb. 18). Sigismondo Malatesta war überzeugt, daß die geistreichen Inhalte der Dekoration deren einzigartige Ausstrahlung zusätzlich betonen würden.

Dieselben Regeln bezüglich Anstand und Etikette galten auch für die Fresken von Innenräumen. Die öffentlichen Anlässen dienenden Prunk- und Staatsgemächer städtischer Paläste sind häufig mit lehrreichen Darstellungen aus der Geschichte verziert worden. Die Biographien berühmter Männer erfreuten sich dabei ebenso großer Beliebtheit wie Schlachtszenen und Triumphzüge. Die eher der Erholung dienenden Privatgemächer fürstlicher Paläste schmückten zwanglosere und ergötzlichere, mitunter deutlich erotische Motive. Diese Räume waren der Unterhaltung und Zerstreuung des Betrachters zugedacht, genau wie die darin abgebildeten höfischen Vergnügungen. Sie zeigten Jagdgesellschaften, Szenen aus Falkenjagden, Karten- und Ballspiele (Abb. 19), Darstellungen höfischen Liebeswerbens, volkstümliche Erzählungen einschließlich Porträts beliebter Hofnarren, kurzum alles, was dazu angetan war, die fürstlichen Bewohner vor Langeweile und Melancholie zu bewahren. Weniger bedeutende Räume wurden mit sich wiederholenden, ornamentreichen Mustern verziert, während andere lediglich weiß getüncht wurden (auch die Ausschmückung dieser Gemächer unterstand der Aufsicht der Hofkünstler).

Auf die Ausstattung der nicht so leicht zugänglichen, halb privaten Gemächer in der zentralen fürstlichen Residenz hat man im allgemeinen die größte Sorgfalt verwendet. Bei der Ausgestaltung dieser Räume war nicht in erster Linie der persönliche Geschmack des Fürsten ausschlaggebend, auch wenn die meisten seiner Untertanen die prächtigen Gemälde und Fresken nie zu sehen bekamen.

19. Maestro dei Giochi Borromeo, *Ballspiel* (Detail), ca. vierziger bis fünfziger Jahre des fünfzehnten Jahrhunderts. Fresko, Palazzo Borromeo, Mailand.

20. Brüder Limburg, Januar aus den *Très Riches Heures du Duc de Berry*, 1413–1416. Tusche und Körperfarben (Gouache) auf feinem Pergament, Seitenformat 29 x 21 cm, Musée Condé, Chantilly.

Dieses Kalenderbild aus dem berühmten Stundenbuch des Herzogs von Burgund zeigt die Verwendung von Wandteppichen und Wandbehängen bei feierlichen Zeremonien. Hier ist oberhalb der festlichen Tafel ein roter, mit goldenen Lilien bestickter seidener Baldachin angebracht, während im Hintergrund des Festmahls und der rituellen Geschenkübergabe ein herrlicher Wandteppich mit Ritterszenen aus dem Trojanischen Krieg zu sehen ist.

21. Werkstatt von Arras (?), Die Jagdteppiche von Devonshire: *Falkenjagd* (Detail), ca. dreißiger oder vierziger Jahre des fünfzehnten Jahrhunderts. Wandteppich, Victoria and Albert Museum, London.

Die Jagddarstellungen in italienischen Palästen und Schlössern knüpften stilistisch und thematisch häufig an vergleichbare Szenen nördlicher Wandteppiche und Miniaturen an. Die vorliegende Werbungsszene erinnert sehr stark an ein 1444 entstandenes Fresko im Castello della Manta (Saluzzo, Piemont).

22. Keramikwerkstatt von Pesaro, Bodenfliesen, ca. 1492–1494. Zinnglasierte Tonfliesen, 24 x 24 cm, Victoria and Albert Museum, London.

Neuere Untersuchungen belegen, daß die prunkvolle Ausstattung der fürstlichen Gemächer vor allem darauf abzielte, am Hofe weilende Fürsten, Botschafter, Agenten und Diplomaten aus ganz Italien und dem Ausland zu beeindrucken. Als Zeichen besonderer Wertschätzung und um ihnen das Ansehen ihres fürstlichen Gastgebers vor Augen zu führen, wurden diese ausländischen Würdenträger bis in die privaten Schlafgemächer, die *camere*, sowie in die innersten Audienzräume vorgelassen (welche in der Regel in der ersten Etage, dem *piano nobile*, lagen). Das *studiolo*, ein höchst privater Raum, den der Fürst zur Erholung, als Studierzimmer und für künstlerische Betätigungen nutzte, war ebenfalls ein wichtiges Schaustück. Meist mit Lieblingsgemälden des Fürsten und einer feinen, kostbare Intarsien enthaltenden Vertäfelung ausgeschmückt, barg das *studiolo* eine ganze Reihe ausgesuchter Kunstgegenstände.

Große öffentliche Säle und Festgemächer enthielten oft Wandteppiche, die teuersten Einrichtungsgegenstände überhaupt. Die eingearbeiteten kostbaren Gold-, Seiden- und Silberfäden unterstrichen nachhaltig die prunkvolle Wirkung und den Wert der Teppiche. Diese schützten obendrein vor Zugluft und waren transportabel, so daß sie bei besonderen Anlässen abgenommen und in andere Gemächer oder Residenzen verbracht werden konnten (Abb. 20). Bestickte Seidenvorhänge und ganze Bahnen kostbaren Tuchs dienten gleichermaßen als Wandverkleidung. Viele Fresken ahmten genauestens inhaltliche Motive und stilistische Elemente nordeuropäischer Wandteppiche nach (Abb. 21), um auf diese Weise das Gefühl von Wärme und Pracht zu vermitteln. Herzog Borso d'Este etwa gab 9 000 Dukaten für eine prachtvolle Serie flämischer Wandteppiche aus, während ihn ein ungewöhnlich großer Freskenzyklus im Palazzo Schifanoia ganze 800 Dukaten kostete. Fresken hatten wiederum den Nachteil, daß sie an dem einmal gewählten Standort verbleiben mußten – und dies in einer Epoche, in der die Innenräume ständig neuen Nutzungen zugeführt wurden. So sind beispielsweise Pisanellos Ritterszenen in der großen Halle des Palazzo del Corte zu Mantua sehr stark in Mitleidenschaft gezogen worden, als dieser Raum vorübergehend Niccolò d'Este, dem Neffen des Markgrafen, als Küche diente.

Weltliche Gemächer und private Kapellen enthielten, wo immer das möglich war, das Emblem oder das Wappenschild des Fürsten beziehungsweise seiner Gemahlin sowie Aufzählungen seiner Titel und Auszeichnungen. König Alfons von Neapel gab für sein Castel Nuovo mehr als 200 000 spanisch-maurische Kacheln in Auftrag, welche allesamt sein Wappen und seinen Wahlspruch trugen. Isabella d'Este, die Gemahlin Francesco Sforzas, schmückte ihr *studiolo* mit Fayencefliesen, auf denen die Embleme der Gonzaga zu sehen waren (Abb. 22), und ließ an der Decke ihrer *grotta* (eines kleinen, grottenähnlichen Raums, den sie zur Aufbewahrung ihrer Altertümer nutzte) ihr musikalisches Lieblingsthema anbringen. Das Vorhandensein eines fürstlichen

23. Francesco Laurana, *Eleonora von Aragon (?)***,** Marmorbüste, ca. 1484–1491 (?), 43 cm hoch, Galleria Nazionale della Sicilia, Palermo.

Diese herrliche Büste mit ihren klaren Linien und fast etruskisch stilisierten Gesichtszügen stellt vermutlich ein Porträt Eleonoras von Aragon dar (gest. 1405), einer sizilianischen Prinzessin und Gemahlin des Herrschers von Sciacca. Die Büste wurde wahrscheinlich von den Nachkommen ihres Mannes gegen Ende des fünfzehnten Jahrhunderts in Auftrag gegeben und bis zum Aussterben der Familie im Castello Nuovo in Sciacca aufbewahrt. Dann hat man sie an Eleonoras Grab im sizilianischen Kloster Santa Maria del Bosco verbracht – eine Einrichtung, welcher sie zeitlebens sehr zugetan war.

24. Francesco Rosselli (zugeschrieben), Tavola Strozzi: Ferrante I. im Golf von Neapel nach der Schlacht von Ischia, Juli 1465, 1472–1473. Tempera auf Holz, 82 x 240 cm, Museo di Capodimonte, Neapel.

Im Mittelpunkt der überwältigenden Ansicht von Neapel stehen Alfons von Aragons prachtvolles Castel Nuovo und der Torre di S. Vincenzo (links der Mole). Der Künstler befleißigte sich einer derart naturgetreuen Wiedergabe, daß sich der gelbliche Tuffstein des Torre dell'Oro (eines der fünf runden Türme des Castel Nuovo) deutlich von den übrigen, aus grauem Trachyt erbauten Türmen abhebt.

Wappenschilds ist jedoch kein stichhaltiger Beleg dafür, daß das betreffende Kunstwerk im Auftrag des Herrschers oder dessen Gemahlin angefertigt wurde. Auch Günstlinge des Hofes erhielten als besondere Auszeichnung das Privileg, das Wappen oder persönliche Emblem ihres Fürsten führen zu dürfen, so daß letzteres auch von Höflingen in Auftrag gegebene Kunstwerke zierte. Darüber hinaus wurden Geschenke mit dem Wappen des Empfängers geschmückt.

Porträts spielten bei Hofe eine zentrale Rolle. Als beliebte diplomatische Geschenke trugen sie entscheidend zum politischen Ansehen der fürstlichen Familie bei. Porträts wurden auch dazu verwendet, Freunde, Verwandte und Verbündete vom gesundheitlichen Wohlbefinden einzelner Mitglieder des Herrscherhauses zu überzeugen. Zu einer Zeit, da man eine gezielte Heiratspolitik als bestes Mittel betrachtete, um bestehende militärische und politische Bündnisse zu bekräftigen bzw. neue zu begründen, lastete auf dem Hofmaler eine große Verantwortung. Oft sandte der Fürst ihn an fremde Höfe, um dort ein naturgetreues Bildnis der potentiellen Braut anzufertigen, damit nicht etwa rein ästhetische Gründe Zweifel an ihrer Eignung aufkommen ließen. Die von Francesco Laurana stammenden lebensgroßen Porträtbüsten der Prinzessinnen von Aragon wurden entweder anläßlich ihrer Verlobung oder ihres Todes,

oder aber für ein dynastisches Denkmal in Auftrag gegeben (Abb. 23). Die Fürstenpaare umgaben sich gerne mit ihren eigenen Porträts oder jenen ihrer Freunde und ließen sogar ihre Lieblingspferde oder -hunde malen. Giorgio Vasari berichtete in seiner 1550 erschienenen und 1568 überarbeiteten Lebensbeschreibung berühmter Künstler *Le Vite de' Più Eccelenti Pittori, Scultori et Architettori (Die Lebensgeschichte der hervorragendsten italienischen Maler, Bildhauer und Architekten)*, daß der aus Mantua stammende Hofmaler Francesco Bonsignori ein derart täuschend echt wirkendes Porträt des Hundes anfertigte, den Francesco Gonzaga vom osmanischen Sultan geschenkt bekommen hatte, daß Francescos Hund, dessen angeborene Abneigung gegen Türken bekannt war, das Porträt tätlich angriff. Gruppenbildnisse, bei denen auch Hofzwerge und fürstliche Berater nicht fehlen durften, unterstrichen den streng hierarchischen Aufbau der höfischen Gesellschaft.

Höfische Porträtmaler mußten den schwierigen Balanceakt einer wirklichkeitsgetreuen Darstellung *al naturale* unter gleichzeitiger Wahrung des Status und der Würde ihres Modells bewerkstelligen. Der Künstler Baldassare d'Este verdankte der Tatsache, daß er sich als einer der zahlreichen Brüder von Borso d'Este ausgab, eine privilegierte Stellung am Hof von Ferrara. Borso händigte ihm ein Empfehlungsschreiben für Galeazzo

Maria Sforza von Mailand aus und pries ihn darin als »geeignete und achtbare Person, welche überdies ihr Handwerk gut versteht«. Später, nach Borsos Ableben, erwarb Galeazzo Maria Sforza das lebensgroße Porträt, das Baldassare von ersterem angefertigt hatte, und nahm es sich offenbar zum Vorbild.

Andere Bilder erfreuten sich wegen ihrer modischen Aktualität fürstlicher Beliebtheit. Während des ganzen fünfzehnten Jahrhunderts wurden Landschaftsbilder und Stadtansichten in Auftrag gegeben und gesammelt, weil diese laut Vasari »eine Neuheit in flämischer Manier« darstellten. Francesco Gonzaga war am Kauf eines Venedigbildes von Jacopo Bellini interessiert, beauftragte Gentile Bellini mit einer Stadtansicht von Genua und bat Giovanni Bellini, Paris für ihn zu malen, da er beabsichtigte, in den späten neunziger Jahren des fünfzehnten Jahrhunderts ein Städtezimmer einzurichten. Giovanni Bellini lehnte mit der Begründung ab, daß er noch nie in Paris gewesen sei, und erhielt daraufhin den Auftrag, eine beliebige Stadt zu malen. Eleonora von Aragon ließ für eine ihrer Töchter den Stadtplan von Neapel (ihren Geburtsort) malen. Die sogenannte Tavola Strozzi, welche die Rückkehr der siegreichen Galeonen Ferrantes I. von Neapel zeigt, ist eines der schönsten erhaltenen Beispiele derartiger Stadtansichten (Abb. 24). Mit diesem Geschenk suchte der reiche florentinische Bankier Filippo Strozzi, Ferrante für sich einzunehmen und seine erfolgreichen Geschäftsbeziehungen bis an den Königshof von Neapel auszudehnen.

Der finanzielle Spielraum für Wandmalereien war nicht allzu groß. Borso d'Este bezahlte die Künstler, welche die Sala dei Mesi im Palazzo Schifanoia ausgestalteten, nach Quadratmetern. Galeazzo Maria Sforzas Ratgeber berechneten die Kosten anhand des benötigten Materials, des erforderlichen Arbeitsaufwands und der Anzahl der dargestellten Figuren. Wenn Alberti dazu riet, lieber großflächige als kleinformatige Bilder zu malen, tat er dies nicht etwa aus rein stilistischen Gründen: Mit der Größe der Gemälde wuchs auch das Honorar des Künstlers und das Ansehen des Auftraggebers. Dem stand die aristokratische Vorliebe für kleine, tragbare Kunstwerke entgegen, die eher der Vorstellung persönlicher Werte entsprachen und zudem echten Geldwert besaßen. Handliche Gegenstände wie Kameen, gravierte, kunstvoll in Gold gefaßte Gemmen, Statuetten oder Medaillen erfreuten sich großer Beliebtheit und konnten überdies als Sicherheit für Kredite hinterlegt werden. Antikisierende Porträtmedaillen standen ebenfalls hoch im Kurs. Bei Hofe versprach man sich von ihnen größeres Prestige, ja Unsterblichkeit für die Herrscherfamilie. Sigismondo Malatesta ließ in Rimini unzählige Medaillen, auf denen er selbst und seine

25. Matteo de' Pasti, Sigismondo Pandolfo Malatesta, Medaille (Vorderseite), 1450–1451. Bronze, 8 cm Durchmesser, Museo Civico, Rimini.

Geliebte abgebildet waren, in die Wände seiner Bauwerke einarbeiten, von denen bisher bereits über 240 entdeckt worden sind (Abb. 25 und 26). Alfons von Aragon und Galeazzo Maria Sforza sammelten mit großer Begeisterung Reliquien und zwar nicht nur aus Frömmigkeit, sondern auch wegen der prachtvollen, mit kostbaren Edelsteinen besetzten Gold- und Silberschatullen, in denen sie aufbewahrt wurden. Nicht nur der geschickte Umgang mit wertvollem Material, auch die *maniera*, der persönliche Stil des Künstlers, sein Ruf, seine organisatorischen Fähigkeiten, die Geschwindigkeit, mit der er ein Tafelbild oder ein Fresko anfertigte, Fleiß sowie – die zunehmend höher geschätzte – Erfindungsgabe wurden als Zeichen künstlerischen Könnens gewertet. Als Ludovico Sforza die besten der in Florenz arbeitenden Künstler engagieren wollte, bat er seinen Gesandten, ihm nähere Informationen über die bestbezahltesten unter ihnen zu beschaffen und ihren jeweiligen persönlichen Stil zu beurteilen. Der herausragende Ruf der vier empfohlenen Künstler – Sandro Botticelli, Pietro Perugino, Domenico Ghirlandaio und Filippino Lippi – wurde durch den Hinweis unterstrichen, daß sie allesamt an der Ausmalung von Lorenzo de' Medicis Landsitz beteiligt gewesen waren und mit einer Ausnahme zu jener Schar auserwählter Maler gehört hatten, die im Auftrag von Papst Sixtus IV. die Sixtinische Kapelle in Rom ausgeschmückt hatten. Ludovicos Vorgehen unterschied sich grundlegend von jenem seines älteren Bruders Galeazzo Maria, der mehrere Angebote gleichzeitig einholte und Erfahrung sowie technisches Können der Künstler gegen sein Bestreben nach möglichst niedrigen Kosten und schnellstmöglicher Ausführung abwog. Auch die Fähigkeit der – für gewöhnlich in Gruppen arbeitenden – Künstler, ihre persönliche *maniera* einem Gesamtstil unterzuordnen, erfreute sich am mailändischen Hof Galeazzo Marias großer Wertschätzung.

Der Maler Giovanni Santi hob in seiner 1495 Herzog Guidobaldo von Urbino gewidmeten Chronik Andrea Mantegna lobend hervor. Dabei vermittelte er auch die Kriterien, nach denen er die künstlerischen Leistungen beurteilte. An erster Stelle stand bei Santi die Zeichenkunst, welche seinen Worten zufolge »die wahre Grundlage der Malerei« bildete, gefolgt wurde sie vom Einfallsreichtum, der den Bildern Echtheit, Anmut und Schönheit verlieh. Beide waren, so Santi, wichtige Voraussetzungen für einen Maler, da gute Zeichenkünste den Schlüssel zu höfischem Erfolg darstellten. An nächster Stelle rangierte die Sorgfalt, die der Künstler beherzigen mußte, um technische Schwierigkeiten wie etwa den zuweilen komplizierten Umgang mit den Farben (Santi verwies in diesem Zusammenhang auf die Ölfarben eines Jan van Eyck und Rogier van der Weyden), Verkürzung und

26. Matteo de' Pasti, Isotta degli Atti, Medaille (Vorderseite), 1453. Bronze, 8,2 cm Durchmesser, Museo Civico, Rimini.

Sigismondo heiratete Isotta, die Tochter eines Kaufmanns aus Rimini, um 1456, obwohl die Medaille die Jahreszahl 1446 trägt (damals wurde sie Sigismondos Geliebte – seine zweite Ehefrau starb erst drei Jahre später). Die berühmte Schönheit zierte derart viele Medaillen, daß sich sogar mehrere gewöhnliche Bürger des Besitzes einer solchen rühmen konnten, und der Turm von San Giovanni in Senigallia, dessen Fundamente mit Medaillen Isottas aufgefüllt wurden, den Namen Isotteo erhielt.

Perspektive in den Griff zu bekommen. Gute Kenntnisse in Arithmetik und Geometrie (der Grundlage der Architektur) sowie die Fähigkeit, dargestellten Figuren Bewegung und plastische Wirkung zu verleihen (hier grenzte die Malerei an das Gebiet der Skulptur), waren ebenfalls vonnöten. Man schätzte all diese Fähigkeiten wegen ihrer »täuschenden Wirkung auf das menschliche Auge«.

Der Hofkünstler

In älteren Künstlerbiographien hat man die Position der Hofkünstler immer wieder romantisch verklärt. Wohl ließ König Robert von Neapel Giotto di Bondone das Privileg zuteil werden, bei der Ausmalung des Palastes seine eigene Person in einem Freskenzyklus berühmter Männer verewigen zu dürfen, oder von Kaiser Karl V. berichtet man, daß er sich huldvoll herabließ, Tizians heruntergefallenen Pinsel aufzuheben; und Leonardo da Vinci starb in den Armen König Franz' I. von Frankreich, in dessen Diensten er seine letzten Lebensjahre verbracht hatte. Für die überwältigende Mehrheit der Hofkünstler zur Zeit der Renaissance präsentierten sich die Dinge jedoch nüchterner. Die Sitzordnung der fürstlichen Tafel, in der sich das starre höfische Standesdenken besonders augenfällig niederschlug, stellte die Künstler auf eine Stufe mit den Schneidern, Schustern, Musikern, Barbieren, also den in einem Lohnverhältnis stehenden Mitgliedern des fürstlichen Haushaltes, sogenannten *stipendiari*.

Dennoch vermochten Künstler bei Hofe eine Karriere zu machen. Ein Höfling, der zum engeren Haushalt des Fürsten oder seiner Gemahlin zählte, wurde meist als *familiaris* bezeichnet. Da sie direkt bei Hofe arbeiteten, bekamen Maler diesen begehrten Titel mitunter verliehen, während man Bildhauer und Architekten mit andersartigen Auszeichnungen und Anreizen bedachte. Der Ehrentitel eines *familiaris* wurde unter anderem Jaime Baçó genannt Jacomart (ca. 1413–1461) und Leonardo da Besozzo am Hof von Neapel sowie Pisanello, Mantegna und Antico in Mantua zuteil (Abb. 27). Der berühmte Vincenzo Foppa aus Brescia zählte zu den wenigen Künstlern, die am Hof von Mailand zu *familiaris* ernannt wurden, obwohl er nicht in erster Linie für den Herzog arbeitete. In seinem Fall war der Titel mit einer Reihe von Privilegien verbunden, die es ihm ermöglichten, sich innerhalb des gesamten Territoriums frei zu bewegen und zu arbeiten, wo immer es ihm beliebte.

Die Position eines Hofmalers brachte erhebliche Vergünstigungen mit sich, aber den Vorteilen einer festen Anstellung standen beträchtliche Einschränkungen der persönlichen Freiheit gegenüber. Zumindest in der Theorie – die Praxis sah mitunter anders aus – erhielt der Maler für seine Dienste ein festes Gehalt. Letzteres diente dazu, den Lebensunterhalt der Künstlerfamilie zu bestreiten sowie Studienreisen zu finanzieren. Hofkünstler wurden in der Regel im Palast untergebracht, ganz berühmte oder altgediente unter ihnen erhielten ein eigenes Haus bzw. die erforderlichen Mittel, um sich eines zu bauen. Sowohl Mantegna als auch Giulio Romano ließen in Mantua für sich *palazzi* errichten (Abb. 28). Zu Wohlstand und materieller Sicherheit gesellten sich hin und wieder besondere Vergünstigungen und Geschenke wie ein eigener Garten oder Weinberg. Künstlern bewilligte man auch Zuschüsse für Gewänder und kostbare Stoffe, damit sie sich geziemend kleiden konnten. Es kam auch vor, daß Fürsten die Mitgift für die Töchter eines Malers stellten oder die Arztkosten übernahmen, falls er oder eines seiner Familienmitglieder erkrankte. Als *familiaris* war der Künstler überdies von Abgaben und Steuern befreit.

Als Gegenleistung verpflichtete sich der Maler, seinem Herrscher in allem zu Diensten zu sein. Das Gehalt stellte eine Belohnung für seine besondere Begabung – seine *virtù* – dar und sollte sie gleichzeitig weiter fördern. Die Bezahlung der Maler war einzig und allein dem Gutdünken des Fürsten sowie häufig dessen Kämmerers unterworfen. Während Pisanello am Hof von Neapel ein Jahresgehalt von 400 Dukaten erhielt, mußte Cosimo Tura in Ferrara mit ganzen 60 Dukaten auskommen. Mehrere Quellen belegen die finanzielle Not mancher Künstler, die von regelmäßig verhängten Sparmaßnahmen stets am

27. Andrea Mantegna,
Selbstporträt, im Blattwerk des vorgetäuschten Pfeilers an der Westwand der Camera Picta verborgen. Fresko, Palazzo Ducale, Mantua, 1465–1474.

28. Innenhof des Stadthauses von Andrea Mantegna, Mantua, 1483.

stärksten betroffen waren. Infolge ihres aufwendigen Lebensstils oder nur zögerlich eingehender Soldzahlungen für die Leistungen, die sie als *condottieri* erbrachten, standen nämlich viele Fürsten vor leeren Kassen. Dies veranlaßte einen zeitgenössischen Beobachter zu der spöttischen Bemerkung, der italienische Begriff für Hof *la corte* leite sich von dem Adjektiv *corto* ab, da dort alles »knapp bei Kasse« sei. In aristokratischen Kreisen vertrat man andererseits die Auffassung, daß Talent nicht käuflich, sondern eine Gabe Gottes sei. Das an den Maler ausbezahlte Gehalt sollte diesen lediglich in die Lage versetzen, seinen Lebensunterhalt nicht anderweitig bestreiten zu müssen, sondern sich ganz der Kunst widmen zu können, und war nicht etwa als Lohn für die von ihm angefertigten Kunstwerke gedacht. Mit Erlaubnis ihres Herrschers konnten Maler durchaus auch Aufträge von außerhalb annehmen, wozu sich manche aufgrund ihrer schlechten finanziellen Lage gezwungen sahen. Für derlei Auftragsarbeiten wurden sie gesondert entschädigt. So erhielt z.B. Mantegna als Gegenleistung für ein »kleines Gemälde« ein Stück Land.

Brachte es ein Künstler zu besonders großem Ruhm, so konnte ihm kraft seiner *virtù* der Aufstieg in den Adelsstand gelingen. Ein kleiner Kreis von Malern, Bildhauern und Architekten wurde zu Rittern geschlagen. Die Ritterwürde war käuflich und der römische Kaiser Friedrich III. zog aus dem Ehrgeiz von Fürsten und Höflingen gleichermaßen beachtlichen Gewinn. Diese Adelstitel waren als Auszeichnung und Ansporn für die Künstler gedacht, deren Lebensstandard sich dadurch allerdings nicht im geringsten verbesserte. Der Stallmeister in Pietro Aretinos gleichnamiger Komödie *Il Marescalco (Der Stallmeister)* aus dem Jahr 1533 beschreibt diesen Vorgang mit den spöttischen Worten »Dieser Titel ist sehr kleidsam für jemand, der über genügend Reichtum verfügt und nur ein bißchen Ansehen erwerben will! .... Ein Ritter ohne eigenes Vermögen ist wie eine nackte Wand, an die jeder hinpinkelt«. Wahrscheinlich wurden Künstlern vor allem deshalb in den Ritterstand erhoben, damit man sie als vollwertige höfische Diplomaten einsetzen konnte. Laut Giorgo Vasari verdankte Mantegna seinen Rittertitel dem Umstand, daß Francesco Gonzaga ihn 1488 als würdigen Abgesandten nach Rom schicken wollte. Dies galt insbesondere auch für Künstler, die sich ins Ausland begaben.

In Künstlerkreisen maß man diesen Aufstiegsmöglichkeiten große Bedeutung bei und befleißigte sich zunehmend aristokratischer Umgangsformen. Bei Hofe begannen die Humanisten, Malerei, Skulptur und Architektur den *artes liberales* gleichzustellen, die deswegen als freie Künste galten, weil sie nur von einem Freien, also Adligen, ausgeübt werden konnten. Die Künstler stellten daher immer weniger ihre handwerklichen Fertigkeiten als vielmehr ihre intellektuelle Leistung – *ingegno* – und ihre erfinderische Gabe – *invenzione* – in den Vordergrund. Die Malkunst wurde – unter gleichzeitiger Betonung ihrer wissenschaftlichen Grundlagen aus den Bereichen von Arithmetik und Geometrie – in die Nähe von Rhetorik, Dichtung, Geschichte und Philosophie gerückt und dadurch aufgewertet. Die Tatsache, daß Künstler mit ihren Händen arbeiteten, rechtfertigte man mit dem Hinweis, daß dies eher ihrer Ehre als der persönlichen Bereicherung diente. So fanden Künstler zunehmend Gefallen daran, ihr Können dem Herrscher zur Verfügung zu stellen.

Die Architekten befreiten sich als erste vom vermeintlichen Makel bloß handwerklicher Arbeit. 1428 sollte der Bildhauer Jacopo della Quercia im Auftrag des Domverwalters von Siena den Architekten Giovanni da Siena ausfindig machen. Jacopo berichtete, Giovanni weile am Hofe von Ferrara, wo er für den Markgrafen einen riesigen, stark befestigten Palast inmitten der Stadt plane und, wie er aus sicherer Quelle erfahren habe, 300 Dukaten Jahresgehalt sowie die Lebenshaltungskosten für acht Personen erhalte... Im übrigen arbeite er keineswegs mit der Kelle in der Hand, sondern als Planer und Erfinder, als *ingegnere*. Bei Hofe vereinigten die Architekten nicht selten die Aufgaben der künstlerischen Leitung und des Festungs- und Städtebauers in einer Person: Sie überwachten die Errichtung von Kirchen, Palästen, Festungen, Straßen und Kanälen. Ihnen war ein ganzes Heer von Handwerkern unterstellt, einschließlich derjenigen Leute, die für die Innenausstattung und Einrichtung zuständig waren und die entweder nach Plänen des Architekten oder nach Entwürfen des Hofmalers arbeiteten. Das Amt des Hofbaumeisters und Festungsarchitekten war erstaunlicherweise an keine spezifische Ausbildung gebunden. Seine Inhaber waren gelernte Steinmetze, Bildhauer wie z.B. der lombardische Bildhauer Amadeo, Maler oder erfahrene Zeichner wie Donato Bramante.

Große Skulpturen aus Bronze und Marmor waren zwar kostspielig und wertvoll (Bronze kostete das Zehnfache von Marmor), doch genossen die Bildhauer nicht immer den Status eines Architekten oder die Privilegien eines Hofmalers. Der prekäre Status der Bildhauerkunst rührte teilweise von der mit Schmutz und Lärm verbundenen Tätigkeit dieser Künstler her, die wegen dieser negativen Begleiterscheinungen auch nicht bei Hofe wohnten und arbeiteten. Außerdem liefen die kostbarsten Arbeiten eines Bildhauers oder Goldschmieds aus Gold, Silber und Bronze in Zeiten allgemeiner Geldknappheit stets Gefahr, eingeschmolzen zu werden. Da viele ihrer Werke dazu bestimmt waren, an öffentlichen Plätzen aufgestellt zu werden, mußten die Bildhauer besondere Rücksicht auf die Vorstellungen ihres fürst-

29. Rubinetto di Francia, *Trauernde* (nach einem Karton von Cosimo Tura), 1474–1475. Wolle, Seide, Gold und Silber, 97 x 200 cm, Sammlung Thyssen-Bornemisza, Lugano.

Cosimo Turas dramatischer (an Rogier van der Weyden erinnernde) Wandteppich *Trauernde* enthält unter anderem das Porträt des jungen Ercole d'Este von Ferrara (als heiliger Johannes), sowie dessen frisch angetrauter Gemahlin Eleonora von Aragon. Rubinetto di Francia nahm Cosimo Turas Karton als Vorlage für einen Wandteppich, dessen angedeuteter Rahmen mit Juwelen besetzt ist. Ercole verwendete den wegen seiner kostbaren Fäden und seiner Darstellung beliebten Teppich als Altardecke.

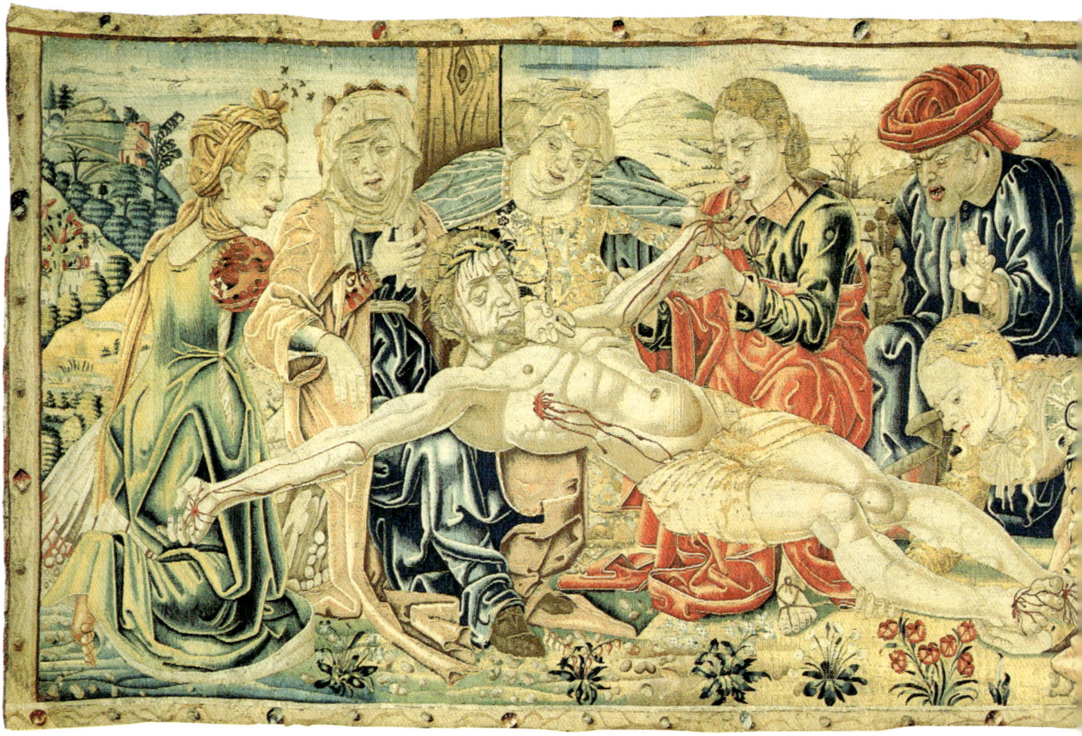

lichen Auftraggebers nehmen. Grabmäler und Reiterstandbilder, die naturgemäß Porträts und detaillierte Gewänder enthielten, unterlagen strengster Kontrolle. Unterlief dem Bildhauer der geringste Fehler, so konnte es passieren, daß sein Werk, statt Ruhm und Unsterblichkeit zu garantieren, zum Gegenstand allgemeinen Gespötts wurde. Der florentinische Bildhauer Lorenzo Ghiberti berichtete, daß er »oft mit der Malerei liebäugelte«, da er die mit ihm arbeitenden Maler um das mit ihrer Kunst verbundene Ansehen und ihre Privilegien beneidete.

Hofmaler betätigten sich auch als Innenarchitekten, indem sie für ihren Herrscher oder einen eigens ernannten Mittelsmann Pläne entwarfen oder veranschaulichten. Eine ganze Mannschaft von Handwerkern und Lieferanten arbeitete ihnen dabei zu. Cosimo Tura, der Hofmaler von Borso d'Este, malte Fresken für die Schlösser der Este, erstellte eine Reihe von Tafelbildern, welche die Musen zum Gegenstand hatten, und fertigte dekorative Skulpturen für die Este-Lustschlösser Belfiore und Belriguardo an, bemalte die Orgeljalousie im Dom von Ferrara, entwarf Teppiche im flämischen Stil (Abb. 29), gewebte Sesselüberwürfe sowie Modelle für Gold- und Silberschmiedearbeiten. Im Vorfeld öffentlicher Feierlichkeiten und bedeutender Ereignisse pflegten die Maler in fieberhafte Aktivitäten auszubrechen: Sie waren für Wimpel, Banner, Festgewänder, Pferdeschabracken, Masken, Festbögen, Turnierausrüstungen, Zuckerkonfekt und alle nur erdenkliche Arten kurzlebiger Dekoration zuständig. Die Höfe nutzten ihre diplomatischen Verbindungen, um Auskünfte über das Schaffen auswärtiger Künstler zu erhalten und mit ihnen über eventuelle Aufträge zu verhandeln. Botschafter und Gesandte wurden mit der Überwachung auswärts entstehender Kunstwerke beauftragt und organisierten anschließend deren Überführung an ihren Bestimmungsort (derartige Gemälde wurden meistens auf Leinwand ausgeführt, damit man sie zum Transport aufrollen konnte). Auch Kaufleute betätigten sich alsbald als Mittelsmänner. Die Händler erkannten rasch, daß sie dank ihrer weitreichenden Geschäftsbeziehungen auch im Kunsthandel große Gewinne erzielen konnten. Vasari zufolge erwarb ein Kaufmann für 100 Dukaten ein Gemälde von Leonardo da Vinci, um es anschließend zum dreifachen Preis an den Herzog von Mailand zu veräußern.

Von den bei Hofe angestellten Künstlern erwartete man, daß sie sich über die aktuellen künstlerischen Entwicklungen in anderen höfischen und städtischen Zentren auf dem laufenden hielten. Schon bald hatten Hofkünstler auch die Möglichkeit, ins Ausland zu reisen und dort von berühmten Meistern zu lernen. Der nordeuropäischen Kunst brachten die italienischen Fürstenhöfe besonders großes Interesse entgegen. Die Herzogin von Mailand etwa sandte in den sechziger Jahren des fünfzehnten Jahrhunderts Zanetto Bugatto nach Brüssel, damit er sich dort von Roger van der Weyden in der Technik der Ölfarben unterweisen lassen konnte. Andererseits waren italienische

Künstler an ausländischen Höfen sehr begehrt. Die Kunde von der großen Hochachtung, die Leonardo da Vinci, Tizian und Guido Mazzoni an italienischen Höfen errangen, drang bis an die Königs- und Kaiserhöfe ganz Europas.

Die Art und Weise, mit der man den Künstlern bei Hofe begegnete, hing von der Persönlichkeit des einzelnen Künstlers und des jeweiligen Herrschers ab. Ein überaus gelehrter Maler vom Format eines Andrea Mantegna war nicht nur Bediensteter bei Hofe, sondern gleichzeitig ein wegen seiner umfangreichen Kenntnisse antiker Kunstwerke geschätzter Hofmann. Kardinal Francesco Gonzaga ersuchte seinen Vater eindringlich, Mantegna und den Musiker Malgise für ein paar Tage nach Bologna kommen zu lassen, um ihm die Zeit zu vertreiben. Als Mantegna sich – mit der Begründung, daß dies eher die Aufgabe eines Miniaturenmalers sei – weigerte, ein kleines Gemälde für die Herzogin von Mailand anzufertigen, erklärte Markgraf Francesco Gonzaga verständnisvoll, daß »diese berühmten Meister allesamt etwas sonderlich sind und man gut daran tut, zu nehmen, was man von ihnen bekommt«. Wenn es einem Maler nicht gelang, die erforderlichen Umgangsformen zu entwickeln oder die richtigen Freunde zu finden, drohte ihm ein ähnliches Schicksal wie dem in Bologna beheimateten Bildhauer Niccolò dell'Arca. Seinem von einem Dominikanermönch verfaßten Nachruf läßt sich entnehmen, daß Niccolò ein Dasein in tiefster Armut fristete: »Er war launisch, von ungehobelten Manieren und von derartiger Grobheit, daß er alle abschreckte. Meistens fehlte es ihm an den notwendigsten Dingen.«

Die Künstler konnten bei Hofe Reichtum, gesellschaftliches Ansehen, ja Ruhm erwerben (viele berühmte Florentiner Künstler erlangten in ihrer Heimatstadt nur dadurch Anerkennung, daß sie sich vorübergehend bei Hofe verdingten), doch waren mit einer festen Anstellung auch verschiedene Nachteile verbunden. Am gravierendsten war die Tatsache, daß der Künstler damit seine persönliche Freiheit verlor und fortan nicht mehr selbst über sein Schicksal oder seinen Werdegang entscheiden konnte. Die Karriere eines Hofkünstlers hing ja in der Regel von einem einzigen Menschen ab. Mantegna klagte gegenüber Ludovico Gonzaga, ihm bleibe »keine andere Möglichkeit sich auszuzeichnen und keine andere Hoffnung mehr als Eure Hoheit«. Da die Arbeiten der Hofkünstler auf das engste mit der Person des Herrschers verbunden waren, ging man davon aus, daß sie auch dessen politische Ansichten teilten, und bezichtigte sie gelegentlich des Verrats oder der Korruption (ein Vorwurf, der manchen Künstler gar das Leben kostete). Der Tod des Herrschers, eine vernichtende Niederlage oder raffiniert eingefädelte Intrigen konnten für einen Hofkünstler das abrupte Ende seiner Karriere bedeuten (Abb. 30). Selbst ein plötzlicher Stimmungswechsel oder eine vorübergehende Laune des Herrschers konnten all seine Pläne zunichte machen bzw. die Zerstörung seiner Werke zur Folge haben. Lorenzo Ghiberti rät daher in

30. Titelbild zum *Lamento für Herzog Galeazzo Maria Sforza,* ermordet an Weihnachten 1476. Holzschnitt, Archivio Storico Civico, Mailand.

seinen zwischen 1447 und 1455 verfaßten *Commentarii (Denkwürdigkeiten)*, ein Künstler solle ausschließlich auf Gott, den einzigen wahren Herrscher des Himmels und der Erde, bauen und sich lieber auf seine eigene *virtù* verlassen, als sich zum Sklaven seines Schicksals zu machen. Zur Untermauerung seiner These führt er das Beispiel des Kölner Bildhauers Gusmin an, der mit ansehen mußte, wie seine voll Liebe und Sorgfalt ausgeführten Arbeiten den politischen Interessen des Herzogs geopfert wurden. Ghiberti setzte sein antihöfisches Bekenntnis mit fast biblischer Inbrunst fort und behauptete: »Jener, der sich auf alle Dinge gut versteht, bleibt nie allein oder muß durch fremde Territorien ziehen, wenn er den notwendigsten Besitz verloren hat und dringend Freunde braucht. Er wird in jeder Stadt aufgenommen und braucht sich nicht vor Schicksalsschlägen zu fürchten, er wird nie in Festungen gefangen sein, sondern höchstens unter seinen körperlichen Gebrechen zu leiden haben...«.

Dieser Abhängigkeit des Hofkünstlers stand die Tatsache gegenüber, daß sich Maler, Architekten und Bildhauer mit Hilfe des Hofes von ihrem Handwerkerstatus befreien konnten. Dieses Bestreben verband die Künstler mit den aufstrebenden adeligen *condottieri*. Wie letztere herrschten sie über ihren eigenen kleinen Hof (Raffael wurde eifrig von weniger bedeutenden Malern hofiert), verdingten sich aber gleichzeitig bei fremden, weitaus mächtigeren Fürsten. Mit Hilfe dieses Dienstverhältnisses erlangten sie Ansehen und eine gewisse finanzielle Unabhängigkeit. Mitunter erreichten sie gar derartigen Ruhm, daß ihre Dienste als unverzichtbar galten.

Bonanu de Ravena

2. Kapitel

Frömmigkeit und Propaganda: Neapel unter König Alfons von Aragon

31. Kreis um Pisanello,
Entwurf für ein Prunkportal,
Federzeichnung mit brauner Tinte, schwarzer Kohle und brauner Tusche.
31,3 x 16,2 cm, Museum Boymans van Beuningen, Rotterdam.

In den vierziger Jahren des fünfzehnten Jahrhunderts sah sich König Alfons von Aragon genötigt, eine erbitterte Auseinandersetzung zwischen zwei der berühmtesten Humanisten der damaligen Zeit – seinem Sekretär Lorenzo Valla sowie dem sizilianischen Künstler und Höfling Antonio Panormita – zu schlichten. Seiner eigenen Schilderung zufolge hatte der königliche Ratgeber Giovanni Carafa Lorenzo Valla den Auftrag gegeben, Verse für ein Gemälde im Castel Capuano zu dichten. Diese sollten die Schriftrollen von vier allegorischen Tugendfiguren zieren, die man rund um eine prächtige Darstellung des Königs in seiner Rüstung anordnen wollte. Gerade als der Maler – umringt von einer Schar Neugieriger – daran ging, Vallas Verse auf die Schriftrollen zu übertragen, trat Panormita hinzu und »machte den armen Mann ganz nervös, indem er ihn fragte, warum er sein herrliches Gemälde mit derart plumpen Versen schmücken würde und noch dazu an einem Ort, der sowohl den Ruhm des Malers als auch jenen des Königs mehren sollte.« Antonio bat sich ein bis zwei Tage Zeit aus, um seinerseits Verse dichten zu können, »welche in der Tat des Hauses Carafa, des Castels Capuano und des Porträts eines Königs würdig seien«. Gut eine Woche später legte Antonio Panormita seinen Gegenvorschlag zu Lorenzo Vallas Versen vor, und beide scharten jeweils Anhänger um sich. Carafa wußte sich schließlich nicht mehr anders zu helfen, als die beiden Humanisten an König Alfons zu verweisen. Der König, dessen diplomatisches Geschick bereits die zeitgenössische Geschichtsschreibung lobend hervorhebt, bezeichnete beide Verszyklen als gelungen. Die Auseinandersetzung endete damit, daß keiner der beiden Vorschläge ausgewählt wurde und die allegorischen Figuren Prudentia, Justitia, Caritas/Liberalitas und Temperantia/Fortitudo nun für sich allein sprechen mußten.

Die geschilderte Episode zeigt, welch komplexe Rolle die Kunst bei Hofe spielte. Zunächst legte ein Mittelsmann – ein führender

Höfling, der ebenso darauf bedacht war, die Erwartungen, die der König gemeinhin an derartige Projekte knüpfte, zu erfüllen, wie auch das Ansehen seines eigenen Hauses zu mehren, Aussehen und Material des Werkes fest. Der gewählte Standort, das Castel Capuano, war der Angelpunkt des städtischen Lebens von Neapel. Das den König in zeitgenössischer Ritterrüstung darbietende Porträt sollte die gesamte neapolitanische Bevölkerung beeindrucken und seinem herausragenden Standort angemessen sein. Rühmende Inschriften – Lorenzo Valla tat Panormitas Bemühungen verächtlich als »Schmeicheleien« ab – sollten die Tugenden des Königs dessen italienischen Untertanen deutlich vor Augen führen. Der Maler wurde nicht gefragt, welche Texte seiner Meinung nach am besten zu seinem Bild paßten. Diese Aufgabe blieb dem humanistischen Sekretär des Königs überlassen, der es gewohnt war, bei solchen Projekten herangezogen zu werden. Valla bemühte sich, wie er selbst schreibt, seine Verse in jener Reihenfolge anzuordnen, in welcher der Maler die Figuren darzustellen gedachte. Die Beteiligung des Königs an dem Unternehmen war äußerst gering; als er den Streit schlichten sollte, fiel ihm gar die Rolle eines neutralen Beobachters zu.

Das Projekt Castel Capuano verdeutlicht unmißverständlich den öffentlichen Charakter, den die Kunst am Hofe Alfons' bekleidete. Dieser schlug sich auch in Entwürfen für einen sehr aufwendig verzierten Türbogen für König Alfons (Abb. 31) sowie in jenem großartigen Grabmal nieder, das seine Vorgängerin Johanna II. von Anjou – sie regierte von 1414–1435 – zu Ehren ihres Bruders König Ladislaus errichten ließ (Abb. 32). Beide enthalten imposante Reiterstandbilder der Könige sowie antikisierende, die Tugenden der königlichen Ritter personifizierende Gestalten. Das Grabmal ist mit weiteren Statuen – Königin Johanna, ihrem Bruder, ihren Eltern sowie Aposteln und Heiligen – und darüber hinaus mit Inschriften von Lorenzo Valla ausgestattet. König Alfons und seine engsten Ratgeber setzten diese Tradition fort und machten sich das erfolgreiche Vokabular königlicher Propaganda mit ihrer Verknüpfung ritterlicher und antiker Stilelemente, ihren Porträts und allegorischen Figuren sowie ihren erbaulichen Inschriften zu eigen. Durch diese künstlerische Kontinuität betonte König Alfons gleichzeitig die Legitimität seines Thronanspruchs. Königin Johanna hatte Alfons nämlich, nachdem er einen gegen sie gerichteten Aufstand niedergeschlagen hatte, als Thronerben adoptiert, sich kurz darauf jedoch anders besonnen und

32. Andrea und Marco di Nofri da Firenze, Grabmonument für König Ladislaus, 1428 (Detail der Reiterstatue auf der Spitze des Grabmals). Marmor, 18 m hoch, San Giovanni a Carbonara, Neapel.

den französischen Herzog René d'Anjou (1409–1480) zum Nachfolger auserkoren. Als René König von Neapel wurde, ging Alfons dazu über, seine Ansprüche mit Waffengewalt durchzusetzen.

Am 26. Februar 1443 zog Alfons von Aragon (1396–1458), nachdem er Renés angevinische Truppen besiegt hatte, triumphierend in Neapel ein. Nun, nach zwanzig Jahren erbitterter Kämpfe, sah sich Alfons, der bereits König von Aragon, Katalonien, Sizilien, Sardinien, Valencia und Mallorca war, endlich am Ziel seiner Träume. Der neue König von Neapel – er regierte von 1442 bis zum Jahr 1458 – verbrachte die restlichen Jahre seines Lebens in seinem neu hinzugewonnenen Königreich und machte Neapel zu einem der wichtigsten kulturellen Zentren und Handelsplätze ganz Italiens sowie zur schönsten Stadt seines Territoriums. Im Laufe der Zeit verlagerten sich Alfons' Interessen immer mehr von Spanien nach Italien. Er hoffte, ein Bündnis zwischen Neapel und der zweiten italienischen Großmacht Mailand herbeiführen und auf diese Weise Italien seiner Herrschaft unterstellen zu können.

In Alfons' prächtigem Triumphzug waren sämtliche in der blühenden Hafenstadt Neapel lebenden und arbeitenden Nationen vertreten. Priester führten den Zug an, gefolgt vom florentinischen Kontingent, dessen Festwagen allegorische Figuren sowie einen als Julius Cäsar verkleideten Schauspieler beförderten (hierbei handelte es sich um die einzigen antikisierenden Elemente des Triumphzuges). Anschließend kamen die Katalanen, gefolgt von einem Festwagen mit einer Nachbildung des »gefährlichen Platzes« aus der Artussage, flankiert von den Tugenden Justitia, Prudentia, Fortitudo, Fides und Caritas, welche Münzen in die Menge hinabwarfen. Der »gefährliche Platz« zählte zu Alfons' Lieblingsmotiven: nur ein keuscher und unbesiegbarer Ritter mit reinem Herzen (Galahad, der die Suche nach dem Heiligen Gral beendete) durfte an König Artus' Tafelrunde auf ihm Platz nehmen, ohne von seinen Flammen verzehrt zu werden. König Alfons' vergoldeter Triumphwagen präsentierte sich als mit Türmen bewehrte Festung; zu Füßen seines Thrones züngelte ein kleiner »gefährlicher Platz«. Alfons selbst war in ein prächtiges karminrotes, mit Goldbrokat besetztes Gewand gehüllt und trug die Kette des Lilienordens mit ihrem goldenen Greifenanhänger sowie Zepter und Reichsapfel. Das Gefolge des Königs bildeten herausragende höfische Würdenträger, Feldherren, ausländische Botschafter, einheimische Barone, Ritter, Bischöfe und Humanisten (darunter auch Lorenzo Valla und Antonio Panormita). An der Kathedrale, wo gerade eifrig an einem Triumphbogen gearbeitet wurde, stieg Alfons von seinem Triumphwagen herab (ein Jahrzehnt später wurde dieser Triumphbogen an das Tor seiner Festung Castel Nuovo verlegt).

Alfons von Aragon holte Maler und Architekten aus seiner spanischen Heimat an seinen Hof. Das erste Werk, das er in Neapel in Auftrag gab, führte der aus Valencia stammende Maler

33. Meister des Triumph des Todes, *Triumph des Todes,* 1441–1446. Auf Leinwand übertragenes Fresko, 590 x 640 cm, Galleria Regionale, Palermo.

Das Fresko zeigt, neben einer mit äußerster Dynamik umgesetzten Personifizierung des Todes, Mitglieder sämtlicher Gesellschaftsschichten: links im Bild sieht man arme und bedürftige Menschen; in der Mitte sind ein Kaiser, ein Papst und hohe geistliche Würdenträger unter die Hufe des Pferdes geraten, auf dem der Tod durch das Bild jagt; die Adligen auf der rechten Seite des Bildes sind nach der neuesten burgundischen Mode gekleidet. Ganz links hat der Maler mit Malutensilien und Malstock möglicherweise seine eigene Gestalt und die seines Gehilfen abgebildet.

Jacomart aus, den der König im Oktober 1440 nach Italien gerufen hatte, als er noch vor Neapel lagerte. Jacomart, der Sohn des königlichen Schneiders, war zwar zu dieser Zeit gerade in Valencia mit der Fertigstellung religiöser Gemälde beschäftigt, dürfte aber im Juni 1442, während der dritten Belagerung von Neapel, in Italien eingetroffen sein. Nicht lange nach seinem triumphalen Einzug gab König Alfons bei Jacomart einen Altar für jene in antikem Stil gehaltene Kapelle in Auftrag, welche er unmittelbar nach seinem Sieg auf dem Campo Vecchio errichten ließ, um die Stelle außerhalb der Stadt zu markieren, an der er mit seinen Truppen gelegen hatte. In diesem Feldlager war ihm nachts im Traum die Jungfrau Maria erschienen und hatte ihm den (sich als vortrefflich erweisenden) Gedanken eingegeben, durch einen der alten Aquädukte heimlich nach Neapel einzudringen. Jacomarts Altargemälde zeigt dementsprechend, wie dem schlafenden König Alfons die göttliche Jungfrau voll zarter Majestät erscheint. Jacomart, der das Vertrauen des Königs genoß und von diesem als *familiaris* und Hofmaler bezeichnet wurde, brachte das Werk persönlich in das Castel Capuano, um es Alfons zu präsentieren. Dieses Kunstwerk erfreute sich der besonderen Wertschätzung König Alfons' und wurde bei den alljährlichen Feiern seines siegreichen Einzugs durch die Straßen Neapels getragen. Im sechzehnten Jahrhundert ist das Altarbild zusammen mit der Kapelle zerstört worden. Wäre es noch erhalten, könnte es ein beredtes Zeugnis davon ablegen, wie Alfons von Aragon auf typisch spanische Weise religiöse Inbrunst und militärische Gesinnung miteinander zu verbinden wußte.

Leider sind die meisten für König Alfons angefertigten Tafelbilder und Wandgemälde verloren oder zerstört; dieser Umstand mag mit dazu beigetragen haben, daß die Renaissanceforschung Neapel in der Regel wenig Beachtung geschenkt hat. Außerdem sind die staatlichen Archive am Ende des Zweiten Weltkriegs vernichtet worden, so daß kaum mehr Dokumente über künstlerische Auftragsarbeiten oder Ankäufe von Kunstwerken vorhanden sind. Den wenigen erhaltenen historischen Dokumenten ist zu entnehmen, daß der katalanische Bildhauer und Architekt Guillem Sagrera 1447 nach Neapel kam, um an der Neugestaltung des Castel Nuovo mitzuwirken. Leonardo Molinari da Besozzo, der bereits für das Haus Anjou gearbeitet hatte, war im Jahr 1449 Alfons' berühmtester Hofmaler und diente ihm bis 1458. Er malte die königlichen Paläste und Kirchen mit Fresken aus, schmückte des Königs Urkunden und Bücher mit Miniaturen und verzierte dessen Rüstung. Gemeinsam mit zwei anderen Malern fertigte Besozzo für die Feier zur Geburt von Alfons' Enkel 920 Standarten und Banner an. Auch Perinetto da Benevento wurde mit zahlreichen Aufträgen bedacht, darunter ein Freskenzyklus zu den *Sieben Freuden der Jungfrau Maria*. Besozzo und Benevento setzten beide die monumentale Tradition eines Giotto und Pietro Cavallini fort (dessen neapolitanische Werke die Stadt im vierzehnten Jahrhundert berühmt gemacht hatten).

Glücklicherweise ist wenigstens ein herausragendes Fresko aus Alfons' Regierungszeit erhalten, der *Triumph des Todes* (Abb. 33) aus dem sizilianischen Palazzo Sclafani. Dieser alte, baufällige Palast war unter König Alfons restauriert und zu einem Hospital umgewandelt worden. Das oben zitierte, makaber anmutende Fresko ziert die Südwand des geräumigen Innenhofes. Der anonyme Künstler wird dem Kreis Pisanellos oder dem der Gebrüder Zavattari zugeordnet, die für Alfons' engen mailändischen Verbündeten Filippo Maria Visconti arbeiteten. Unlängst haben Wissenschaftler die These aufgestellt, es könne sich um ein Werk des Sizilianers Gaspare Pesaro (ca. 1400–1461) handeln, der im Jahr 1438 im Auftrag König Alfons' einige Bücher illuminierte. Unabhängig davon, von wessen Hand das fragliche Gemälde stammt, zeugt es auf beeindruckende Weise von der multikulturellen Prägung der Kunst im Königreich Neapel-Sizilien. Seine Verquickung französischer, sienesischer, lombardischer, sizilianischer, burgundischer sowie spanischer Elemente war typisch für jene »Internationale Gotik«, die sich an den damaligen Höfen großer Beliebtheit erfreute.

34. Gebrüder Crespi, *König Alfons und sein Gefolge bei der Messe*, Ausschnitt aus dem 1442 fertiggestellten *Libro d'Ore di Alfonso I.*, British Library, London.

Jacomarts anmutiger, auf prachtvolle Verzierungen bedachter »internationaler« Stil war in hohem Maße der Schule von Valencia verpflichtet. Dieser Stil paßte sehr gut zu Alfons Vorstellungen von religösen Gemälden. Er wünschte sich nämlich vornehme, dekorative Andachtsbilder mit hübschen realistischen Details wie prächtigen Brokatstoffen, aufgemalten Reliefs und funkelnden Edelsteinen neben anmutig dargestellten Gestalten. Alfons diesbezügliche Vorlieben kamen besonders deutlich in seiner Sammlung religiöser Kunstgegenstände zum Ausdruck. Giovanni Pontanos *De Magnificentia* zufolge war Alfons' Sammeleifer größer als der aller anderer Könige in der damaligen Zeit; in erster Linie galt seine Sammelleidenschaft allen Gegenständen, die zur Messe verwendet wurden – Meßgeräte und kostbare Priestergewänder sowie männliche und weibliche Heiligenfiguren, von denen er eine große Anzahl besaß, einschließlich der Zwölf Apostel in Silber (Abb. 34).

Eine zweite Quelle belegt, daß Jacomart 1447 in Italien weilte und im Auftrag Alfons' rund zwanzig königliche Standarten mit Wappenschildern und Emblemen bemalte. Der Künstler wurde nach Tivoli beordert, wo König Alfons gerade zum Angriff auf Florenz rüstete und Jacomart mitten auf dem Schlachtfeld seinen Auftrag erteilt haben soll. Von dieser Zeit an scheint er König Alfons in Valencia als Hofmaler gedient zu haben.

Jacomarts künstlerisches Schaffen war auch von der flämischen Malerei beeinflußt, deren Stil und Technik in Spanien sehr beliebt waren und die Alfons lange bewundert hatte. Dem vorhergehenden Hofmaler, Louis Dalmau, war es meisterlich gelungen, diesem Aspekt von Alfons' Kunstgeschmack zu entsprechen. Im Jahr 1431 hatte ihn Alfons in seiner Eigenschaft als König von Valencia zusammen mit dem Teppichweber Guillem d'Uxelles nach Flandern gesandt, damit er dort Kartons für Teppiche in flämischer Manier anzufertigen lerne. Dalmau dürfte gerade zu jenem Zeitpunkt angekommen sein, da der soeben fertiggestellte Genter Altar der Brüder Hubert und Jan van Eyck der Öffentlichkeit gezeigt wurde. Als Dalmau fast fünf Jahre später zurückkehrte, malte er von niederländischen Meistern inspirierte Bilder.

In Italien hielt König Alfons' Vorliebe für Gemälde im spanisch-niederländischen Stil unvermindert an. Während Jacomart an seinem italienischen Altarbild arbeitete, erwarb der König seinen ersten van Eyck. Berengar Mercader, des Königs Statthalter in Valencia, hatte die Weisung erhalten, ein Gemälde von van Eyck zu beschaffen. Der Gegenstand des Gemäldes war unwichtig. Wie Isabella d'Este gegen Ende des Jahrhunderts ging es Alfons von Aragon in erster Linie darum, ein Werk dieses bereits zu Lebzeiten legendären Meisters zu besitzen. Mercader beauftragte einen Händler aus Valencia, in Flandern nach einem van Eyck Ausschau zu halten. In Brügge stieß der Kaufmann auf einen feilgebotenen *Georg und der Drachen* und veranlaßte, daß das Gemäldes per Schiff nach Barcelona transportiert wurde. Von dort gelangte es 1444 nach Neapel. Das Bild ging zwar später verloren, doch schilderte im darauffolgenden Jahrhundert der Schriftsteller Pietro Summonte in seinem berühmten Brief von 1524 voller Begeisterung dessen wundervolle Wirkung. Das Gemälde zeigte unter anderem eine Landschaft mit der kleinen Gestalt der geretteten Prinzessin, eine Stadt in der Ferne, eine Meeresansicht sowie ein typisches Bravourdetail, in welchem van Eycks meisterhaftes Können zum Tragen kam: Der von einem langen Speer tödlich getroffene Drache spiegelte sich im linken Bein von Georgs glänzender Ritterrüstung. Das Thema paßte besonders gut zu Alfons, dessen nach 1442 errichtete katalanische Grabkapelle im Kloster Poblet (Nordost-Spanien) ebenfalls dem heiligen Georg geweiht war, den er im übrigen zum Schutzpatron für seinen neapolitanischen Feldzug gewählt hatte.

Bartolomeo Fazio, der ab 1444 in Neapel weilte, hinterließ eine wertvolle Beschreibung eines weiteren van Eycks aus dem Besitz Alfons' von Aragon. Fazio übte an Alfons' Hof das Amt des persönlichen Sekretärs und Geschichtsschreibers aus und widmete im Jahr 1456 sein Büchlein *De Viris illustribus (Über berühmte Männer)* seinem königlichen Herrn. Ein Kapitel befaßt sich mit jenen Malern, die laut Fazios Auffassung zu den besten seiner Zeit zählten. Dies waren Jan van Eyck, Rogier van der Weyden,

Pisanello – der am Hof von Neapel angestellt war – sowie Gentile da Fabriano (gest. 1428), der für Pandolfo Malatesta in Brescia (1414–1419 malte er eine Kapelle aus), für den päpstlichen Hof in Rom und in Florenz gearbeitet hatte. Alle vier Künstler wurden für höfische Auftraggeber tätig, und die drei noch lebenden wurden mit König Alfons von Aragon in Verbindung gebracht. Drei Bildhauer werden ebenfalls lobend erwähnt – obwohl Fazio zufolge »aus der Vielzahl von Bildhauern nur wenige herausragten« – , die allesamt aus Florenz stammten. Unter ihnen befand sich auch Donatello, für den König Alfons große Bewunderung hegte. Aus einem Brief an den Dogen von Venedig geht hervor, daß König Alfons 1452 Donatello für die Anfertigung eines Reiterstandbilds zu gewinnen suchte, welches – nach dem Beispiel seines Vorfahrs Ladislao – einst sein Grabmal zieren sollte.

Laut Fazios Darstellung galt van Eyck als der tonangebende Maler seiner Zeit. Sein Urteil spiegelt vermutlich die Meinung des Königs und der um ihn gescharten Humanisten wider, die regelmäßig zur sogenannten *ora del libro* zusammenfanden, um literarische, philosophische, theologische und wahrscheinlich auch künstlerische Fragen zu erörtern. Diese Gesprächsrunde bildete die Keimzelle zu jener Akademie, an deren Spitze der kluge und geistreiche Panormita stand. Zu ihren Sitzungen lud man Wissenschaftler, die – gestützt auf Texte und Beispiele der Antike – Thesen unterbreiteten und im anschließenden, äußerst lebhaften Streitgespräch verteidigten. Nach der zum festen Ritual gewordenen Widerlegung sämtlicher Argumente wurde Obst und Wein gereicht. Auch Fazio untermauert in seiner Darstellung die herausragende Bedeutung van Eycks und rühmt dessen große Gelehrtheit. Als erstes Beispiel führt Fazio ein bemerkenswertes Gemälde aus den Privatgemächern König Alfons' im Castel Nuovo an, das Hieronymus in seinem Arbeitszimmer zeigt. Das Bild strahlte Fazio zufolge solche Lebendigkeit aus, daß es, sobald man ein wenig zurücktrat, räumliche Tiefe gewann und komplette geöffnete Bücher zu enthalten schien, während man bei näherem Hinzutreten entdeckte, daß sie nur zum Teil abgebildet waren. Ein anderes Gemälde stellte Battista Lomellini und »die Dame seines Herzens« dar. Zwischen den beiden Gestalten drang – wie durch einen Mauerspalt – ein Lichtstrahl in das Bild, der auf den Betrachter wie echtes Sonnenlicht wirkte. Dieses Triptychon war ursprünglich für den wohlhabenden Genueser Battista Lomellini angefertigt worden, der es vielleicht, nachdem Neapel und Genua 1444 Frieden geschlossen hatten, an Alfons von Aragon veräußerte. In dessen Besitz befand sich auch van Eycks *Anbetung der Könige*, die den Altar der Barbara-Kapelle im Castel Nuovo zierte.

Rogier van der Weyden, ein in in den höfischen Kreisen Italiens ebenfalls sehr geschätzter flämi-

35. Rogier van der Weyden,
Kreuzabnahme Christi,
ca. 1435. Öl auf Holz,
220 x 260 cm, Prado, Madrid.

Der Bildausschnitt zeigt das Gesicht der Maria Magdalena. Die Werke der niederländischen Meister wurden sowohl wegen der großen Intensität ihrer Mimik als auch wegen ihrer technischen Vollendung bewundert.

36. **Colantonio,** *Hieronymus mit dem Löwen,* Predella des Altarbilds von San Lorenzo, ca. 1444–1445. Holz, 120 x 150 cm, Museo Capodimonte, Neapel.

Colantonio bedient sich dramatischer *Trompe-l'œil*-Effekte, um beweisen zu können, wie gut er die illusionistische Malerei im Stile van Eycks beherrscht. Das Durcheinander der gestapelten Bücher und die peinlich genaue Beschreibung der im Studierzimmer befindlichen persönlichen Habe, bis hin zu dem kleinen, ovalen Kästchen, in dem Hieronymus seine Brillengläser aufbewahrte, zeugen auch vom Einfallsreichtum des Künstlers.

scher Maler (Abb. 35), fand bei Fazio gleichermaßen Erwähnung. Seine italienischen Arbeiten werden geschildert, unter denen sich das verlorengegangene Bildnis einer badenden Frau in Genua sowie ein weiteres Gemälde in den Privatgemächern von Leonello d'Este in Ferrara befanden. Bei letzterem handelte es sich um ein Triptychon, dessen zentrale Bilder »den vom Kreuz abgenommenen Christus, die Gottesmutter Maria, Maria Magdalena und Joseph derart lebensnah wiedergaben, daß man ihr Wehklagen buchstäblich zu hören und ihre Tränen fließen zu sehen glaubte«. Laut Fazio besaß König Alfons außerdem »herrliche Wandteppiche... mit höchst ausdrucksvoll dargestellten Szenen«. Diese die Wände der großen Sala del Trionfo im Castel Nuovo zierenden Teppiche bildeten einen prachtvollen Hintergrund für das ständige Kommen und Gehen bei Hofe und stellten nicht zuletzt Alfons' große Frömmigkeit unter Beweis.

Auch Alfons' Gegenspieler René d'Anjou, der von 1438 bis 1442 Neapel regierte, hatte die flämische Kunst nachhaltig gefördert. König René genoß selbst den Ruf eines großen Künstlers – was jedoch auf das übertriebene Lob zeitgenössischer Humanisten zurückzuführen sein könnte – und hatte, wie dem

Schreiben von Pietro Summonte zu entnehmen ist, die flämische Malerei eingehend studiert. Diese Begeisterung verband den aus Frankreich stammenden König mit dem neapolitanischen Maler Colantonio, der einer mehrfachen Überlieferung zufolge vom König höchstpersönlich in die kurz zuvor weiterentwickelte Technik der Ölfarben eingeführt worden sein soll. Colantonios *Hieronymus mit dem Löwen* (Abb. 36) zeigt, auf welch hervorragende Weise er die flämische Technik zu nutzen verstand, und birgt vielleicht eine gewisse Ähnlichkeit mit dem Lomellini-Triptychon. Manche Kritiker neigen zu der These, daß Alfons dieses Gemälde um 1444 in Auftrag gegeben habe, und verweisen auf die darin enthaltenen Anklänge an van Eyck, an den jungen französischen Meister Fouquet (der zur fraglichen Zeit in Neapel Station gemacht haben könnte) sowie an den Hofmaler Jacomart.

Während König Alfons für private und religiöse Zwecke niederländische Gemälde bevorzugte, erfolgte die Förderung italienischer Künstler vorwiegend im Dienste der Politik. Hierfür gab es triftige Gründe. Als Spanier sah sich Alfons von Aragon gezwungen, seine Ansprüche auf italienisches Gebiet zu legitimieren. Nachdem im Jahr 1447 seine beiden einzigen italienischen Verbündeten, Papst Eugen IV. und Herzog Filippo Maria Visconti von Mailand, gestorben waren, mußte er sein ganzes diplomatisches Geschick einsetzen, um von Florenz und Venedig anerkannt zu werden. Überdies galt es noch, die aufständischen neapolitanischen Barone zu besiegen, die häufig für René d'Anjou gekämpft hatten und auch weiterhin den Thronanspruch des Hauses Anjou aufrechterhielten. Daß Alfons von Aragon die führenden Positionen bei Hofe mit katalanischen und kastilischen Würdenträgern besetzte, mußte ihre ablehnende Haltung zusätzlich stärken. Einer seiner Günstlinge, der kastilische Haushofmeister Don Inigo de Avalos (welchen Pisanello auf einer Medaille verewigte), erhielt lebenslang sämtliche Zölle auf Lebensmittelausfuhren übertragen. Als versöhnende Geste gewährte König Alfons den Baronen weitere Privilegien und räumte vielen von ihnen Machtbefugnisse ein, die seine Nachfolger später in Schwierigkeiten brachten. Der Aufbau des Regierungsapparates entsprach dem spanischem Muster, wohingegen höfische Sitten und höfisches Zeremoniell sehr stark katalanisch geprägt waren. Bei Hofe wurde nun nicht mehr Französisch, sondern Katalanisch oder Kastilisch gesprochen. Borso d'Este aus Ferrara wies Alfons freimütig darauf hin, daß »er in diesem Königreich von niemandem geliebt, ja im Gegenteil gehaßt werde«.

Alfons von Aragon war jedoch ein kluger, hoch gebildeter Mann, der den Wert geschickter politischer Propaganda zu schätzen und zu nutzen wußte. Die Entwicklung einer sorgfältig differenzierenden, bildlichen und begrifflichen Rhetorik, die seine politischen Anschauungen sowohl der einheimischen Aristokratie als auch den mit ihm verbündeten oder konkurrierenden Fürsten Italiens näherbringen sollte, spielte auch in seiner Kunstpolitik eine zentrale Rolle. Spanische Architekten und Maler überarbeiteten die Innenräume des Castel Nuovo, um dessen Ausschmückung auf König Alfons' Hofhaltung abzustimmen. Flämische Musiker – die damals international den besten Ruf genossen – wurden ebenso nach Neapel geholt wie flämische Tafelbilder und Wandteppiche (diese zierten die Wände der großen Hallen). König Alfons rief auch eine ganze Reihe der berühmtesten italienischen Humanisten an den Hof von Neapel. Dabei leitete ihn weniger seine Literaturliebe und seine Begeisterung für die Antike, als vielmehr die Überlegung, daß diese Gelehrten seiner politischen Anschauung ein zeitgenössisches humanistisches Gewand verleihen und seine Taten der Nachwelt angemessen überliefern würden.

Den allergrößten Dienst erwies ihm Lorenzo Valla, insofern er 1440 den Beweis dafür erbrachte, daß es sich bei der Konstantinischen Schenkung – jenem historischen Schreiben, auf welchem die päpstlichen Gebietsansprüche beruhten – um eine Fälschung handelte. Bartolomeo Fazio verfaßte eine Abhandlung über das menschliche Glück sowie eine lobende Darstellung von Alfons' Regierungszeit. Antonio Panormita schrieb eine Biographie *De dictis et factis Alphonsi regis Aragonum (Aussprüche und Taten Alfons' von Aragon)*, in der er den König mit

37. Rundplastik mit dem Porträt Cäsars oder Trajans (Ausschnitt vom linken Sockel des Triumphbogen König Alfons' von Aragon), Mitte der fünfziger Jahre des fünfzehnten Jahrhunderts. Castel Nuovo, Neapel.

Das feine Profil ist römischen Münzen nachempfunden.

den aus Spanien stammenden römischen Kaisern Trajan und Hadrian verglich. Beide galten damals, neben Mark Aurel, als die »besten« im christlichen Sinne. Hadrian hatte ebenso wie Alfons der Jagdleidenschaft gefrönt und die Jagd in der Mitte des 2. Jahrhunderts nach Christus zum kaiserlichen Zeitvertreib erhoben. Eine von Pisanello angefertigte Medaille von König Alfons zeigt ihn als »kühnen Jäger«. Im Treppenaufgang des Castel Nuovo befanden sich Büsten der beiden aus Spanien stammenden Kaiser, während der Triumphbogen, der am Palasteingang von den Großtaten König Alfons' kündete, an den Römischen Trajansbogen von Benevent erinnerte.

In bildlichen Darstellungen bezog sich Alfons zur Untermauerung seiner Legitimation auf das antike, kaiserliche Rom. Spanier hatten bereits mehrfach als Kaiser und Könige über Italien geherrscht, und der südliche Teil Italiens sowie Sizilien war gar der Regierung des römischen Kaisers Friedrich II. von Hohenstaufen unterstellt gewesen. Friedrich II., geschickter Politiker, Krieger, Dichter und überaus freigebiger Mäzen, diente Alfons als leuchtendes Vorbild. Friedrich II. hatte die Bildersprache des römischen Kaisers Augustus übernommen, antikisierende Medaillen prägen und in Capua gar einen Triumphbogen errichten lassen. Sein Emblem, der über seiner Beute thronende Adler, zierte später als Symbol der Großzügigkeit auch König Alfons' *All'antica*-Medaille. Der Adler – der mächtigste und kriegerischste aller Vögel – zeigt sich gegenüber jenen, die ihm huldigen, ebenfalls großzügig, indem er seine Beute mit ihnen teilt.

König Alfons hegte jedoch auch ein echtes persönliches Interesse für das kaiserliche Rom und seine Kunst. Während seines Neapelfeldzuges beschäftigte er sich tagtäglich mit seinem Exemplar von Cäsars *Commentarii de bello Gallico (Aufzeichnungen über den Gallischen Krieg)* und ließ seinen Kriegern auf dem Schlachtfeld besonders aufwühlende Passagen aus Livius oder Ritterromanen vorlesen. Alfons sammelte antike Münzen, vorrangig solche mit Cäsars Konterfei. In seiner berühmten Bibliothek befanden sich die Werke von Cicero, Livius, Caesar, Seneca und Aristoteles, in deren Lektüre er sich – an einem Fensterplatz des Castel Nuovo, mit Blick auf den Golf von Neapel – zu vertiefen pflegte. Der Grund für die fast religiöse Verehrung, mit der Alfons den Überresten des antiken Roms begegnete, lag für seine humanistisch gebildeten Zeitgenossen auf der Hand. Die römischen Kaiser dienten als moralisches Vorbild sowie als Ansporn zu tugendhaftem Verhalten und ruhmreichen Taten (Abb. 37). Ein Armknochen von Livius, den König Alfons von den Venezianern zu erwerben vermochte, wurde zum Gegenstand eines wahren Reliquienkultes. Gegen Ende von Alfons' Regierungszeit fertigte der Bildhauer und Goldschmied Cristoforo di Geremia aus Mantua (ca. 1430–1476) eine Medaille an, auf welcher der antik gewandete König vom Kriegsgott Mars und der Kriegsgöttin Bellona gekrönt wird.

Antonio Pisanello verstand sich besonders gut darauf, König Alfons' Vorliebe für humanistische oder der Ritterwelt entnommene Motive künstlerisch umzusetzen. Pisanello traf gegen Ende des Jahres 1448 am Hof von Neapel ein. Im Februar 1449 wurde er zum Mitglied des königlichen Haushalts ernannt und mit einem großzügigen Jahresgehalt von 400 Dukaten bedacht. Das Dekret, in dem Alfons im Februar 1449 die Pisanello gewährten Privilegien bestätigte, macht offenkundig, daß der König die herausragende Leistung des Künstlers durchaus zu schätzen wußte und deutet darauf hin, daß dieser bereits Entwürfe vorgelegt hatte: »In Anbetracht der Tatsache, daß wir

38. Kreis um Cristoforo di Geremia, Alfons von Aragon, Medaille, ca. 1458, Bronze, 7,7 cm Durchmesser, Victoria and Albert Museum, London.

Die Inschrift lautet »Mars und Venus krönen den Sieger über das Königreich«. Die Medaille zeigt ungewöhnlicherweise die ganze Gestalt König Alfons'. Er hält das Schwert als Symbol der Gerechtigkeit und den Reichsapfel, sein Thron ist mit Sphinxen, dem Sinnbild der Klugheit, verziert. Die Gestalten sind so sorgfältig in die runde Fläche eingepaßt, daß sie eher wie gemeißelte Reliefs denn wie ein Guß anmuten. Die Vorderseite der Medaille zeigt eine sehr ausdrucksstarke, naturalistische Porträtbüste des älteren Königs (im Stile einer römischen Skulptur), auf dessen Brustpanzer ein geflügelter Putto, und eine Nereide auf einem Zentaur zu sehen sind.

viele Berichte über die ungewöhnliche, wahrhaft göttliche Begabung Pisanellos vernommen haben, der sowohl auf dem Gebiet der Malerei als auch der Bronzegießerei ein unerreichter Meister ist, haben wir zuallererst sein einzigartiges Talent und seine Kunst bewundert. Doch als wir seine wunderbaren Kunstwerke erstmals selbst zu Gesicht bekamen und deren Herrlichkeit gewahrten, erfaßte uns Begeisterung und Zuneigung für diesen Künstler ...«.

Einer der erwähnten Berichte könnte von Filippo Maria Visconti, dem Herzog von Mailand stammen, dessen Palast zu Pavia Fresken von Pisanello zierten und für den der gebürtige

39. Pisanello,

Alfons von Aragon, Medaille (Vorderseite), 1449. Bronze, 11 cm Durchmesser, Victoria and Albert Museum, London.

Die besondere Vorliebe für Medaillen lag in der Beschaffenheit dieser handlichen Gegenstände begründet – in ihrer glatten Oberfläche, dem bronzenen Farbton, dem geringen Gewicht und der reliefartigen Struktur.

40. Pisanello,

Alfons von Aragon, Medaille (Rückseite), 1449. Victoria and Albert Museum, London.

Veroneser eine Medaille gefertigt hatte. König Alfons' enge Verbindung mit dem Herzog von Mailand reichte in das Jahr 1435 zurück. Damals war er, nach seiner Ergreifung in der Schlacht von Ponza, von den genuesischen Truppen Filippo Maria als Gefangener ausgehändigt worden. Der Herzog aus dem Hause Visconti behandelte den König eher als Freund denn als Feind, und Alfons vermochte Filippo Maria davon zu überzeugen, wie vorteilhaft es wäre, wenn das Haus Aragon die Herrschaft über Neapel gewänne. Zuguterletzt besiegelten sie ihre Freundschaft, indem sie sich zur Zusammenarbeit verpflichteten und ein militärisches Bündnis schlossen, das bis zum Tod von Filippo Maria bestand. Pier Candido Decembrios Lebensbeschreibung von Filippo Maria Visconti ist zu entnehmen, daß sich der Herzog, der sich sonst »von niemand malen lassen wollte«, von dem berühmten Pisanello porträtieren ließ.

Als Filippo Maria Pisanello um das Jahr 1441 mit der Anfertigung einer Medaille beauftragte, folgte er einer Mode, die am norditalienischen Hof von Ferrara ihren Anfang nahm. Der damalige Herrscher von Ferrara, Leonello d'Este, war selbst ein leidenschaftlicher Sammler von Altertümern und umgab sich mit führenden Humanisten. Zu letzteren gehörte Guarino da Verona, der Lehrer von Bartolomeo Fazio, und Leon Battista Alberti. Pisanello teilte die Begeisterung seines fürstlichen Auftraggebers. Während seines Romaufenthaltes scheint er detaillierte Zeichnungen antiker Skulpturen angefertigt zu haben – obwohl nur eine einzige zweifelsfrei von seiner Hand stammende Zeichnung erhalten ist – außerdem sammelte er römische Münzen. Als Leonello d'Este 1444 König Alfons' uneheliche Tochter Maria von Aragon in zweiter Ehe zur Frau nahm, ließ er aus diesem Anlaß von Pisanello eine Medaille anfertigen. Die Buchstaben, die auf der Vorderseite über Leonellos Haupt zu sehen sind: (GE R AR), wurden als Abkürzung für GENER REGIS ARAGONUM und somit als Hinweis auf seine Verbindung mit König Alfons von Aragon gedeutet.

Die Medaille, die König Alfons seinerseits im Jahr 1449 bei Pisanello in Auftrag gab, war um einiges größer – schließlich herrschte Alfons über ein großes Königreich und nicht nur über ein kleines Territorium (Abb. 39 und 40). Sie zeigt das klassische Profil des – wie es sich für einen Feldherrn und Herrscher gehörte – eine zeitgenössische Rüstung tragenden Königs. Zu seiner Linken befindet sich ein mit einem Kamm bewehrter und mit einem geöffneten Buch verzierter Helm, zur Rechten die Königskrone und das Entstehungsdatum der Medaille. Die obere Inschrift lautet DIVUS ALPHONSUS REX, die untere TRIUMPHATOR ET PACIFICUS. Das Wort DIVUS – göttlich – verweist auf die frühen römischen Kaiser, die häufig nach ihrem Tod als Götter verehrt wurden. König Alfons wird gleichzeitig als siegreicher Feldherr und als Friedensstifter gefeiert –

dies erklärt die Verquickung von Waffe und Buch im Helmmotiv. Die Rückseite der Medaille ließ Alfons von Aragon mit einer allegorischen Darstellung königlichen Großmuts verzieren. Der Ruf der *liberalità (Freigebigkeit)* steigerte das Ansehen des Königs und zeugte von seiner Frömmigkeit (die sich in reichen religiösen Stiftungen äußerte) sowie von der Liebe zu seinem Volk. Diese antike, an die Person des Kaisers Augustus erinnernde Tugend wurde geschickt für politische Zwecke eingesetzt. Pontanos Behauptung, König Alfons habe dank seiner Freigebigkeit großen Ruhm und Beliebtheit errungen, darf angezweifelt werden. In Wahrheit wurden die riesigen Summen, die König Alfons für literarische und künstlerische Vorhaben aufwendete (seinem Biographen Vespasiano da Besticci zufolge gab er alljährlich den – eindeutig zu hoch angesetzten – Betrag von 20 000 Dukaten aus, während ihn der Umbau der einstigen angevinischen Residenz zum Castel Nuovo 250 000 Dukaten kostete), durch lokale Abgaben und Gelder aus seinen spanischen Reichsteilen finanziert, die ihm seine umfangreichen neapolitanischen Investitionen schwer verübelten. Einige Ausgaben waren zweifellos nicht zu umgehen. Die dem Castel Nuovo zugrundeliegenden Gebäudekomplexe etwa hatten während der Belagerung schweren Schaden davongetragen und muß-

41. Francesco Rosselli (zugeschrieben), Tavola Strozzi: Ferrante I. im Golf von Neapel nach der Schlacht von Ischia, 1465, 1472–1473. Tempera auf Holz, 82 x 240 cm, Museo di Capodimonte, Neapel.

42. **Pisanello**, *Entwurf für ein aragonesisches Tuch*, 1449. Braune Tusche, Kohle und Feder, 21 x 15 cm, Louvre, Paris.

Die Rückseite des Blattes zeigt zwei Skizzen für die Büste auf Alfons' Medaille von 1442. Der inmitten des Bildes aus einer Felsspalte wachsende Baum ist ein Symbol großer Ausdauer.

ten fast von Grund auf neu errichtet werden. König Alfons ließ einen der prunkvollsten Königspaläste entstehen (Abb. 41). Riesige Türme, massive Schanzanlagen und bis zu dreißig Meter breite Gräben machten ihn nahezu uneinnehmbar. Neue Festungen ließ Alfons auch im küstenaufwärts gelegenen Gaeta (für 30000 Dukaten) und in Castellammare di Stabia am Golf von Neapel erbauen.

Alfons' Interesse für Medaillen hing vermutlich auch mit seiner Vorliebe für heraldische Embleme in der Tradition des französischen und englischen Rittertums zusammen. Diese Embleme, welche die persönliche Identität des Herrschers hervorhoben oder von dessen Mitgliedschaft in einem Ritterorden kündeten, bestanden aus einer symbolischen oder allegorischen Zeichnung, deren Bedeutung durch das beigefügte Motto erhellt werden sollte (Abb. 42). Alfons von Aragon gehörte dem Lilienorden und dem Orden zum Goldenen Vlies an und sein für ehelich erklärter Sohn Ferrante rief den berühmten Hermelinorden ins Leben. Die Verbindung emblematischer Bilder und erläuternder Inschriften ist ein typisches Merkmal der im Auftrag von Leonello d'Este und Alfons von Aragon angefertigten *All'antica*-Medaillen. Ebenso wie der Herrscher seine Günstlinge gelegentlich dadurch auszeichnete, daß sie sein Wappen führen durften, wurden besonders verdiente Höflinge mit antikisierenden Medaillen bedacht. Überdies waren sie ein hervorragendes Propagandamittel.

Als eifriger Förderer der Medaillenkunst zeigte sich Alfons vor allem deshalb, weil er überzeugt war, auf diese Weise sein Ansehen der Nachwelt sichern zu können. Schließlich stellten die antiken Münzen die reichste Hinterlassenschaft der berühmten Kaiser der Antike dar. In einem Brief an König Alfons vertrat Guarino da Verona 1447 die Ansicht, daß Gemälde und Statuen – da weder tragbar noch zuverlässig gekennzeichnet – nicht gerade die besten Garanten ewigen Ruhmes seien. Von Inschriften ergänzte Abbildungen hingegen stifteten beim Betrachter keine Verwirrung und seien sehr hilfreich für Historiker. Guarino besaß einen Brief, den sein Lehrer, der griechische Humanist Manuel Chrysoloras, 1411 in Rom verfaßt hatte und der in humanistischen Kreisen weit verbreitet war. »Triumphbögen, die zum Gedenken an römische Siege und Festzüge errichtet worden waren und Darstellungen der unterworfenen Völker samt der siegreichen Feldherren, den Streitwagen, Vierergespannen, Wagenlenkern und Leibwächtern, gefolgt von den Befehlshabern, vor denen die Beute einhergetragen wird – all dies wird so naturgetreu abgebildet, daß man sie für lebendig halten könnte. Der Inschrift kann man entnehmen, um wen es sich jeweils handelt.«

43. **Triumphbogen für König Alfons von Aragon,** 1453–1458 und 1465–1471. Castel Nuovo, Neapel.

Alfons' großartiger, von den beiden wuchtigen Türmen des Castel Nuovo eingerahmter Triumphbogen belegt das bildhauerische und architektonische Können von zwei iberischen, zwei dalmatinischen, zwei lombardischen, zwei pisanischen und einem römischen Künstler sowie einem in Florenz ausgebildeten Bildhauer. Bartolomeo Fazio zufolge handelte es sich um ein »Werk von wunderbarer Beschaffenheit und sagenhaftem technischen Können, an das kein anderes herankommt«.

Chrysoloras betrachtete die Reliefs der imposanten Triumphbögen als vollständige, exakte historische Darstellungen oder vielmehr gewissermaßen als Zurschaustellung und Präsentation all dessen, was zur fraglichen Zeit existierte. König Alfons interessierte sich sehr für Geschichte und in neapolitanischen Kreisen erörterte man mit großem Eifer historische Themen. Die Geschichte diente, um einen Ausspruch des Florentiner Humanisten Leonardo Bruni aus dem Jahr 1405 zu zitieren, »Bürgern und Herrschern als Ansporn oder Warnung in politischen Fragen. Ferner liefert sie uns eine ganze Sammlung von Beispielen moralischer Vorschriften«. Geschichte im humanistischen Sinne ließ sich kaum von politischer Propaganda unterscheiden, und König Alfons betrachtete öffentliche Kunstwerke als lobende Darstellung einzelner Momente der von ihm geschaffenen Geschichte. Die erste Aufgabe, die nach seiner Ernennung im Jahr 1449 auf Pisanello wartete, bestand darin, König Alfons' Vorzüge und Großtaten in Denkmälern – *monumenta insignia* – künstlerisch zu verewigen.

Viele Zeichnungen Pisanellos wurden mit dem Figurenschmuck an jenem monumentalen Triumphbogen in Zusammenhang gebracht, den König Alfons am Eingang zum Castel Nuovo aus »schneeweißem Marmor« errichten ließ (Abb. 43). Die Arbeit an diesem Projekt begann im Jahr 1453, als der berühmte dalmatinische Architekt Onofrio di Giordano, der als ein Experte der Antike galt, mit der Gesamtplanung betraut wurde. Im Juli kam der angesehene Bildhauer Pietro di Milano von Dalmatien nach Neapel und begann, gemeinsam mit seinen Helfern Francesco Laurana und Paolo Romano, Reliefs in den unteren Bogen zu meißeln. Die Aufsicht über das Figurenprogramm lag bei dem berühmten katalanischen Bildhauer Pere Joan, der neben Guillem Sagrera für einen Großteil der Innenausstattung des Castel Nuovo verantwortlich zeichnete. Während Guillem Sagrera sich ausschließlich auf die Gestaltung des im Flamboyant-Stil errichteten gotischen Gewölbes der Sala dei Baroni konzentrierte (Abb. 44), schufen die italienischen Bildhauer eifrig prächtige mit Lilien und Greifen (den Emblemen des Lilienordens) geschmückte *All'antica*-Vasen sowie Girlanden tragende Putten, Zentauren und eindrucksvolle Szenen aus dem Leben des Herkules.

44. Guillem Sagrera, das Gewölbe in der Sala dei Baroni, 1455–1457. Castel Nuovo, Neapel.

Dieses – parallel zum "antiken" Triumphbogen errichtete – gotische Gewölbe folgt katalanischen Vorbildern und ist von geradezu überwältigenden Dimensionen: Sein Scheitelpunkt befindet sich in einer Höhe von 28 m. Die Schlußsteine der Gewölberippen waren ursprünglich mit den Wappenschildern von König Alfons' Territorien verziert.

An der Ausführung des Triumphfrieses (Abb. 45) waren unter anderem zwei der berühmtesten Bildhauer

45. Isaia da Pisa, *Triumphzug* (Detail aus dem Triumphbogen König Alfons' von Aragon), 1455–1458, Castel Nuovo, Neapel.

Der Fries des Triumphbogens wurde von zwei Künstlergruppen gefertigt: Die linke Hälfte bearbeiteten Pietro da Milano und Francesco Laurana, während die rechte von Isaia da Pisa und Domenico Gagini stammt. Der aus einer berühmten genuesischen Bildhauerfamilie stammende Gagini schuf die prachtvoll gewandeten Trompeter und Musiker (ganz rechts), während die klassische, von der Siegesgöttin Viktoria gelenkte Quadriga wahrscheinlich auf Isaia da Pisa zurückgeht. Pietro da Milano fertigte die stark individualisierten Würdenträger hinter dem Triumphwagen und ließ Francesco Laurana das strenge Portät König Alfons' in Stein meißeln. Die weiter unten dargestellten, vermutlich auf Entwürfe Pisanellos zurückgehenden monumentalen Greifen werden Pietro da Milano (links) und Francesco Laurana (rechts) zugeschrieben.

Roms beteiligt, nämlich Isaia da Pisa und Andrea dell'Aquila (welche zusammen 356 Dukaten erhielten). Genau wie bei Alfons' echtem Triumphzug von 1443, an den der Fries erinnert, ist der Mantel des besiegten René über die Lehne des »gefährlichen Platzes« aus der Artussage drapiert. Die beeindruckenden Figurengruppen auf den Seitenflügeln zeigen u.a. den Botschafter von Tunis sowie die furchterregenden neapolitanischen Barone. Alfons wurde nie offiziell zum König gekrönt. Diese Ehre wurde erst seinem unehelichen Sohn und Thronerben Ferrante zuteil. Das 1465, als Ferrante bereits König von Neapel war, gefertigte Relief an der Innenseite des unteren Bogens zeigt ihn eindeutig als Thronerben (Abb. 46). Das ebenfalls 1465 entstandene, stark beschädigte Krönungsrelief trägt die Inschrift: »Nach schweren Prüfungen folgte ich meinem Vater und erhielt das Gewand sowie die heilige Krone des Königreichs«. Die von Ferrante zitierten »Prüfungen« sind auf den Bronzetüren abgebildet, die der umbrische Guglielmo Lo

Monaco in den siebziger Jahren des fünfzehnten Jahrhunderts für den Triumphbogen schuf (Abb. 47). Sie zeigen Ferrantes Sieg über die aufständischen Barone im Jahr 1462, den dramatischen Anschlag auf sein Leben im Jahr 1460 sowie seinen Sieg über die Truppen von René d'Anjou in den Schlachten von Accadia und Troja (Ferrantes wird in der Tavola Strozzi verherrlicht, siehe Abb. 24). Das Bildprogramm geht vermutlich auf Bartolomeo Fazio zurück, dessen lateinische Verse die sechs überaus bewegten Szenen untermalen. Der Stil erinnert auch an zeitgenössische Miniaturen (jedes Feld wird von einem Band mit heraldischen Motiven eingerahmt) sowie an die Reliefs auf den Siegessäulen Trajans und Mark Aurels in Rom.

Die im Auftrag Ferrantes angefertigten Türflügel verliehen dem herrlichen Triumphbogen seines Vaters den letzten Schliff. Wie die steinernen Reliefs des Bogens zeigten auch die Bronzereliefs der Türflügel Episoden aus der jüngsten Geschichte, und zwar in einem großartigen, feierlichen Rahmen. Die Inschrift ALPHONSUS REX... ITALICUS über dem Triumphfries des obersten Bogens stellte eine Anspielung auf König Alfons hochgesteckte Ziele dar. Die private und die öffentliche Sphäre wurden in zeitgenössischen Reden streng voneinander geschieden. Der Humanist Gianozzo Manetti etwa pries in seiner 1445 anläßlich des Besuchs Kaiser Friedrichs III. gehaltenen Ansprache einerseits Alfons' persönliche Tugenden – seine Frömmigkeit, sein maßvolles Wesen, sein großes Interesse für Wissenschaft und Kunst – sowie andererseits seine staatsmännischen Fähigkeiten – Gerechtigkeit, Mut, Ernst, Freigebigkeit und Großmut. König Alfons' Schreiben vom 22. März, in dem er sich bei Kardinal Aquilea für soeben eingetroffene persönliche Geschenke bedankt, klingt wie ein würdiges Postskriptum zur monumentalen Wirkung des Triumphbogens am Eingang zum Castel Nuovo: »Ich versichere Euch, daß ich, als die erste Statue und die Gemälde eintrafen, auf der Jagd war, von der ich erst bei Sonnenuntergang zurückkehrte. Den ganzen Tag über hatte ich nichts zu mir genommen, doch beschloß ich, die seelischen vor den körperlichen Bedürfnissen zu stillen, und schaute mir unverzüglich die Kunstwerke an. Sie sind alle von beeindruckender Vollkommenheit, ganz besonders die Statue, deren Anblick mich jeden Tag aufs neue entzückt.«

46. Andrea dell'Aquila (?),
Ferrante und sein Gefolge
(Detail aus dem Triumphbogen König Alfons' von Aragon: Untergeschoß, Flachrelief an der linken Innenwand), 1465.

Dieses Relief wurde wiederholt zwei Mitarbeitern Donatellos zugeschrieben: dem Bildhauer Andrea dell'Aquila, der Donatellos Werkstatt in Florenz angehörte, und Antonio di Chellini aus Pisa, der Donatello in Padua zur Hand ging. Ferrante steht, von seinen Höflingen flankiert, in der Mitte des Reliefs, mit einer Gruppe bewaffneter Krieger im Rücken. Das zurückgesetzte Feld über ihren Köpfen zeigt aragonesische Embleme und wird von einem fortlaufenden Band mit schwungvoll dargestellten Nereiden und Seeungeheuern überragt.

47. Guglielmo Lo Monaco, Bronzetür des Castel Nuovo, ca. 1474–1477, Palazzo Reale, Neapel.

Guglielmo wurde mehrfach für den König von Aragon tätig: Er fertigte Bombarden, bronzene Kanonen sowie eine Glocke für das Castel Nuovo. Eines der kleinen Rundbilder zeigt sein Porträt neben jenem von Bartolomeo Fazio. Eine – von einer genuesischen Galeone während des Kriegs gegen die Franzosen 1495 abgefeuerte – Kanonenkugel traf das untere Türfeld des linken Flügels, auf dem der Abzug des angevinischen Heeres abgebildet ist.

3. Kapitel

Wissen und Macht: Urbino unter Federico da Montefeltro

48. Piero della Francesca, Altartafel der Mailänder Brera: *Maria mit Kind zwischen Engeln und Heiligen und der Stifter Federico da Montefeltro*, ca. 1472 (1476 von Pedro Berruguete überarbeitet), Öl auf Holz, 250 x 170 cm, Pinacoteca di Brera, Mailand.

Das Altarbild zeichnet sich durch sein ungewöhnliches Spiel von Licht und Schatten aus. Die matte Beschaffenheit des Steins und der Muschel kommen wunderbar zur Geltung, während die Farben der Marmorplatten in den kräftigeren Tönen der Gewänder aufgegriffen werden. Architektur und Lichteinfall (das Licht dringt von hinten ins Bild ein) könnten auf den ursprünglichen Bestimmungsort dieses Gemäldes hinweisen, das möglicherweise für den (nie erbauten, als Mausoleum für Federico konzipierten) Rundtempel – *tempietto* – im »Pasquino«-Hof des Palastes gefertigt wurde.

Federico da Montefeltros Mäzenatentum trug ganz entscheidend dazu bei, daß Urbino zum glanzvollen Mittelpunkt der höfischen Renaissance wurde. Die kleine, auf einem Hügel gelegene Stadt ohne nennenswerte historische Vergangenheit entwickelte sich in verhältnismäßig kurzer Zeit zu einem stattlichen Fürstentum und einem Kunstzentrum von Rang. 1510 bezeichnete der Humanist Paolo Cortese Federico da Montefeltro und Cosimo de' Medici als die beiden bedeutendsten Mäzene des fünfzehnten Jahrhunderts. Baldassare Castigliones *Il Libro del Cortegiano (Das Buch vom Hofmann)*, in dem dieser 1528 auf sehr lebendige Weise die freigeistige Atmosphäre schilderte, die in Urbino unter Federicos Sohn Guidobaldo herrschte, hob den Palast Federicos und seine Bibliothek als bemerkenswert schöne Einrichtungen hervor. Vespasiano da Bisticci, jener florentinische Agent, der mehr als die Hälfte der in Federicos Bibliothek verwahrten Manuskripte beschaffte, feierte seinen Auftraggeber als äußerst kenntnisreichen Mäzen und überaus fähigen Feldherrn. In seinen Augen vereinigte Federico die christlichen Ideale von Vita activa und Vita contemplativa. Kriegshandwerk und Wissenschaft verhalfen Federico zu jenem Wohlstand und jener Stabilität, welche die Grundlage dafür bildeten, daß er sich während der zweiten Hälfte seiner Regierung seinen künstlerischen Ambitionen widmen konnte. Das Bildprogramm seines heiter und harmonisch wirkenden Palastes trug diesem Umstand insofern Rechnung, als es auf die – durch eine kluge Kriegsführung ermöglichte – zivilisierende Wirkung der Künste anspielte.

Federico (1420–1482) war einer der erfolgreichsten *condottieri* (Söldnerführer) der damaligen Zeit. Er diente nacheinander den meisten größeren Staaten Italiens, vor allem den Päpsten, und vermochte parallel zu seinem rasch wachsenden Ansehen, seinen Sold stetig zu steigern. Um 1467 erhielt er in Friedenszeiten rund 60 000 Dukaten und in Kriegszeiten 80 000 im Jahr (er befand

sich damals im Sold Francesco Sforzas von Mailand). Bei seinem Tode stand er für spektakuläre 165 000 Dukaten unter Vertrag. Federico, der sein militärisches Können bei dem berühmten Feldherrn Niccolò Piccinino erworben hatte, war gleichzeitig stolz darauf, auch auf ganz anderen Gebieten Kenntnisse zu besitzen. In seiner Jugend hatte er zwei Jahre in Mantua verbracht, wo er Seite an Seite mit den Gonzagasprößlingen die berühmte Humanistenschule des Vittorino da Feltre besuchte. Dort erhielt er eine umfassende humanistische Unterweisung in den Fächern Latein, Astronomie, Sport, Musik, Mathematik und Geometrie. Vittorino vermittelte ihm ferner die Tugenden der Selbstdisziplin und der Zurückhaltung, durch die er sich sein Leben lang auszeichnete. Die immensen Einkünfte, die ihm sein Ruf als vorbildlicher und ruhmreicher Söldnerführer einbrachten, verwendete er zum Aufbau eines eigenen, großen Hofes, und von 1468 an gab er mehr Geld für Kunst und Architektur aus als irgendein anderer italienischer Fürst.

Abgesehen davon, daß Federico die Vorzüge von Skulptur und Architektur zu schätzen wußte, bewogen ihn andere, komplexe Motive dazu, derart hohe Summen für Kunst auszugeben. Er mußte dringend dafür sorgen, daß die Rechtmäßigkeit seiner Erbfolge anerkannt wurde, und war bestrebt, sich als Fürst von unbestechlicher christlicher Tugend zu präsentieren. Gleichzeitig diente die Kunst dazu, seine militärischen Fähigkeiten herauszustreichen und ihn als gerechten und mildtätigen Herrscher darzustellen. Ein weiteres zentrales Motiv war die Verherrlichung der Dynastie Montefeltro – Federicos väterliche Abstammung war Gegenstand eifriger Spekulation, und er mußte sich mehrere Jahre gedulden, bis seine Frau ihm einen Thronerben gebar.

Die meisten für Federico gefertigten Kunstwerke strahlen Klarheit, Ordnung und Würde aus. Vespasiano betonte in seiner 1498 verfaßten Biographie Federicos ungewöhnliche Selbstbeherrschung, eine Eigenschaft, die auch die Kunstwerke vermittelten, mit denen sich Federico und seine Berater umgaben. Zu den Malern, Bildhauern und Architekten, die für Federico tätig wurden, zählten Piero della Francesca (ca. 1410/20–1492), Luciano Laurana (1420/25–1479) und Melozzo da Forlì (1438–1494). Ihre klare, harmonische Darstellungsweise wird häufig als Ausdruck des strahlenden Glanzes von Federicos Urbino gedeutet. Diese Interpretation ist deshalb problematisch, weil sie die Tatsache übersieht, daß diese Künstler in ähnlicher Weise für andere Städte und Herrscher gearbeitet haben. Piero della Francesca etwa wirkte an den Höfen von Ferrara und Rimini und fertigte in dieser Zeit unter anderem jenes heitere Votivfresko an, auf dem Sigismondo Malatesta vor seinem Namenspatron kniet (Abb. 49). Sigismondo hatte jedoch einen ganz anderen Charakter als Federico: Während sich letzterer durch seine maßvolle, kluge Art auszeichnete, galt Sigismondo als ausgesprochen launisch. Das von Piero della Francesca für die Kirche S. Francesco in Rimini angefertigte Porträt Sigismondos vermittelt die Charaktertugenden Ruhe und Beständigkeit; auf dessen berüchtigte *mobilitas,* seine Rastlosigkeit und seinen Wankelmut, enthält es nicht den geringsten Hinweis.

Piero della Francesca, dessen Stil stark lokal geprägt ist (er stammt aus dem nahegelegenen Borgo San Sepolcro), verstand die neue Technik perspektivischer Darstellung sehr geschickt zu nutzen und schuf »echte« architektonische Bildhintergründe; am Hof von Urbino wurde er offenbar nachhaltig gefördert. Federico umgab sich mit Künstlern, die wie er von der Wirkung architektonischer Räume und des Lichts fasziniert waren. Vespasiano zufolge nahm er aktiven Anteil an der Planung seiner Bauvorhaben, namentlich seines Palastes, obwohl seine Rolle eher die eines gut informierten Laien denn die eines Spezialisten gewesen sein dürfte. Federico teilte seine Begeisterung mit seinem persönlichen Ratgeber Ottaviano Ubaldini, der bei der Überwachung der künstlerischen Arbeiten wahrscheinlich eine Schlüsselposition innehatte und die Tätigkeit des Architekten Francesco di Giorgio nach Federicos Tod eigenverantwortlich beaufsichtigte. Viele der bei Hofe angestellten Maler und Malerarchitekten befaßten sich mit dem Problem der perspektivischen Darstellung von Räumen auf einer zweidimensionalen Fläche bzw. mit der Umsetzung zweidimensionaler Abbildungen in harmonisch proportionierte dreidimensionale Formen. Der spiegelnde Glanz sonnenbeschienener Gegenstände wurde mit Hilfe

49. Piero della Francesca, *Sigismondo Malatesta im Gebet vor dem heiligen Sigismund,* 1451, abgenommenes Fresko und Tempera, 257 x 345 cm, San Francesco, Rimini.

Pieros großes Fresko ziert nach wie vor den Zugang zur »Reliquienkapelle« des Tempio Malatestiano (siehe Abb. 17). Das Fresko und die Reliquien sollten ursprünglich durch eine eigens in die Wand eingefügte Öffnung von der angrenzenden Sigismundkapelle aus zu sehen sein. Sowohl Pieros Porträt von Sigismondo (mit jenem typischen düsteren, »mißbilligenden Blick«, den Papst Pius II. verächtlich tadelte) als auch das Rundbild mit Sigismondos furchteinflößender Festung (dem Castel Sigismondo) scheinen Matteo de' Pasti als Vorlage für die im Auftrag des Herrschers von Rimini angefertigten Medaillen gedient zu haben (siehe Abb. 25 und 26).

der unlängst verfeinerten Technik der Ölmalerei wiedergegeben, eine Technik, die sich Piero della Francesca in den sechziger Jahren des fünfzehnten Jahrhunderts aneignete. Da Federico Ölfarben sehr schätzte, zog er – als einziger italienischer Fürst – einen flämischen Künstler an seinen Hof, der sich auf die Technik des *colorire,* der Ausmalung mit Ölfarben, spezialisiert hatte. Auf diese Weise gelangte Justus van Gent aus Flandern (dort ist er 1466 zum letzten Mal bezeugt) nach Urbino, wo er mit dem Spanier Pedro Berruguete zusammentraf.

Die Innenausstattung von Federicos Herzogspalast, die sich auf ungewöhnliche Weise die Wirkung des Tageslichts zunutze machte, diente Piero della Francesca und Melozzo da Forlì teilweise als Vorlage für den architektonischen Hintergrund ihrer Bilder. Zwei wie Kleinode anmutende, um 1474 erbaute Kapellen erinnern mit ihrer kühlen, tempelartigen Raumwirkung an Piero della Francescas Altarbild von Brera (siehe Abb. 48). Sowohl auf dem Gemälde als auch in den Kapellen sorgen ein sanfter Wechsel chromatischer Farbtöne und streng geometrische Bezüge für große Ausgewogenheit (Abb. 50). Man hat stets angenommen, daß Piero della Francesca auch an der architektonischen Gestaltung der Innenräume mitwirkte, ohne jedoch eindeutig belegen zu können, inwieweit dies tatsächlich der Fall war. Die beiden unmittelbar aneinandergrenzenden Kapellen zeugen mit ihrem Tonnengewölbe vom Wirken des regelmäßig in Urbino weilenden Leon Battista Alberti, dessen Architektur hier von einer überwältigenden farblichen Schönheit durchdrungen ist, wie sie für die in Urbino arbeitenden Maler überhaupt kennzeichnend war. Beide Kapellen verfügen über ein klassisches, eine »Altarnische« einrahmendes Säulenpaar. Die komplementäre Verwendung christlicher und humanistischer Elemente (die beiden Räume befinden sich unmittelbar unterhalb von Federicos *studiolo*) spiegelt sich in der Funktion der beiden Kapellen wider, wovon eine dem Heiligen Geist, die andere Apollo, Pallas Athene und den Musen geweiht ist.

Würde und Ansehen, die eine humanistische Bildung vermittelten, lagen Federico ebenso am Herzen wie Ludovico Gonzaga, Markgraf von Mantua und ebenfalls fürstlicher *condottiere.* In einem Schreiben von 1461 beklagte sich Federico bei Ludovico darüber, daß ihre Auftraggeber sie wie »Bauern« behandelten und dennoch erwarteten, daß sie ihnen treu dienten. Die Befürchtung, man könnte sie als gewöhnliche, sich aus rein finanziellen Motiven verdingende Krieger statt als sich an den Großtaten antiker Helden orientierende Adlige betrachten, war in hohem Maße dafür verantwortlich, daß sich die *condottieri* gerne als humanistische Fürsten darstellten. Sie achteten stets darauf, als Ehrenmänner zu gelten, da *fede* (Glaubwürdigkeit) für den guten Ruf eines *condottiere* mindestens so unabdingbar war wie seine militärischen Fähigkeiten. Federico stellte seine humanistische Bildung und seine fürstliche *magnificentia* mittels einer eindrucksvollen und eilends zusam-

50. Cappella del Perdono, ca. 1474, Palazzo Ducale, Urbino.

Die Kapelle, deren Fries von dem venezianischen Bildhauer Ambrogio Barocci stammt, beherbergte Federicos kostbare Reliquiensammlung. Die benachbarte Kapelle malten Giovanni Santi und Timoteo Viti mit Darstellungen der neun Musen aus.

mengetragenen Bibliothek zur Schau, die laut Castiglione »eine große Anzahl der schönsten und seltensten Handschriften in griechischer, lateinischer und hebräischser Sprache« barg; auf Weisung Federicos waren diese »alle aufwendig mit Gold und Silber ausgemalt worden«. Am Hof von Urbino waren ganze Mannschaften von Kopisten und Buchmalern angestellt, während beispielsweise der weniger vermögende Alessandro Sforza aus dem benachbarten Pesaro auf die Dienste einiger weniger an anderen Höfen arbeitender Künstler zurückgreifen mußte. Federicos Bibliothek beherbergte auch eine reich illustrierte, in Goldbrokat gebundene Bibel, eine Luxusausgabe von Dantes *Divina Commedia (Göttliche Komödie)* sowie eine Reihe prächtiger Prunkhandschriften – unter anderem eine Abhandlung von Francesco di Giorgio und Piero della Francesca *De prospettiva pingendi.* Melozzo da Forlìs Bild von der Bibliothek Papst Sixtus IV. (Abb. 51) kündet von der Schönheit derartiger fürstlicher Einrichtungen.

Die Bestände von Federicos Bibliothek spiegeln seine Vorliebe für militärische Abhandlungen und alte Militärgeschichte (er ließ

sich fast täglich aus Livius' lateinischen Schriften vorlesen), darüber hinaus dokumentieren sie auch sein Interesse für wissenschaftliche und philosophische Themen. Die Bibliothek, ein schlichter, aber hübscher Raum, lag im Erdgeschoß des Palastes. Ursprünglich zierte sie vermutlich eine Reihe von die freien Künste darstellenden Gemälden. Sie zeigten Federico und führende Höflinge, wie sie weiblichen Personifikationen der einzelnen Disziplinen huldigten und ihrerseits für ihre geistigen

Leistungen geehrt wurden (Abb. 52). Zu den – unter Federicos Sohn Guidobaldo genau beschriebenen – Aufgaben des Bibliothekars gehörte es, die verwahrten Bücher Wissenschaftlern oder bedeutenden Besuchern vorzulegen und dabei auf die »Schönheit, auf die Eigentümlichkeiten, die Schrift und die Miniaturen« der betreffenden Werke hinzuweisen. Ungebildete oder aufdringliche Zeitgenossen durften allenfalls einen raschen Blick auf diese Schätze werfen – es sei denn, es handelte sich um Menschen von »Macht und Einfluß«.

Diese Betonung des schmückenden Beiwerks stand in deutlichem Gegensatz zur Haltung von Leonello d'Este oder des Hauses Gonzaga, die sich beim Aufbau ihrer Bibliotheken gewissenhaft an den Rat führender Humanisten hielten. Im Jahr 1444 hatte Gianfrancesco Gonzaga einem Agenten, der in Konstantinopel nach griechischen Handschriften Ausschau hielt, ausdrücklich mitgeteilt, daß »es für uns keinen Unterschied macht, ob sie verziert oder in schöner Schrift verfaßt sind – Hauptsache, sie sind exakt«. Ludovico Gonzaga teilte den perfektionistischen Eifer seines Vaters. Federicos Einstellung hingegen entsprach in hohem Maße jener eines gebildeten Emporkömmlings. Der Florentiner Humanist Angelo Poliziano befand, daß viele der in Urbino verwahrten Handschriften und Abschriften eher dürftig seien. Dies änderte jedoch nichts an der Reichhaltigkeit von Federicos Bibliothek.

Federicos Mäzenatentum bewegte sich zunächst in ziemlich konventionellen Bahnen. Die spärlichen Überreste einer (um 1450–1455 datierten und Giovanni Boccati zugeschriebenen) Wandbemalung in seinem Herzogspalast zeigen riesige Porträts berühmter Krieger – *uomini illustri* – in frei erfundenen antiken Rüstungen. Der erste Architekt, der an Federicos Palast arbeitete, war der Florentiner Maso di Bartolomeo, ein Schüler und Mitarbeiter von Cosimo de' Medicis Architekt Michelozzo. Von Maso di Bartolomeo stammt jener Teil des Palastes, der unter der Bezeichnung »Palazetto dell' Iole« in typisch dynastischer Manier die Residenz von Federicos Vorfahren in den neuen Komplex einbezog. Der Florentiner Bildhauer Luca della Robbia weilte ebenfalls kurze Zeit in Urbino, um ein Fayencerelief für das Portal der Dominikanerkirche San Domenico zu fertigen, deren Bau Federico finanziert hatte. Cosimo de' Medici war von Federico ersucht worden, ihm die besten florentinischen Künstler zu empfehlen. Um 1465, auf dem Gipfel seiner Macht, suchte Federico einen neuen Baumeister und beklagte sich, daß es in Florenz an entsprechenden Talenten fehle. Schließlich holte man unter Einwilligung von Ludovico Gonzaga (der ihn vorübergehend ausgeliehen hatte) Luciano Laurana von Alessandro Sforzas Hof aus Pesaro herbei.

Unter Lauranas Aufsicht (ca. 1466–1472), vielleicht mehr noch unter Francesco di Giorgio (ab ca. 1476), entwickelte sich der Palast zum Wahrzeichen von Urbino, so daß Castiglione von einer »Stadt in Form eines Palastes« sprach. Unter diesem

51. Melozzo da Forlì, *Papst Sixtus IV. ernennt Platina zum Präfekten der Bibliothek,* 1480–1481. Abgenommenes Fresko, 370 x 310 cm, Vatikan, Rom.

Das hoch aufragende Fresko befand sich ursprünglich an einer Wand von Papst Sixtus' IV. Bibliothek im Vatikan. Platina (eigtl. Bartolomeo Sacchi), der Humanist und Bibliothekar, kniet vor dem Papst und deutet auf die Inschrift, die Sixtus für seine Förderung der römischen Bautätigkeit preist und die päpstliche Bibliothek als eine seiner großartigsten Errungenschaften feiert. Da sich die päpstliche Bibliothek als erste der allgemeinen Nutzung öffnete, dürfte das Fresko nicht nur von Angehörigen des Hofes betrachtet worden sein. Melozzos wunderbare perspektivische Darstellung und seine trefflichen Porträts zeugen vom höfischen Glanz und dem unverhüllten Machtstreben des päpstlichen Hofes.

ECLESIE

Vorzeichen läßt sich eine Parallele zu dem (für einen der Innenräume vorgesehenen) Gemälde einer »Idealen Stadt« herstellen, das bisweilen dem Kreis um Alberti zugeschrieben wird (Abb. 53). Es handelt sich um eines von insgesamt drei Tafelbildern, die das Potential der neuen, auf Vitruv zurückgehenden architektonischen Formensprache auszuschöpfen suchten. Die klassischen Säulen und reich verzierten Friese künden vom hohen gesellschaftlichen Status der Gebäude und vermitteln gleichzeitig den Eindruck eines geordneten, auf einer guten Regierung basierenden Gemeinwesens. In dem Patent, das 1468 Laurana offiziell mit der Oberaufsicht über sämtliche künstlerische Arbeiten am Palast betraute, ist ausdrücklich von der großen Achtung die Rede, die den Kenntnissen eines Architekten entgegengebracht wird, da diese auf den edlen freien Künsten Arithmetik und Geometrie gründeten. Laurana wurden die erforderlichen Mittel und Befugnisse erteilt, um über jeglichen Aspekt der Bauarbeiten und der Ausgestaltung entscheiden und die einzelnen Schritte aufeinander abstimmen zu können, von den Steinmetzen, Bildhauern und Intarsienkünstlern bis hin zu den Mitgliedern der Palastverwaltung. Dies geschah in enger Absprache mit Federico, der allerdings aufgrund seiner Verpflichtungen als *condottiere* häufig abwesend war.

Der Palast von Urbino (Abb. 54) war der großartigste unter den zahlreichen schönen Residenzen, die Federico innerhalb seines Territoriums errichten ließ. Dank seiner Hanglage und seiner Öffnung zur Stadt hin, besaß er wehrhaften Charakter und war dennoch von der Stadt aus leicht zugänglich. Laurana und Francesco di Giorgio versahen die zur Stadt weisende Fassade mit hübschen, eine dreistöckige Loggia einrahmenden Türmen, einem breiten Treppenaufgang in das Hauptgeschoß, den *piano nobile*, sowie einem großzügigen Innenhof, dessen breiter Säulengang durch seine bemerkenswert klaren Proportionen besticht (Abb. 55). Im Gegensatz zu Sigismondo Malatestas unweit gelegenen Castel Sismondo, einem aggressiven Symbol seiner Macht über die Geschlechter der Lombardei und der Emilia-Romagna (Abb. 56), versinnbildlicht Federicos Palast dessen friedliche Absichten. Der äußere Skulpturenschmuck sowie die Ausschmückung der Innenräume und die mit Intarsien verzierten Möbel wurden vermutlich von lombardischen, venezianischen und florentinischen Künstlern gefertigt. Zwei berühmte Meister – Domenico Rosselli aus der Toskana und der venezianische Bildhauer Ambrogio Barocci (Abb. 57), der Zugang zu den Entwürfen von Mailand und Pavia hatte, – waren zusätzlich für die Arbeiten hinzugezogen worden. Zwischen Lauranas Abreise im Jahr 1472 und der Ernennung des sienesischen Architekten Francesco di Giorgio um 1476 dürfte Ambrogio vorübergehend das Amt des Palastbaumeisters versehen haben.

Da Federico seinen Palast von Grund auf neu gestaltete, konnte er ihn auf seine eigenen Bedürfnisse und die Erfordernisse sei-

52. Justus van Gent (?), Die Musik, ca. 1476. Tafelbild, National Gallery, London.

Von der Gemäldeserie der freien Künste sind nur vier Bilder bekannt, wovon zwei 1945 vernichtet wurden. Die herausragende Qualität der Gemälde und die raffinierte perspektivische Darstellung (sie sind offensichtlich darauf ausgelegt, von einem tiefergelegenen Standpunkt aus betrachtet zu werden), führten dazu, daß sie mit Melozzo da Forlì in Zusammenhang gebracht wurden (der zwischen 1465 und 1476 in Urbino arbeitete). Eines der (durch eine alte Fotografie überlieferten) Gemälde enthielt eine Darstellung Federicos, dessen einzelne Titel in einer durch den Hintergrund aller vier Gemälde laufenden Inschrift festgehalten sind. Es ist ungewiß, ob diese Bilder für die Bibliothek des Palastes zu Urbino oder für ein anderes Gebäude (vielleicht für den Palast von Gubbio) angefertigt wurden.

54. Palazzo Ducale, Urbino (Gesamtansicht).

nes großen Haushaltes abstimmen. Sämtliche Audienzräume waren im *piano nobile* untergebracht, in den man über die lichte Treppe gelangte, die neben der Eingangsloggia emporführte. Im selben Stockwerk befanden sich die Privatgemächer Federicos, die mit dem *studiolo*, der Kapelle, einem anmutigen geheimen Gärtchen und einer dekorativen Loggia mit Blick in die hügelige Umgebung in Verbindung standen. Das ungezwungene Hin und Her zwischen Privatgemächern und den Räumen des fürstlichen Haushalts sowie die herrliche Innenausstattung machten den Palast zu einem Inbegriff von Eleganz und Komfort. Die ungewöhnlich großen Fensteröffnungen bewirkten, daß das Tageslicht die Räume durchflutete und den warmen Farbton der verschiedenen in den Intarsien verwendeten Holzarten ebenso wie den Glanz der vergoldeten Stuckdecken besser zur Geltung brachte. Auf Bitten Lorenzo de' Medicis übersandte Baccio Pontelli, jener Architekt und Intarsienentwerfer, der von 1479 bis 1481 an der Seite Francesco die Giorgios arbeitete, Palastzeichnungen nach Florenz.

Von sämtlichen Räumen des Palastes zog das geraume Zeit nach Federicos Ernennung zum Herzog im Jahr 1474 eingerichtete *studiolo* (Abb. 58) das größte Interesse auf sich (Federicos Palast in Gubbio erhielt kurz darauf ein ähnliches Zimmer). Zwischen dem wichtigsten Audienzraum und den herzoglichen Privatgemächern gelegen, diente es einem doppelten Zweck. In diesem Zimmer widmete Federico sich in seinen Mußestunden wissenschaftlichen Studien, und hier pflegte er wichtigen Besuchern die *magnificentia* und die moralischen Grundlagen

53. Unbekannter Meister, *Die ideale Stadt,* letztes Viertel des fünfzehnten Jahrhunderts. Öl auf Holz, 67,5 x 240 cm, Galleria Nazionale delle Marche, Urbino.

Die Paläste, der Tempel, die Basilika und das geometrische Marmorpflaster sind am Reißbrett entworfen. Dieses Tafelbild könnte, neben zwei ähnlichen, in Museen in Berlin und Baltimore verwahrten »idealen« Veduten als Demonstration von Brunelleschis und Albertis Ein-Punkt-Perspektive gemalt worden sein. Die einzige Parallele zu diesen drei Architekturvisionen ist in den mit Intarsien verzierten Türblättern zu finden, die zwischen 1474 und 1482 für Federicos Gemächer in Urbino angefertigt wurden.

55. Innenhof (Cortile d'onore) des Palazzo Ducale, Urbino.

seiner Regierung vor Augen zu führen. Die unteren Wandzonen sind nach wie vor mit äußerst kunstvollen illusionistischen Intarsien verkleidet, oberhalb derer einst achtundzwanzig von Justus van Gent gemalte Porträts berühmter Gelehrter hingen (Abb. 59). Federicos *studiolo* lagen wahrscheinlich andere fürstliche Vorbilder zugrunde, in erster Linie Piero de' Medicis *studietto* im neuen, in der Via Larga – der heutigen Via Cavour – gelegenen Palazzo Medici in Florenz. Die Embleme, Porträts und abgebildeten Gegenstände unterstreichen mit ihrer Darstellung wissenschaftlicher und christlicher Errungenschaften die in der gesamten Gestaltung der Innenräume zur Schau gestellten militärischen und dynastischen Erfolge. Eine Intarsie zeigt Federico als Verkörperung der Kardinaltugenden und Friedensbringer (symbolisiert durch einen nach unten gerichteten Speer).

Federicos »schöne und prachtvolle Gemächer« sollten Lauranas Ernennungsurkunde von 1468 zufolge der »Stellung und dem herausragenden Ruf unserer Vorfahren sowie unserem eigenen Rang und unserer eigenen Position« zur Ehre gereichen.

Federico war jedoch auf verschlungenen, nicht ganz unschuldigen Wegen an die Macht gelangt. Er entstammte einer unehelichen Verbindung – »in Italien ist es durchaus an der Tagesordnung, daß Bastarde regieren«, bemerkte Papst Pius II. in seinen *Commentarii (Berichte über denkwürdige Ereignisse)* –, war jedoch 1424 für legitim erklärt worden. Ein von Pius II. (eigtl. Enea Silvio de' Piccolomini) überliefertes Gerücht besagte gar, daß Federico nicht Sohn des Grafen Guidantonio von Urbino, sondern des berühmten Feldherrn Ubaldini della Carda war und bei seiner Geburt mit dem gräflichen Kind vertauscht worden sei (in der später veröffentlichten Version der *Commentarii* von Pius II. wurde die ent-

56. Matteo de' Pasti, Sigismondo Malatesta, Medaille (Rückseite), 1450–1451. Bronze, 8 cm Durchmesser, Museo Civico, Rimini.

In der höfischen Kunst symbolisieren Festungen die Macht des Territorialherrn. Pier Rossi, der Herrscher von Parma, ließ das Gewölbe in der Camera d'Oro seiner Residenz zu Torchiara mit den zwanzig Burgen seines Territoriums freskieren, während Giovanni Bellini in seinem Altargemälde von Pesaro Costanzo Sforzas Festung Gardara abbildete (ähnlich wie Sigismondo seine Festung in Andachtsbildern verewigen ließ).

57. Ambrogio Barocci und Giancristoforo Romano (?), Portal mit Kriegstrophäen *(Porta della guerra),* Appartamento della Jole, Palazzo Ducale, Urbino.

Diese imposante Tür bildet den Zugang zur "Ehrentreppe".

58. Das Studiolo,
ca. 1472–1476,
Palazzo Ducale, Urbino.
Die bemerkenswerten (möglicherweise nach Entwürfen von Sandro Botticelli und Francesco di Giorgio gefertigten) Einlegearbeiten – *intarsia* – zeigen unter anderem illusionistische Wandschränke, deren Inhalt dank der geöffneten Türen zu sehen ist, ein landschaftliches Panorama, Waffen, Embleme und Titel.

sprechende Passage allerdings getilgt). Federico kam erst an die Macht, nachdem der rechtmäßige Thronfolger, sein Halbbruder Oddantonio, auf brutale Weise erstochen worden war.

Oddantonio – seit seines Vaters Ableben am 21. Februar 1443 päpstlicher Vikar von Urbino – war im April 1443, mit sechzehn Jahren, Herzog geworden. Er hatte seinem Volk erdrückende Steuern auferlegt und ein unbekümmertes Leben voller Ausschweifungen geführt. Binnen eines Jahres war er überall verhaßt. Als Oddantonio durch die Hand seiner eigenen Untertanen starb, befand sich der zweiundzwanzigjährige Federico in Pesaro, um die Stadt gegen Sigismondo Malatesta von Rimini zu verteidigen. Gleich am darauffolgenden Tag begab sich Federico samt seinen Truppen nach Urbino, mußte jedoch erst die vom Volk gestellten Bedingungen akzeptieren, bevor er in die Stadt eingelassen wurde. Die Bereitwilligkeit, mit der er den Meuchelmördern und Palastplünderern Straffreiheit zusicherte, löste hartnäckige, von Sigismondo Malatesta geschürte Gerüchte aus, wonach die Verschwörung zur Ermordung seines Halbbruders von ihm persönlich angezettelt worden war – eine Unterstellung, die Federico stets voller Entrüstung von sich wies.

Federico sah sich bei seiner Thronbesteigung mit schwerwiegenden Problemen konfrontiert. Die Staatskassen waren leer, und er mußte gleich zu Beginn einen Umsturzversuch seiner eigenen Untertanen vereiteln. Hinzu kam, daß Federico seine Beteiligung am heimlichen Verkauf des päpstlichen Vikariats Pesaro büßen mußte, für die Papst Eugen IV. ihn 1446 exkommuniziert hatte. Eugens Nachfolger, Papst Nikolaus V., löste dieses Problem, indem er im Jahr 1447 die Exkommunikation aufhob und Federico als Graf von Urbino anerkannte. Hiermit setzte eine relativ stabile Phase ein, während der Federico wertvolle diplomatische Beziehungen zu anderen Höfen und zu Republiken der ganzen italienischen Halbinsel knüpfte. Im Interesse von Frieden und Sicherheit engagierte er Francesco di Giorgio als Architekten und Festungsbaumeister und stellte gleichzeitig rund 200 000 Dukaten für den landesweiten Bau einer ganzen Reihe weiterer Festungen bereit (Abb. 60). Am meisten war ihm jedoch daran gelegen, die Loyalität seiner Untertanen zu gewinnen. Dies

59. Justus van Gent (und Pedro Berruguete?), *Platon* (aus einer Reihe von *uomini illustri*), ca. 1475, Holz, 101 x 69 cm, Louvre, Paris.

Zu den Darstellungen berühmter Männer im *studiolo* (die Hälfte der Porträts befindet sich mittlerweile im Louvre) zählten Bildnisse von Vittorino da Feltre (Federicos Lehrer) und Papst Pius' II. (sein Verbündeter).

60. Francesco di Giorgio Martini, Festung Rocca San Leo, nahe Urbino, 1476–1478.

Die Gegenüberstellung dieses Bauwerks mit dem Federicos Embleme tragenden Kandelaber (Abb. 64) offenbart die große Vielfalt, die das Werk Francesco di Giorgio Martinis kennzeichnet. Der berühmte Bildhauer und Baumeister aus Siena entwarf über siebzig Festungen im Gebiet von Urbino.

erreichte er mittels einer großzügigen Steuerpolitik; seine Einkünfte als *condottiere* versetzten ihn in die glückliche Lage, nicht auf die Steuer seines Volkes zurückgreifen zu müssen.

Federicos großzügiges Auftreten als Kunstmäzen setzte kurz nach seinem endgültigen Sieg über den Erzrivalen Sigismondo Malatesta (1417–1468) ein, welcher seit 1432 über Rimini geherrscht hatte. Seit Federico 1444 den Verkauf von Pesaro in die Wege geleitet hatte (Galeazzo Malatesta veräußerte Pesaro an Francesco Sforza, mit dem Federico sich verbündete), war zwischen den beiden benachbarten Fürsten ein erbitterter Streit ausgebrochen, der rasch zu gewaltsamen Auseinandersetzungen führte. Die ununterbrochenen Feindseligkeiten erreichten ihren Höhepunkt, als Sigismondo Malatesta sich kurzerhand des Kirchenstaates bemächtigte, um Rimini dem päpstlichen Zugriff zu entziehen. Federico wurde vom Papst beauftragt, das »gottlose Haus Malatesta« und dessen Repräsentanten Sigismondo zu bekämpfen, letzteren hatte der Papst mit drastischen Worten zur Hölle gewünscht. Inmitten der kriegerischen Fehde geriet Federico kurzfristig an die Seite von Sigismondo, der seinem Rivalen in typisch prahlerischer Manier eine Luxusausgabe der von Roberto Valturio um 1450 verfaßten und 1472 veröffentlichten militärischen Abhandlung *De Re militari (Über das Kriegswesen)* präsentierte. Valturio pries Sigismondo in seiner Schrift als herausragendes Beispiel eines neuzeitlichen Fürsten und Feldherrn, der als einziger mit jenen der Antike zu vergleichen sei. Viele der Schlachtenreliefs, die später Federicos Palast zierten, waren den – Matteo de' Pasti zugeschriebenen – Holzschnitten in Valturios Abhandlung nachempfunden. Nach Sigismondos Niederlage wurde Federico mit einer ganzen Reihe von dessen einstigen Ländereien belehnt, so daß Urbino auf das Dreifache seiner ursprünglichen Größe anwuchs.

61. Justus van Gent, *Apostelkommunion,* 1472–1474. Tafelbild, 28 x 31 cm, Galleria Nazionale delle Marche, Urbino.

Der Bildausschnitt zeigt Battista und das Kind Guidobaldo.

Im Jahr 1464 gewährte der Papst Federico jenes Recht, das die Bürger von Urbino ihm verweigert hatten, nämlich die Herrschaft über Urbino auf seinen rechtmäßigen Nachfolger zu übertragen. Während Federicos erste Ehefrau unfruchtbar war, hatte er eine Vielzahl außerehelicher Nachkommen gezeugt. Battista Sforza (die Tochter Alessandro Sforzas von Pesaro), mit der er in zweiter Ehe verheiratet war, gebar ihm nach acht Töchtern schließlich den ersehnten Thronfolger Guidobaldo (Abb. 61). Wenige Monate später, im Juni 1472, siegten Federico und seine Truppen – im Dienste der Republik Florenz – über das aufständische Volterra, eine Florenz unterstellte Stadt. Als Zeichen ihrer Dankbarkeit bereitete die Republik dem erfolgreichen *condottiere* einen triumphalen Empfang und machte ihm überwältigende Geschenke. Federico erhielt u.a. einen vergoldeten, mit Emaille verzierten Silberhelm, dessen Wert mit

500 Dukaten veranschlagt wird. Seinen Kamm ziert ein Keulen schwingender Herkules, zu dessen Füßen sich das Wappentier Volterras, der Greif, befindet; zum Zeichen des Sieges sind seine Fängen gefesselt. Der Helm entstammte der Werkstatt des berühmten florentinischen Goldschmieds Antonio del Pollaiuolo.

Das Geschenk eines soliden Silberhelms rief in Federico bittersüße Erinnerungen wach. Als er eines Tages aus reinem Übermut mit geöffnetem Visier zum Turnier angetreten war, hatte er seinen Leichtsinn mit dem Verlust des rechten Auges und einem zertrümmerten Nasenbein büßen müssen. Dieser Vorfall (von dem Giovanni Santi in seiner Reimchronik berichtet) bescherte Federico – neben der äußerlichen Verunstaltung – zeitlebens Gewissensbisse. Er sah darin eine Strafe Gottes dafür, daß er sein geöffnetes Visier mit einem Eichenzweig geschmückt hatte, um so seine Zuneigung für eine schöne Dame zum Ausdruck zu bringen, die er – so berichtet die Reimchronik – im hohlen Stamm einer Eiche verführt hatte. Als sein für ehelich erklärter Sohn Buonconte 1458 an der Pest starb, betrachtete Federico dies erneut als Strafe für seine jugendlichen Sünden. Auf offiziellen, großformatigen Porträts wurde Federico fortan stets von links, also unversehrt abgebildet.

Der tragische Tod von Battista Sforza, die sich nie von Guidobaldos Geburt erholt hatte, bereitete Federicos Siegesfeiern im Juli 1472 ein jähes Ende. Beide Ereignisse veranlaßten ihn, eine ganze Reihe von Kunstwerken in Auftrag zu geben, die entweder Battista Sforza oder der Feier des vor kurzem errungenen Sieges gewidmet waren, mit der er ebenfalls seine verstorbene Frau zu ehren gedachte. Um 1472 ließ er Piero della Francesca ein Doppelbildnis von sich und seiner Frau anfertigen (Abb. 62). Die darin umgesetzte Verbindung von aristokatischem Porträt in Seitenansicht und allegorischen Emblemen erinnert an die zeitgenössische Medaillenkunst. Das Doppelbildnis birgt sogar kommentierende Inschriften, die von derselben vollkommenen humanistischen Handschrift stammen wie auf Piero della Francescas Fresko in Rimini.

Während Sigismondo auf seinem Porträt sein Schloß abgebildet sehen wollte, heben sich Federicos und Battistas Profile jeweils gegen eine schimmernde Landschaft ab, was auf die unendliche Ausdehnung ihrer Territorien anspielt (obwohl keine direkten topographischen Anhaltspunkte enthalten sind). Die Landschaft – mit ihrer befestigten Stadt und den über spiegelnde Wasserflächen dahingleitenden Booten – ist in der Manier van Eycks gemalt. Battistas blasses, vermutlich von ihrer Totenmaske abgenommenes Profil zeugt von wachem Verstand, der durch den Glanz ihrer Perlen zusätzlich betont wird. Federico hatte seine hochgebildete Frau zutiefst verehrt. Würde, Anstand und Bescheidenheit – jene Ideale, die Leon Battista Alberti in seinen *Drei Bücher über die Malerei* gepriesen hatte, waren bei der Anfertigung von Federicos Porträt genauestens beachtet worden.

62. Folgende Seiten: Piero della Francesca, *Doppelbildnis des Federico von Urbino und seiner Gemahlin Battista Sforza*, ca. 1472, Öl auf Holz, 47 x 33 cm pro Flügel, Uffizien, Florenz.

Die beiden Porträts zeichnen sich durch ihre gelungene Kontrastierung aus: Das feine blonde Haar und die porzellanähnliche Gesichtsfarbe Battistas stehen in deutlichem Gegensatz zu Federicos dickem, dunklem Haar und seinem kräftigem Teint. Battistas prächtiger Putz wird durch Federicos schlichtes rotes Gewand unterstrichen. Die Hintergrundlandschaft der beiden Portäts drückt ebenfalls einen ergreifenden Gegensatz aus: Während die hinter Battista dargestellte Hügellandschaft im Schatten liegt, ist der Hintergrund von Federicos Bildnis in sanftes Morgenlicht gehüllt. Es ist durchaus denkbar, daß Federico sich für ein tragbares Triptychon entschied, um auf seinen Reisen von Palast zu Palast das Portät seiner verstorbenen Gemahlin mitführen zu können.

63. Piero della Francesca, Altartafel der Mailänder Brera (Pala Montefeltro), ca. 1472 (1476 durch Pedro Berruguete überarbeitet). Öl auf Holz, 250 x 170 cm, Brera Mailand.

Der Bildausschnitt zeigt den knienden Federico da Montefeltro.

64. Francesco di Giorgio Martini (zugeschrieben), Kandelaber, ca. 1476, vergoldete Bronze, 160 cm hoch, Museo Diocesano Albani, Urbino.

Diesen großen Leuchter stiftete Federico da Montefeltro dem Dom zu Urbino für die Osterliturgie. Er ist mit den Symbolen der Auferstehung Christi sowie mit heraldischen Emblemen und Ritterorden verziert. Die Stiftung des Leuchters könnte zeitlich mit Federicos Entschluß zu einem Neubau des Doms zusammenfallen. Francesco di Giorgio war ab 1476 als Dombaumeister tätig.

Als Beispiel führte Alberti den Maler Apelles an, der »Antigonos ausschließlich so porträtierte, daß nur die Gesichtshälfte mit dem gesunden Auge zu sehen war«. Piero della Francesca ließ bei seinem Porträt Federicos genau denselben »Anstand« walten. Alberti berichtete ferner, daß die antiken Maler »wenn sie Herrscher mit körperlichen Gebrechen darzustellen hatten, diese so weit wie möglich zu korrigieren suchten, ohne dabei zu sehr von der Wahrheit abzuweichen«. Piero della Francesca trachtete ebensowenig danach, Federicos Entstellung vollkommen zu verbergen, zumal diese die Wirkung seines Bildes unterstrich.

Wie Sigismondo erkannte auch Federico rasch, welch propagandistischer Nutzen mit einem markanten, leicht erkennbaren Porträt verbunden war. Während seiner gesamten Regierungszeit diente Piero della Francescas Porträt von Federico als Vorlage für Medailleure und Miniaturisten. Die Feindschaft zwischen Federico und Sigismondo scheint dazu beigetragen zu haben, daß Federico sein Konterfei nur selten abbilden ließ. Federico und Sigismondo hatten durchaus Gemeinsamkeiten vorzuweisen – beide waren äußerst fähige *condottieri* und sehr gelehrte Herrscher. Sigismondo zählte zu den begabtesten und redegewandtesten Männern seiner Zeit, dessen *mobilitas* sich auch in einer außergewöhnlich raschen Auffassungsgabe und einem überaus regen Verstand niederschlug. Sigismondos offenkundig unmoralisches Verhalten und sein aufbrausendes, ungestümes Wesen ließen jedoch Federicos untadeligen Lebenswandel und dessen besonnene Art umso deutlicher hervortreten. Vespasiano da Bisticcis *Lebensbeschreibung* zufolge besaß Federico von Natur aus eine »cholerische Veranlagung«, die er allerdings »nach geraumer Zeit so gut zu zügeln verstand, daß er seinen Untertanen stets ausgeglichen und versöhnend gegenübertreten konnte«. Die *Ordini et Offici*, eine einzigartige Übersicht über die Arbeitsteilung innerhalb von Federicos fürstlichem Haushalt, zeugt von dessen bewußtem Eintreten für klare Strukturen und von seinem Beharren auf strengsten Hygienevorschriften. Giovanni Pontano pries Federico in seiner um 1499 verfaßten Abhandlung *De Prudentia (Über die Klugheit)* als Vorbild »kluger Lebensführung«.

Ein weiteres, ebenfalls nach dem Karton des Doppelbildnisses gefertigtes Porträt Federicos ist in der Altartafel von Brera enthalten, die um 1472 entstanden sein dürfte (Abb. 48). Das Altarbild hing später in Federicos Grabkirche San Bernardino, die Francesco di Giorgio kurz nach dem Tod des Herzogs zu errichten begann). Ursprünglich handelte es sich wohl um ein anläßlich von Federicos Sieg über Volterra gemaltes Votivbild. In der Bildmitte thront die Jungfrau Maria – das Jesuskind über ihren Schoß gelegt – andächtig auf einem Podest. Ihr kostbares Brokatgewand und ihr schlichter Schleier lassen sich als Hinweis auf Battista Sforza interpretieren. In der Tat war ihre Kopfbedeckung ursprünglich mit einem Edelstein besetzt, der sehr stark jenem glich, der Battista auf dem Uffizien-Diptychon ziert und bei dem es sich um ein malerisches Requisit gehandelt zu haben scheint. Die um Maria versammelten Engel sind mit funkelnden Juwelen geschmückt, dank derer Piero zeigen konnte, wie gut er die Technik der Ölmalerei beherrschte. Im Vordergrund des Bildes kniet Federico in seiner glänzenden Rüstung und mit umgegürtetem Schwert (Abb. 63). Sein das Sonnenlicht reflektierender Helm, seine gepanzerten Handschuhe und sein Kommandostab liegen neben Federico, der barhäuptig die Hände zum Gebet faltet. Über dem Kopf der Madonna hängt (vom Scheitelpunkt der muschelförmigen Apsis herab und von einer feinen Kordel gehalten) ein großes weißes Straußenei, dessen seidige, matte Firnis belegt, wie gerne Piero della Francesca reflektierende und nichtreflektierende Oberflächen gegenüberstellte.

Das Bild steckt voller subtiler Symbole und Anspielungen. Federico kniet vor seinem Schutzheiligen Johannes Evangelista, dessen Buch sich genau in Höhe von Federicos Kopf befindet – ein Hinweis auf die beliebte Verbindung zwischen Waffen und Wissenschaft. Auf der gegenüberliegenden Seite steht Battistas Namenspatron Johannes der Täufer. Hieronymus, Franziskus, Petrus Martyr sowie – der 1450 heiliggesprochene – Bernhardin von Siena runden den Kreis der Heiligen ab. Um das Straußenei ranken sich zahllose Interpretationen, doch dürfte es sich wohl um ein weiteres Beispiel für die geschickte Kombination religiöser und weltlicher Bezüge handeln. Der Strauß war ein persönliches Emblem Federicos, das Straußenei ein beliebtes Motiv religiöser Darstellungen. Ein wahrscheinlich auf Francesco di Giorgio zurückgehender Kandelaber, den der Herzog für den Dom zu Urbino stiftete, weist dieselbe Vorliebe für eine Verknüpfung von religiösen und weltlichen Symbolen auf (Abb. 64); er birgt an seiner Basis wiederum Federicos Embleme (unter anderem den Strauß und die Muschel).

Piero della Francesca scheint hauptsächlich von den frühen siebziger Jahren des fünfzehnten Jahrhunderts an am Hof von Urbino angestellt gewesen zu sein, auch wenn er bereits zuvor hin und wieder für Federico tätig geworden war. Giorgio Vasari erwähnt, daß Piero della Francesca in Urbino »viele Gemälde mit wunderschönen Gestalten« anfertigte, von denen die meisten während der »vielen kriegerischen Auseinandersetzungen, von denen dieses Staatswesen heimgesucht wurde, zu Schaden kamen«. Die berühmte *Geißelung Christi* (Abb. 65), aus den späten fünfziger oder den frühen sechziger Jahren des fünfzehnten Jahrhunderts, dürfte das einzige noch erhaltene dieser Gemälde darstellen. Da nicht der geringste Hinweis auf den ursprünglich vorgesehenen Bestimmungort oder die Person des Auftraggebers vorliegt, wird die Bedeutung dieses Bildes weiterhin rätselhaft bleiben.

Die altbekannte Interpretation, wonach die Figuren im Vordergrund Oddantonio im Kreise seiner schlechten, ebenfalls ermordeten Ratgeber – die Agenten Sigismon-

65. Piero della Francesca, *Geißelung Christi,* späte fünfziger oder frühe sechziger Jahre des fünfzehnten Jahrhunderts, Öl und Tempera auf Holz, 58,4 x 81,5 cm, Galleria Nazionale delle Marche, Urbino.

Das kleine Andachtsbild ist – abgesehen von seiner äußerst komplexen Ikonographie – wegen der ungewöhnlich präzisen Darstellung des architektonischen Hintergrunds bemerkenswert. Die biblische Szene spielt in der Präfektur des Pontius Pilatus in Jerusalem. Die Geißelsäule ist vermutlich der den Mittelpunkt der Erde markierenden Sonnensäule Hadrians nachempfunden. Piero della Francescas Auffassung über die Perspektive entsprechend, steht die Säule inmitten einer vollkommen kreisrunden, in ein geometrisches Muster aus römischen Fliesen eingebetteten Porphyrplatte. Die Trennung zwischen dem Innenraum als Schauplatz der heiligen Szene und dem Außenbereich des Hofes wird durch natürliche und künstliche Lichteffekte betont.

do Malatestas – darstellen, ist nach wie vor sehr umstritten. Andere Deutungen nehmen die Inschrift *convenerunt in unum* zum Ausgangspunkt, die einst auf dem – nicht erhaltenen – Rahmen des Gemäldes gestanden haben soll. Diese Worte sind dem zweiten Psalm entnommen: »Die Könige der Erde lehnen sich auf, und die Herren ratschlagen miteinander wider den Herrn und seinen Gesalbten«. Im weiteren Verlauf des Psalms werden die Könige – die »Richter auf Erden« – ermahnt, Vernunft anzunehmen und sich von Gott leiten zu lassen. Das Gemälde scheint beiden, der alttestamentarischen wie der neutestamentarischen Deutung Rechnung zu tragen. Davids Psalm wurde als Prophezeiung der Verschwörung gegen Christus interpretiert – die drei Gestalten im Vordergrund könnten somit Herodes, Pilatus und den Propheten David darstellen; es könnte sich allerdings auch um einen Aufruf zu einem heiligen Kreuzzug handeln. In diesem Fall wäre die Geißelungsszene als Allegorie der mißlichen Lage des damaligen, stark durch die Türken bedrängten Christentums zu sehen.

Im Frühjahr 1469 reiste Piero della Francesca nachweislich nach Urbino. Er kam jedoch nicht etwa auf Ersuchen des Hofes, sondern folgte einer Einladung des Künstlers Giovanni Santi, der ihm die Übernahme sämtlicher Kosten zugesichert hatte.

Santi hatte den Auftrag erhalten, einen Maler zu finden, der ein von dem Florentiner Paolo Uccello – der 1468 das Entgelt für die Predellenbilder erhalten hatte – begonnenes Altarbild für die Brüderschaft Corpus Domini vollenden sollte. Da Piero della Francesca den Auftrag nicht annehmen wollte, fand sich schließlich Justus van Gent bereit, das zentrale Altarbild zu malen (1472–74). Seine Ikonographie ist traditionell – auch bei Justus van Gent wird anläßlich des Letzten Abendmahls das Sakrament der Eucharistie begründet. Als Dank für die großzügige Spende, mit welcher der Herzog das Projekt unterstützte, wurden die Darstellungen von Federico, zwei angesehenen Höflingen (einer davon stellt Ubaldini dar) sowie der verstorbenen Battista mit dem kleinen Guidobaldo ebenfalls in das Bild einbezogen. Federicos Geste lenkt den Blick auf einen reich gekleideten Juden, der als Isaak, Botschafter des Schahs von Persien, identifiziert wurde. Isaak, ein konvertierter Katholik, hatte große Unruhe ausgelöst, als er 1472 nach Urbino kam, um Federico für einen Kreuzzug gegen die Türken zu gewinnen. Als Hintergrund wählte Justus van Gent einen düsteren, romanischen Innenraum, dessen Architektur deutlich flämisch geprägt war (Abb. 66).

Als das Altarbild seiner Vollendung entgegenging, befand sich Federico auf dem Gipfel seiner glänzenden Karriere. Im Jahre 1474 wurde er in einer feierlichen Zeremonie in Rom von Papst Sixtus IV. zum Herzog erhoben und gleichzeitig zum *gonfaloniere* (Befehlshaber) der päpstlichen Streitmacht ernannt. Noch im

66. Justus van Gent, *Apostelkommunion,* 1472–1474, Tafelbild, 280 x 310 cm, Galleria Nazionale delle Marche, Urbino.

Das Gemälde stellt eine seltsame Kombination italienischer und flämischer Malstile, Techniken und Motive dar. Die in Brokat gehüllte Gestalt, die offenkundig den zum Katholizismus konvertierten Juden Isaak verkörpert, erinnert stark an die alttestamenarischen Figuren des niederländischen Meisters Dirk Bouts.

67. Pedro Berruguete (?),
Federico da Montefeltro und sein Sohn Guidobaldo,
ca. 1476–1477, Tafelbild, 130 x 75,5 cm, Galleria Nazionale delle Marche, Urbino.

selben Jahr erhielt er zwei angesehene internationale Auszeichnungen; aus der Hand Edwards IV. von England empfing er den Hosenbandorden, und Ferrante von Neapel machte ihn zum Mitglied des Hermelinordens. Endlich war es soweit: Federico konnte sich im Glanze seiner allgemeinen Anerkennung sonnen und darangehen, den Fortbestand der Dynastie Montefeltro zu sichern, indem er seinen Sohn zu seinem Nachfolger ernannte. Im gesamten Palast finden sich Inschriften, die auf seine neuerworbenen Titel und Ehren anspielen, allen voran der allgegenwärtige Schriftzug FED. DUX. Sein fürstliches Selbstbewußtsein kommt in jenem überragenden offiziellen Porträt zum Ausdruck, welches neuerdings wieder eher Pedro Berruguete als Justus van Gent zugeschrieben wird (Abb. 67).

Das Bild zeigt Herzog Federico in besinnlich-feierlicher Lektüre vertieft. Obwohl er am Lesepult steht, trägt er seine Rüstung und hat sein Schwert umgegürtet. Sein würdiges, infolge seiner Verwundung leicht entstelltes Profil zeugt von seiner großen Tapferkeit. Als Verteidiger des christlichen Glaubens befand sich Federico immer auf der Hut, selbst wenn er sich in wissenschaftliche Abhandlungen vertiefte. Die Abzeichen seiner Mitgliedschaft in berühmten Ritterorden – im Hosenband- und Hermelinorden – sind kaum zu übersehen. Oberhalb des Lesepults liegt eine mit Perlen besetzte Kopfbedeckung, bei der es sich um ein vom Botschafter des Schahs von Persien überreichtes Geschenk handeln könnte. Dieser kostbare Gegenstand verweist auf die zentrale Rolle, die Federico nach dessen Aufruf zu einem internationalen Kreuzzug spielte. Das eher schwächliche Kind, das sich Schutz suchend an Federicos kräftiges Knie schmiegt, stellt seinen Thronerben Guidobaldo dar. Das Zepter in Guidobaldos Hand deutet auf den Fortbestand der Dynastie Montefeltro hin. Die darauf zu lesende Inschrift *Pontifex* erinnert daran, daß der Papst Federico das Erbrecht seiner Herzogswürde zugesichert hatte. Während Federico sich an die moralischen und geistigen Lehren jener berühmten Männer gehalten hatte, deren Porträts sein *studiolo* zierten (über die Hälfte der Widmungsinschriften enthält Dankesworte Federicos), steht der junge Guidobaldo in seinem prachtvollen Festgewand vor dem lebenden Beispiel seines Vaters.

1512, dreißig Jahre nach dem Tod des Herzogs, wurde auf Anordnung von Guidobaldos Adoptivsohn und Nachfolger Herzog Francesco Maria della Rovere, Federicos Sarg geöffnet. Urbano Urbani, der Sekretär des Herzogs, berichtet, Francesco Maria della Rovere habe mehrmals versucht, ein paar Brusthaare zu entnehmen, bis er einsehen mußte, daß sie immer noch bemerkenswert fest saßen. Enttäuscht, daß er die ersehnte »Reliquie« nicht zu erlangen vermochte, seufzte Francesco Maria: »Warum nur bin ich nicht eine Generation zuvor auf die Welt gekommen? Dann hätte ich mir das Beispiel eines solchen Mannes zunutze machen können!«

LIBRO PRIMO DELLA HISTORIA DELLE COSE FACTE DALLO INVICTISSIMO DVCA FRANCESCO SFORZA SCRIPTA IN LATINO DA GIOVANNI SIMONETTA ET TRADOCTA IN LINGVA FIORENTINA DA CHRISTOPHORO LANDINO FIORENTINO.

NE TEMPI CHE LA REGINA GIOVANNA SE
conda figliuola di Carlo Re regnaua: perche era suc
ceduta nel regno Neapolitano a Latislao Re suo fra
tello: elquale parti di uita sanza figliuoli: Alphonso
Re daragona con grande armata mouendo di Cata
logna uenne in Sicilia: Isola di suo Imperio. La cui
uenuta excito gli huomini del Neapolitano regno a
uarii fauori: & a diuersi consigli: & non con piccoli
mouimenti di quel regno: Impero che Giouāna Regina per molti & uarii
suoi impudichi amori era caduta in sōma infamia. Et desperandosi che lei
femina potessi adempiere lofficio del Re: & administrare tanto regno: fece
asse marito Iacopo di Nerbona Conte di Marcia: elquale per nobilita di san
gue: & belleza di corpo: ne meno per uirtu era tra Principi di Francia excel
lente. Ma accorgendosi in breue che quello desideraua piu essere Re: che
marito: & quella non molto stimaua: mosso da feminile leuita lo rifiuto: &
priuo dogni administratice. Questo fu cagione chel suo regno: elquale per
sua natura e prono alle dissensioni & discordie: arrogendouisi e nō honesti
costumi della Regina: ritorno nelle antiche factioni & partialita; & comin
cio ogni giorno piu a fluctuare & uacillare. Erano alcuni a quali nō dispia
ceua la signoria della dōna: perche benche il nome fussi in lei: loro niente di
meno comādauono. Altri desiderauano: che Lodouico tertio Duca dangio:
figliuolo di Lodouico e quale era nomato Re di Puglia: & di uiolante: nata
della Reale stirpe daragonia: fussi adoptato dalla Regina. Costui poco auāti
pe conforti di Martino tertio sōmo Pontefice: & di Sforza Attendolo excel
lentissimo Duca in militare disciplina: & padre di Francesco sforza de cui
egregii facti habbiamo a scriuere era uenuto a liti di Campagna: Et cōgiun
tosi Sforza: hauea mosso guerra alla Regina. Ma quegli che repugnauano
a Lodouicho: metteuano ogni industria: che Alphonso fussi adoptato in fi
gliuolo della Reina: accio che in Napoli fussi tal Re: che con le sue forze cō
di mare & di terra potessi resistere alla possa de Franciosi. Adunque in cosi
uehemēte contentione de baroni: & piu huomini del regno: Alphonso chia
mato dalla Reina in herede & compagno del regno: diuēne nō solo illustre:
ma anchora horribile: Et el nome Catelano elquale insino a quegli tempi
nō era molto noto & celebre se non a popoli maritimi: ma inuiso & odioso:
cominciò a crescere: & farsi chiaro. Ma & da Lodouico & da Sforza tanto
ogni giorno piu erono oppressi: el Re & la Regina: che diffidādosi nelle pro
prie forze: conduxono Braccio Perugino: el quale era el secondo Capitano
di militia in Italia in quegli tēpi cō molte honoreuoli coditioni: & maxime

Viertes Kapitel

Tradition und Moderne: Mailand und Pavia unter Ludovico „Il Moro“

68. Giovan Pietro Birago, Titelseite zu Giovanni Simonettas *Sforziada,* 1490, Bibliothèque Nationale, Paris.

Die kunstvoll gestaltete Titelseite betont Ludovicos väterliche Fürsorge für seinen Neffen Giangaleazzo – schließlich galt diese Zuneigung seinem jugendlichen Mündel. Rechts neben dem Text wächst aus einem Maulbeerbaum der Mohr (Ludovico) heraus, der einen jüngeren, kleineren Baum – Giangaleazzo – zärtlich und beschützend umarmt. Ihre Initialen *IOG* und *L* sind ebenfalls kunstvoll ineinander verschlungen. Im Text belehrt Ludovico seinen Schutzbefohlenen Giangaleazzo über die Tugenden eines guten Herrschers, während Ludovicos Namenspatron, der heilige Ludwig, im Hintergrund das Staatsschiff segnet, das Giangaleazzo trägt und das von einem Mohren gesteuert wird.

Um 1482 verließ Leonardo da Vinci Florenz, wo er in die Lukasgilde aufgenommen worden war, um am Hof von Mailand sein Glück zu versuchen. Einer frühen Biographie zufolge hatte Lorenzo de' Medici Leonardo da Vinci dazu auserwählt, Ludovico Sforza, Herzog von Bari und Regent von Mailand (1480–1508), eine silberne Lyra zu überbringen – ein Instrument, das er ausgesprochen gut zu spielen verstand. Leonardo da Vinci brach in Begleitung seines begabten Schülers, des jungen Musikers, Sängers und Schauspielers Atalante Migliorotti auf; in Mailand angekommen, präsentierte Leonardo Ludovico ein bemerkenswertes, von ihm selbst verfaßtes Empfehlungsschreiben, worin er die beeindruckende Bandbreite seines Könnens auflistete und insbesondere seine Fähigkeiten als Festungsbauer betonte.

Leonardo da Vinci erbot sich in seinem Schreiben, transportable Brücken, überdachte Laufgänge und Leitern, Belagerungsmaschinen, »Angst und Schrecken verbreitende« Apparate, Schiffe, uneinnehmbare, überdachte Streitwagen, Schleudern, Wurfgeschütze und »weitere, äußerst wirkungsvolle Maschinen« zu entwickeln. Viele Zeichnungen belegen, welch raffinierte Waffen er während seiner Mailänder Jahre ausgetüftelt hat (Abb. 69), obwohl keine Hinweise darüber vorliegen, inwieweit Ludovico sich ihrer bediente. Am Schluß seines Empfehlungsschreibens fügt Leonardo da Vinci den wie ein Postskriptum anmutenden Satz hinzu: »In Friedenszeiten kann ich öffentliche und private Gebäude errichten und brauche, meine ich, den Vergleich mit keinem anderen Architekten zu scheuen. Ich vermag Wasserleitungen anzulegen [...], Skulpturen aus Marmor, Bronze oder Ton zu fertigen sowie

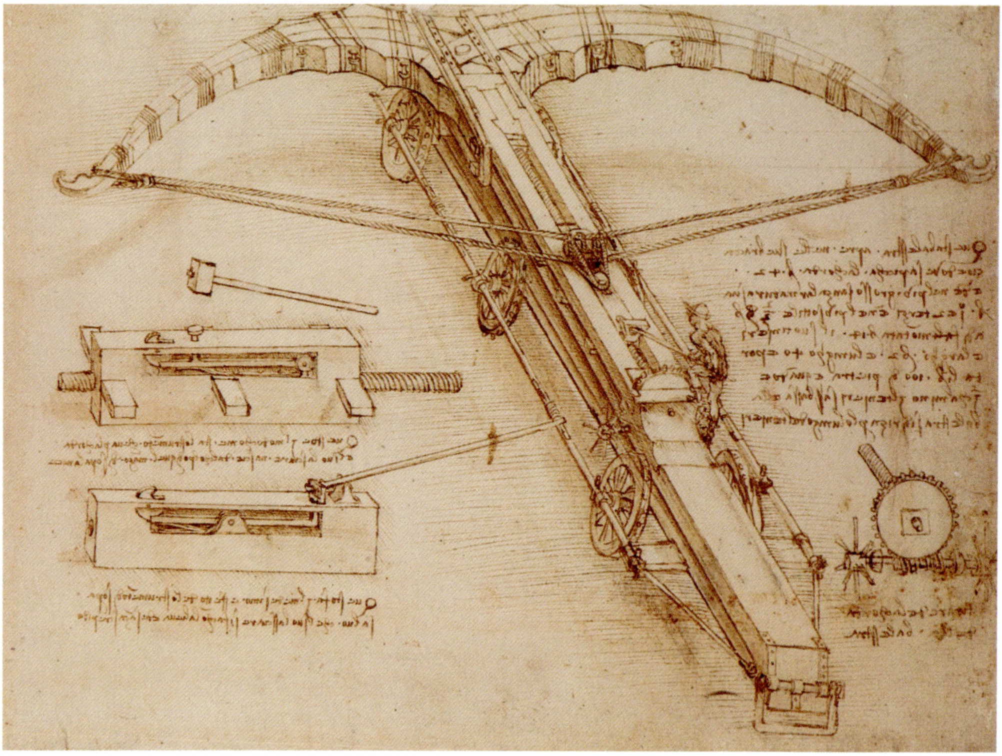

69. Leonardo da Vinci,
Skizze für eine ballistische Waffe, ca. 1487–1490.
20,3 x 27,5 cm, Biblioteca Ambrosiana, Mailand.

Diese riesige Wurfmaschine, die »hundert Pfund schwere Steine« durch die Luft zu schleudern vermag, wird durch Hebelwirkung in Gang gesetzt. Ersatzweise ist links von diesem Hebel ein mit Federkraft arbeitender Schwenkauslöser abgebildet, welcher mittels eines Hammerschlags betätigt wird.

alle nur erdenklichen Arten von Gemälden – auch hier kann ich mich mit jedem anderen Künstler messen.« Und zu guter Letzt schlägt Leonardo vor: »Das Bronzepferd könnte erneut in Angriff genommen werden, das den unsterblichen Ruhm und die ewige Ehre Eures Vaters sowie das Ansehen der berühmten Dynastie Sforza sichern soll.«

Bei seiner Ankunft dürfte Leonardo da Vinci (1452–1519) über das enorme kulturelle Gefälle zwischen dem republikanischen Florenz und dem Mailand der Sforza gestaunt haben. Obwohl Mailand ein bedeutendes Handelszentrum darstellte und über große Manufakturen verfügte, wurde es weit stärker durch seine diplomatischen Beziehungen zu anderen Fürstenhäusern bestimmt als durch seine Handelsbeziehungen. Mailand pflegte einen regen Austausch mit Frankreich und Deutschland. Die vom Haus Sforza und dessen Vorgängern, den Visconti, gewählten Embleme rühmten nicht nur das reiche lombardische Erbe, sondern kündeten gleichzeitig von den Beziehungen, die mit den deutschen Königen und römischen Kaisern sowie mit den Königshäusern von Frankreich und England bestanden. Galeazzo II. Visconti (gest. 1378) hatte die Schwester von Graf Amadeus VI. von Savoyen geehelicht, dessen Territorium sich quer über die Alpen erstreckte. Über Savoyen drangen die Ideale des französischen und englischen Rittertums in die Lombardei ein, und die Verheiratung von Galeazzos Kindern mit den Söhnen und Töchtern des englischen und französischen Königshauses prägte die höfische Lebensart und Kultur nachhaltig. Galeazzos Nachfolger Giangaleazzo (gest. 1402) hegte weitreichende Expansionswünsche – nur sein früher Tod scheint ihn davon abgehalten zu haben, seine Herrschaft über die gesamte italienische Halbinsel auszudehnen.

Sowohl Florenz als auch Mailand nutzten Kunst und Prachtentfaltung zur Demonstration ihrer *magnificentia,* allerdings weder auf dieselbe Weise noch in demselben Umfang. Dies war 1471 deutlich geworden, als Herzog Galeazzo Maria (1444–1476), Ludovicos älterer Bruder und Vorgänger, in Begleitung seiner Ehefrau Bona von Savoyen, der Schwägerin des Königs von Frankreich, feierlich in Florenz einzog. Ein großartiger Festzug, an dem eintausendzweihundertfünfzig kunstvoll kostümierte Höflinge und über tausend mit prächtigen Schabracken aus weißem und dunkelroten Samt – den Farben der Sforza – sowie mit Gold und Silber herausgeputzte Pferde teilnahmen, wand sich damals durch die Straßen der Stadt bis zur Kirche Santissima Annunziata. Dieses überwältigende Schauspiel hatte ca. 200000 Dukaten verschlungen und damit die Florentiner Festzüge in den Schatten gestellt; eine Tatsache, die nicht nur dort als skandalöse Verschwendung des Hauses Sforza empfunden wurde.

In Mailand unterhielten die Sforza aufgrund ihres Reichtums und ihres ausgeprägten Machtstrebens ein ganzes Heer von Würdenträgern sowie eine Vielzahl begabter lokaler Künstler. Der Verwaltungsapparat der Sforza übertraf alle anderen Staaten Norditaliens – mit Ausnahme einer einzigen Republik. Während Ludovicos Regierungszeit expandierte die Verwaltung weiter. Mit höchster Entscheidungsbefugnis ausgestattete Sekretäre erhielten die Schlüsselressorts Recht, kirchliche Angelegenheiten, Außenpolitik und Finanzen. Normalerweise befanden die Sekretäre über die Besetzung der Ämter und die tagtäglich anfallenden Fragen. Doch konnte der Fürst jederzeit eingreifen, sobald er dies für erforderlich hielt – ein Recht, von dem er häufig Gebrauch machte. Das weitverzweigte Verwaltungsnetz erstreckte sich auch auf abhängige Städte und Territorien, für die der Herzog einen *Commissario* und weitere hohe Amtsträger ernannte. Die einheimische Aristokratie verfügte über eigene Paläste und übte teilweise in ihrem eigenen Namen ein beachtliches Mäzenatentum aus.

Der Mailänder Hof war bestens mit Malern, Steinmetzen (den geschicktesten in ganz Italien), Architekten und Ingenieuren aus der Lombardei versorgt. Aus berühmten Kunstschmiedewerkstätten erwarb der Hof Gravuren, während er aus den Mailänder Manufakturen hochwertige Seide, Satin- und Brokatstoffe bezog (Abb. 70). Ludovico verband seine Vorliebe für Gold und kostbare Edelsteine – in einem Ausmaß, wie es sonst lediglich an den nordeuropäischen Höfen und im Königreich Neapel üblich

70. Altardecke, spätes fünfzehntes Jahrhundert, bunt gefärbte Seide, Gold- und Silberfäden, 90 x 250 cm, Museo Poldi Pezzoli, Mailand.

Dieses Seidentuch, dessen zarte Stickerei einen Pelikan bei der Fütterung seines Jungen zeigt, wird durch herrliche, fünfzüngige, aus Gold- und Silberfäden gearbeitete Flammen – das Symbol des Heiligen Geistes – belebt. Das Altartuch stammt vermutlich aus der Kirche Santa Maria delle Grazie. Ludovico und seine Gemahlin Beatrice stifteten mehrere solcher kostbarer Decken.

war – mit seiner Begeisterung für aufwendig gearbeitete Stücke; er sammelte antike Kameen, gravierte Karneole, Medaillons, antike Münzen ebenso wie wertvolle, mit Miniaturen versehene Handschriften bzw. Bücher. Als im Jahr 1494 die Medici entmachtet wurden, trachtete Ludovico danach, seine Schatzkammer um jene »kostbaren und tragbaren Gegenstände« zu bereichern, die Lorenzo de' Medici eifrig zusammengetragen hatte.

In den frühen neunziger Jahren des fünfzehnten Jahrhunderts wurde über dem Eingang zu Ludovico Sforzas Schatzkammer in der »Rocchetta« des Castello Sforzesco die mythologische Gestalt des hundertäugigen Riesen Argus angebracht (Abb. 71). Das überwiegend von Bramante (ca. 1444–1514) sowie dessen Gehilfen und Nachfolger Bramantino gemalte Fresko stellte unverblümt die Finanzmacht der Sforza zur Schau. Der Hüter des herzoglichen Schatzes steht, einen Knüppel in der Hand, am Anfang eines dramatisch verkürzten Korridors. Zu seinen Füßen zeigt ein monochromes Tondo in *Bronzo-finto*-Manier – in nachgeahmter Bronze also – einen Herrscher beim Überwachen des Goldabwiegens. In kühner Umkehr von Ovids Sage, der zufolge Argus von Merkur, dem Schutzherrn der Räuber, enthauptet wurde, scheint diesmal Argus gesiegt zu haben. In seiner Rechten hält er Reste von Merkurs Heroldsstab, dem *caduceus*, die von grünen Vipern, dem Wappentier der Visconti, umwunden sind und auf die Vorgänger der Sforza verweisen.

Dieses Fresko spiegelt die unterschiedlichen Stilvorlieben von Ludovico wider: auf der einen Seite favorisierte er antike, kaiserliche Motive zur Festigung der Dynastie Sforza, auf der anderen sprach er sich für die Wahrung der lokalen Traditionen aus: Bramantes Werk integrierte ganz gezielt stilistische Eigenarten beliebter lokaler Hofkünstler – die paduanischen/ferraresischen Elemente von Vincenzo Foppas Gemälden, die kantige Gespreiztheit der Skulpturen Cristoforos und Antonio Mantegazzas – in eine antikisierende Heldendarstellung. Parallel dazu betonten ikonographische Elemente die politische Kontinuität zum vorhergehenden Herrscherhaus der Visconti. Das Argusfresko offenbart noch einen weiteren Aspekt der Kunstpolitik des Hauses Sforza: Man holte Auswärtige, *stranieri*, herbei, damit sie die einheimischen Künstler in ihren besonderen Techniken unterwiesen und oft auch umgekehrt. Der für seine perspektivischen Kenntnisse und seine illusionistische Darstellungsweise berühmte Maler, Ingenieur und Architekt Bramante aus Urbino etwa arbeitete Seite an Seite mit dem einheimischen Maler Bramantino, der später eine eigene Abhandlung über die

71. Bramante und Bramantino, *Argus,* 1490–1493 (Fresko), Sala del Tesoro, Castello Sforzesco, Mailand.

Als Ludovico eine Gewölbedecke einziehen ließ, wurde das Gesicht der Argusgestalt beschädigt.

Perspektive schreiben sollte. Dieses Verfahren blieb nicht etwa auf den Hof beschränkt: Leonardo da Vinci wurde anläßlich seines ersten für die Bruderschaft zur Unbefleckten Empfängnis angefertigten Mailänder Auftragswerkes (1483) verpflichtet, mit den Mailänder Brüdern Evangelista und Ambrogio da Predis (dem späteren Hofmaler Ludovicos) zusammenzuarbeiten.

Verwandtschaftliche Verbindungen spielten innerhalb der Mailänder Künstlerwelt eine ebenso wichtige Rolle wie an den Herzoghöfen und in der ganzen Aristokratie. Viele einheimische Künstler und Höflinge verdankten ihre Position bei Hofe dem Umstand, daß dort schon ihre Eltern oder entferntere Verwandte angestellt gewesen waren. Das Familienunternehmen Solari und Söhne stellte während der Herrschaft des Hauses Sforza die meisten Architekten und Bildhauer und sicherte sich sämtliche größeren Bauvorhaben. Sie nahmen andere Architekten unter Vertrag, die dann in ihrem Namen tätig wurden, ließen Steine von einem Gebäude zum anderen schaffen (vor allem vom Dom, aber auch vom Castello Sforzesco zur Certosa di Pavia), gründeten einen einträglichen Betrieb zur Herstellung von Terrakottateilen und -figuren und investierten ihre beträchtlichen Einnahmen in den Wollhandel. Informationen über neue Aufträge machten dank des gut funktionierenden innerfamiliären Nachrichtensystems rasch die Runde. Guiniforte Solari, der von seinem Vater Giovanni die Position des Dombaumeisters und Architekten der berühmten Certosa (Kartäuserkloster) übernommen hatte, verständigte, als er erfuhr, daß die Certosa eine neue, mit Skulpturen verzierte Fassade erhalten sollte (1473), sofort seinen angehenden Schwiegersohn Giovanni Antonio Amadeo. Amadeo tat sich daraufhin rasch mit seinem Schwager Lazzaro Palazzi, Giovanni Giacomo Dolcebuono und anderen bedeutenden Künstlern zu einem Konsortium zusammen, damit er sich um den Auftrag bewerben konnte.

Anläßlich der Vergabe großer höfischer Aufträge war es üblich, daß Künstler Konsortien bildeten und miteinander konkurrierende Angebote vorlegten. Es war daher ungewöhnlich, daß Ludovico Leonardo da Vincis Angebot, das ehrgeizige Projekt eines Reiterstandbildes für seinen Vater wiederaufzugreifen, annahm und ihn engagierte. Ludovico kannte vermutlich das grandiose Porträt seiner Geliebten Cecilia Gallerani, das Leonardo da Vinci gemalt hatte, als diese etwa sechzehn Jahre alt war (Abb. 72). Leonardo da Vincis Altarbild für die Bruderschaft der Unbefleckten Empfängnis, die *Felsgrottenmadonna*, mit ihrem kühnen *chiaroscuro* (Helldunkel) und einem nicht weniger kunstvoll eingesetzen *sfumato* (weiches Halblicht) hatte zudem großen Einfluß auf die Mailänder Künstlerwelt ausgeübt. Ludovico könnte das Altarbild gar der Bruderschaft abgekauft und als diplomatisches Geschenk an Kaiser Maximilian übersandt haben. Für Leonardo da Vincis Talent als Bildhauer, Ingenieur und Erfinder gab es jedoch nur wenig greifbare Belege.

72. Leonardo da Vinci,
Dame mit dem Hermelin (Cecilia Gallerani),
ca. 1483-1485,Öl auf Holz, 53,4 x 39,3 cm, Czartoryski Museum, Krakau.

Ludovico Sforzas Geliebte Cecilia Gallerani – die Tochter eines hohen Steuerbeamten und Adligen aus dem Gefolge der Sforza – galt als talentierte Schriftstellerin und berühmte Gönnerin der Künste, Literatur, Philosphie und Musik. Das Porträt, welches Leonardo, den sie als »einzigartig« bezeichnete, von Cecilia Gallerani malte, schuf ein aufsehenerregendes neues Modell für höfische Frauenbildnisse. Isabelle d'Este wünschte es auszuleihen (sie hatte zweifelsohne von der einmaligen Anmut – *grazia* – gehört), obwohl Cecilia voller Bescheidenheit beteuerte, das Porträt zeige sie in viel jüngeren Jahren und entspreche nicht mehr der Wahrheit. Cecilia ist hier nicht im traditionellen, statischen Profil, sondern von vorne, mit anmutig nach links gewandtem Kopf zu sehen, so daß ihr Gesicht, ihr hübscher Hals und ihre Schultern voll zur Geltung kommen. Ihre elegante Hand, deren zarte, sich verjüngende Finger ein gepflegtes Hermelin streicheln (das Tier stellt eine Anspielung auf ihren Namen dar – die griechische Bezeichnung für Hermelin lautet *gale*), ist meisterhaft wiedergegeben und verlieh der bildlichen Darstellung eine ganz und gar neuartige Sinnlichkeit.

Aus dem Briefwechsel, den Ludovio Sforza Anfang 1484 mit Lorenzo de' Medici führte, geht hervor, daß Ludovico versuchte, erfahrene Bronzegießer zu engagieren. In seinem ersten Schreiben bittet er Lorenzo ausdrücklich, Bildhauer nach Mailand zu senden. Die besten Qualifikationen konnten Andrea del Verrochio, Leonardo da Vincis Lehrmeister, der in Venedig an einem Reiterstandbild für den – seit alters mit den Sforza verfeindeten – *condottiere* Bartolomeo Colleoni arbeitete, und Antonio del Pollaiuolo vorweisen, der im Begriff stand, den Auftrag für das Bronzegrabmal Papst Sixtus' IV. anzunehmen. Da Ludovico keinen dieser beiden Künstler für sich zu gewinnen vermochte, sagte er sich vermutlich, daß Leonardo – der schließlich durchaus an der Anfangsphase des Colleoni-Projektes beteiligt gewesen sein konnte – die nächstbeste Wahl darstelle.

Das Reiterstandbild sollte den Begründer der Dynastie Sforza verherrlichen, jenen berühmten *condottiere* Francesco Sforza, der nach dem Tode Filippo Maria Viscontis (1447) und dem kurzen Zwischenspiel der Ambrosianischen Republik – Aurea Republica Ambrosiana – die Macht ergriffen und von 1450 bis 1466 regiert hatte. Francesco Sforza untermauerte seinen eher fadenscheinigen Anspruch auf das Herzogtum Mailand – er war mit Filippo Maria Viscontis einzigem Kind, einer illegitimen Tochter, verheiratet – mit seinen militärischen und politischen Fähigkeiten. Obwohl er keine adlige Abstammung vorweisen konnte (sein Vater, ein äußerst fähiger Söldnerführer, hatte sich den Namen »Sforza« (Kraft, Stärke) als Ausweis des militärischen Könnens seiner Familie zugelegt), errang er die Herzogwürde über eines der bedeutendsten und reichsten italienischen Territorien. Er umgab sich mit einstigen Waffengefährten, knüpfte politische und dynastische Verbindungen über die ganze italienische Halbinsel hinweg und begründete gemeinsam mit seiner Gemahlin ein angesehenes Herrscherhaus. Der Florentiner Architekt Antonio Filarete widmete Francesco Sforza die seiner Phantasie entsprungene ideale Stadt »Sforzinda« (Abb. 73).

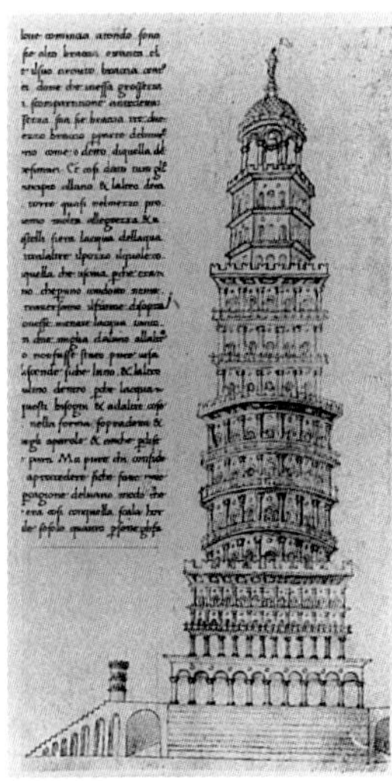

73. Antonio Filarete, Das Castello der Idealstadt »Sforzinda« aus dem *Trattato d'Architettura*, 1461–1462, Biblioteca Nazionale, Florenz.

Francescos verschwendungssüchtiger und zügelloser Sohn Herzog Galeazzo Maria Sforza – ein berühmter Förderer der Künste, vor allem der Musik – hatte sich nach dem Tod seines Vaters ein Reiterstandbild gewünscht. Im November 1473 wurde Bartolomeo Gadio, der für herzogliche Auftragsarbeiten zuständige *Commissario*, angewiesen, einen Künstler zur Anfertigung der lebensgroßen Bronzeplastik ausfindig zu machen. Nachdem unter den einheimischen Künstlern niemand gefunden worden war, der die Technik des Bronzegießens beherrschte, sollte der *Commissario* auswärts Ausschau halten. Galeazzo hatte allen Grund dazu, den Ruhm des ersten Herzogs aus dem Hause Sforza in einem würdigen Kunstwerk manifest werden zu lassen. Denn Kaiser Friedrich III. hatte immer noch nicht die Legitimität der Sforza-Herrschaft anerkannt,ungeachtet der Tatsache, daß Galeazzo bereit war, 300 000 Dukaten für die Verleihung eines Königstitels zu zahlen. Der brutale Meuchelmord an Galeazzo Maria bedeutete eine jähe Unterbrechung des Projekts, bis es in den achtziger Jahren des fünfzehnten Jahrhunderts durch Galeazzo Marias jüngeren Bruder weitergeführt wurde.

Nach Galeazzos Ermordung übernahm dessen Gemahlin die Regentschaft im Namen ihres noch minderjährigen Sohnes Giangaleazzo. Doch Galeazzo Marias Bruder verfolgte seine eigenen Pläne. Im Jahr 1479 wurde Bona durch Ludovico und den früh verstorbenen Sforza Maria entmachtet. 1480 übernahm Ludovico das Amt eines Regenten über das Herzogtum Mailand und dessen sämtliche Ländereien, das er offiziell stellvertretend für den Knaben Giangaleazzo ausübte. Das Wiederaufgreifen des geplanten Reiterstandbilds kann im Zusammenhang mit Ludovicos eigenem Anspruch auf die Herzogswürde – als Sohn des Francesco Sforza und gegen dessen Enkel Giangaleazzo – gesehen werden. Die lateinische Biographie Francesco Sforzas, die *Sforziada*, die Giovanni Simonetta unter Galeazzo Maria verfaßt hatte, ließ Ludovico 1482 in hundertfacher Auflage drucken. Der humanistisch gebildete Regent Ludovico war kein Krieger und glaubte, im Schutze des gewaltigen Reiterstandbilds, fremde Mächte durch seine Diplomatie und seine rasche Auffassungsgabe beeinflussen zu können.

Leonardo da Vinci scheint bald nach seinem Schreiben von 1485/86 erste Skizzen für das Sforzadenkmal angefertigt zu haben. Der ursprüngliche Entwurf sah ein sich wild über einem Feind aufbäumendes Pferd vor – ein ausgesprochen vital und dynamisch wirkendes Bild, das jedoch mit der Technik des Bronzegießens kaum zu vereinbaren war. Im Laufe der Zeit entwickelte sich das anfangs in Lebensgröße geplante Standbild zu einem regelrechten Koloß und technischen Wunderwerk: Die von Ludovico entworfene Statue sollte über sieben Meter hoch und etwa 72 Tonnen schwer werden. Kurz nachdem Leonardo 1489 mit der Anfertigung eines Modells beauftragt worden war, kamen Ludovico jedoch Zweifel, ob ein derart kompliziertes Kunstwerk überhaupt realisierbar wäre. Dieser skeptischen Haltung stand Leonardo da Vincis in Florenz gewonnene Überzeugung von der individuellen Glanzleistung, der *tour de force*, gegenüber. Damals erhielt Lorenzo de' Medici einen weiteren Brief von Ludovico, in dem dieser, mit der Begründung, daß er etwas »Unübertreffliches« plane, um die Entsendung eines oder zweier »für ein solches Unterfangen geeigneter« Künstler bat. In diese Zeit dürften auch die beiden Zeichnungen Antonio Pollaiuolos für das Sforza-Monument fallen (Abb. 74). Im April 1490 hatte Leonardo da Vinci sein Vorhaben allerdings erneut überdacht und das antike Reiterstandbild aus Pavia, der zweitgrößten Stadt des Herzogtums Mailand, zum Ausgangspunkt gewählt. Offensichtlich bewunderte er die meisterhafte Wiedergabe der Bewegungen des Pferdes.

Leonardo da Vinci verband seine Bewunderung für antike Kunstwerke der Lombardei mit einer sorgfältigen Beobachtung und genauen Vermessung der Pferde im Stall seines mailändischen Gönners, dem späteren Schwiegersohn von Ludovico Galeazzo Sanseverino, sowie eines weiteren Adligen des Sforzahofes, Mariolo de' Guiscardi, dessen Palast Leonardo da Vinci entwarf. Ein riesiges Tonmodell wurde angefertigt, das sich noch im November 1493, zum Zeitpunkt der Vermählung von

74. Antonio del Pollaiuolo, *Skizze eines Reiterstandbildes für Francesco Sforza,* ca. 1489, Federzeichnung mit Tusche, 20,8 x 21,7 cm, Staatliche Graphische Sammlung, München.

In Pollaiuolos Skizze wird das Motiv des sich aufbäumenden Pferdes mit jenem des gefallenen Kriegers (der direkt unter den Vorderbeinen des Pferdes liegt) verknüpft. Das niedergetrampelte Opfer ist in einer komplizierten Haltung dargestellt: der Kopf fällt in den Nacken und sein Bein hängt seitlich über den Sockel des Denkmals herab.

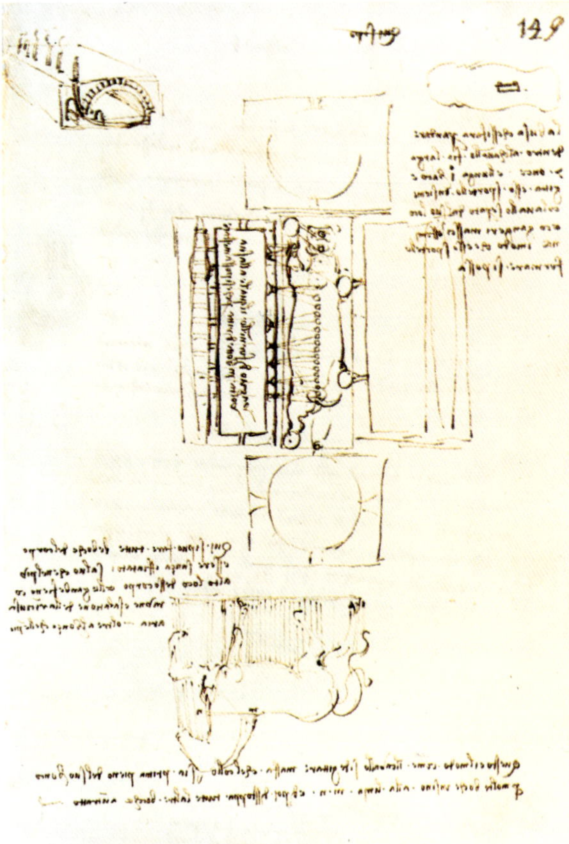

75. Leonardo da Vinci, *Skizze einer Gußform für das Sforza-Pferd*, ca. 1493, Biblioteca Nacional, Madrid.

Die zentrale Studie auf dieser Seite von Leonardos Skizzenbuch zeigt die Gußform von oben (mit Blick in den Bauch der äußeren Gußform für das Pferd) zwischen zwei rechtwinkligen und zwei runden Schmelzöfen. Diese waren eigentlich dazu bestimmt, Bronze für Kanonen einzuschmelzen. Die untere Skizze zeigt, wie Nacken und Hohlräume des auf den Kopf gestellten Pferdes mittels dünner Schläuche mit flüssiger Bronze gefüllt werden sollten.

Ludovicos Nichte mit Kaiser Maximilian, in Leonardo da Vincis Werkstatt in der Corte Vecchia befand. Die Gußformen waren fertig, eine spezielle Grube war ausgehoben worden (Abb. 75) und das Modell bereits zum Transport verpackt. Ein Jahr darauf wurde die Bronze, die Leonardo da Vinci zum Guß des Pferdes erhalten sollte, Herzog Ercole d'Este von Ferrara überlassen, der sie dringend zur Kanonenherstellung benötigte; das Reiterstandbild wurde nie gegossen, geschweige denn ist es je aufgestellt worden. 1495 mußte Ludovico Juwelen im Wert von 150 000 Dukaten hinterlegen, um von den Venezianern ein Darlehen über ein Drittel dieser Summe zu erhalten. Um 1497 äußerte Leonardo da Vinci seine Verzweiflung darüber, daß sich die Arbeit an dem Bronzestandbild immer weiter verzögerte. In einem Brief beklagt er sich auch über Geldmangel, was ein Indiz dafür ist, daß Leonardo da Vinci kein festes Mitglied des herzoglichen Haushaltes war.

Um 1497 entwarf Leonardo da Vinci ein weiteres ungewöhnliches Schreiben, das ein Gönner oder hochgestellter Freund für ihn unterzeichnen sollte. Es war an den für das Bauwesen zuständigen *Commissario* des Mailand unterstellten Territoriums Piacenza gerichtet, für dessen Dom neue Bronzetüren angefertigt werden sollten. Leondardo da Vinci hatte inzwischen einiges dazu gelernt, was die Vergabe von Aufträgen innerhalb des Herzogtums Mailand betraf. Das Schreiben zeigt Leonardos Verbitterung angesichts der bei Hofe vorherrschenden Günstlingswirtschaft, wobei zu seiner Empörung »zweitrangige und unerfahrene« einheimische Künstler bevorzugt wurden. Die angeblich kompetenten Bewerber lehnt Leonardo mit der Begründung ab, daß sie die Technik des Bronzegusses nicht beherrschten: »Der eine ist ein Töpfer, der andere ein Waffenschmied, dieser ein Glockengießer, jener ein Glöckner und einer gar ein Kanonier.« Als eigene Referenz führt Leonardo da Vinci an, daß er jener Florentiner Künstler sei, »der am herzoglichen Bronzepferd arbeite«.

Obgleich Leonardo da Vinci zu diesem Zeitpunkt nicht viele im Dienste des Herzogs angefertigte Arbeiten vorweisen konnte, erhielt er zahlreiche Aufträge aus höfischen Kreisen, wo man ihn sehr schätzte. Als Meister der musikalischen Improvisation scheint er nach geeigneten Möglichkeiten Ausschau gehalten zu haben, auch andere künstlerische Bereiche dahingehend zu befruchten. Castiglione berichtet in seinem *Buch vom Hofmann*, seiner idealisierenden Darstellung des höfischen Lebens von 1528, daß die Fähigkeit zu improvisieren bei Hofe mit am meisten geschätzt wurde: Es galt schlagfertig zu sein, mühelos plaudern zu können und fortwährend neue und ausgefallene Vergnügungen zu ersinnen. Leonardo da Vinci verstand sich hervorragend darauf, für allerlei höfische Kurzweil zu sorgen, indem er sich geistreiche Scherze, komplizierte Allegorien, neue Musikinstrumente, mathematische Rätsel und verblüffende technische Apparaturen ausdachte. An Ludovicos Hof waren schwer entschlüsselbare symbolische Darstellungen und anspruchsvolle Rätsel besonders beliebt (Abb. 76). Von Leonardo da Vinci ist ein meisterhaftes Wortspiel überliefert, in welchem fünfmal das Wort *moro* (Mohr), Ludovicos Beiname vorkommt, dieser leitete sich entweder von dessen zweiten Vornamen »Mauro« oder von Ludovicos dunklem Teint her.

Im Januar 1490 pries der Hofdichter Bernardino Bellincioni die herrlichen Bühnenbilder, die Leonardo da Vinci zur Aufführung seines poetischen Schauspiels *Paradiso* entworfen hatte. Die zur Vermählung Giangaleazzos mit Isabella von Aragon im Castello Sforzesco angefertigte Bildkomposition zeigte u.a. einen schimmernden Goldhimmel, dessen verschiedene Planeten sich um die eigene Achse drehten. Im folgenden Jahr gehörte Leonardo da Vinci zu jenem gewaltigen Stab von Künstlern, die halfen, das prunkvolle Hochzeitsfest von Ludovico und Beatrice d'Este am 17. Januar 1491 in Pavia vorzubereiten. Leonardo da Vincis phantastische Erfindung wurde im Palast von Galeazzo Sanseverino aufgebaut. Ein herzoglicher Sekretär äußerte sich begeistert über Leonardos »wundervolles Roß, das über und über mit bunten, wie Pfauenaugen bemalten Schuppen bedeckt« war. Diese Pfauendekoration versinnbildlichte Leonardos Worten zufolge »jene Schönheit, die aus der Anmut dessen resultiert, der seinen Dienst gut verrichtet«. Zwei berühmte lombardische Künstler, Bernardo Zenale und Bernardino Butinone, malten nach Giangaleazzos Anweisungen die Sala della Balla im Castello Sforzesco zu Mailand aus.

Die Heirat Ludovicos mit der erst 15jährigen Beatrice, welche die beiden bedeutenden Dynastien der Este und der Sforza miteinander verband, löste eine wahre Flut künstlerischer Auftragsarbeiten aus. Von den neunziger Jahren des fünfzehnten Jahrhunderts an brachte Ludovico eine Reihe großangelegter Projekte auf den Weg, die seine Verbindung zum Hause Visconti bekräftigen, die Unabhängigkeit der Sforza-

76. Giovan Pietro Birago, Titelseite zu Giovanni Simonettas *Sforziada*, 1490, Bibliothèque Nationale, Paris.

Der Bildausschnitt stellt Giangaleazzo und seinen Steuermann, den Mohr (Ludovico), im Staatsschiff dar.

dynastie betonen und Ludovico auf eine Ebene mit Herrschern wie Lorenzo de' Medici oder seinem Schwiegervater Herzog Ercole d'Este stellen sollten. Seine politischen und künstlerischen Ambitionen konzentrierten sich auf zwei Grabkirchen – auf die sogenannte Certosa, das berühmte Kartäuserkloster von Pavia, welches bereits die Visconti zu ihrer Grabstätte bestimmt hatten und die Kirche Santa Maria delle Grazie, in der Ludovico selbst begraben werden wollte. Beide Projekte unterstanden der maßgeblichen Leitung des berühmten Hofarchitekten Amadeo. Er war ein erfahrener Bildhauer und stattete die beiden Gebäude mit prachtvollem Skulpturenschmuck aus.

Der römische Bildhauer, Humanist und Höfling Giancristoforo Romano, der um 1490 in Mailand eintraf, erhielt den Auftrag, ein grandioses Grabmal für Ludovicos Vorfahren Giangaleazzo Visconti anzufertigen (Abb. 77). Giancristoforo hatte erst in Urbino und anschließend in Ferrara gearbeitet, wo er zu einem geachteten Mitglied von Beatrice d'Estes Gefolge aufstieg. Die Büste, die Giancristoforo von der lebhaften und hübschen Beatrice anfertigte, war vermutlich als Verlobungsgeschenk für Ludovico entstanden. Während der Künstler die Arbeiten an dem Grabmal und weiteren antikisierenden Skulpturen in der Certosa di Pavia beaufsichtigte, betätigte er sich auch als Sänger und ging mit Beatrice und ihrem Chor auf Tournee. Seine umfassende humanistische Bildung machte ihn zu einem gefragten Mann. Herrscher, die Altertümer erwerben wollten, wandten sich häufig an ihn, um sich von ihm beraten zu lassen. Giancristoforo begutachtete – gemeinsam mit Michelangelo – im Auftrag Papst Julius' II. die in Rom wieder entdeckte hellenistische Laokoon-Gruppe. Schließlich machte Baldassare Castiglione in seinem *Buch des Hofmanns* Giancristoforo zum Sprachrohr der Bildhauerzunft, und ließ ihn deren Arbeit verteidigen.

Während Ludovico in künstlerischen Fragen ein gutes Urteilsvermögen bewies, unterlief ihm auf dem Gebiet der Politik mancher Fehler. Als er das Grabmal in Auftrag gab, geschah dies mit dem Hintergedanken, die Kontinuität zwischen den Herrscherhäusern der Visconti und Sforza zu betonen und somit die herzogliche Dynastie der Sforza zu stärken. Indem er Giangaleazzo, den ersten Herzog von Mailand feierte (der im übrigen seinen Titel für die Summe von stolzen 10 000 Gulden von Kaiser Wenzel gekauft hatte), gedachte Ludovico gleichzeitig der Visconti und gab damit nun den französischen Ansprüchen auf das Herzogtum Mailand neuen Auftrieb. Giangaleazzos Tochter hatte König Karl V. von Frankreich geheiratet und ihr Enkel, der Herzog von Orléans, strebte alsbald die Mailänder Herzogswürde an. Ludovico scheint die mit dem Projekt verbundenen Gefahren rasch erkannt zu haben, da das Grabmal nicht an dem ursprünglich vorgesehenen, exponierten Standort errichtet wurde.

Giangaleazzo Viscontis enge Verbindung mit dem französischen Königshaus (er selbst war mit Isabella de Valois, einer Tochter König Johanns II., verheiratet) prägte das künstlerische Leben im Herzogtum Mailand nachhaltig. Die große, von seinem Vater Galeazzo II. errichtete Residenz zu Pavia war – obgleich es sich um eine eindrucksvoll wehrhafte Festung handelte – ganz wie ein französisches Lustschloß eingerichtet. Der von Mauern umgebene Park, der unter Galeazzos Regentschaft auf gut 23 km^2 erweitert wurde, war bei Hofe überaus beliebt. In diesem Park lebte unzähliges Wild, und es wimmelte nur so von Rebhühnern und Hasen. Herrliche Wasserspiele, Pavillons und großzügig angelegte Alleen luden zu geselligen Vergnügungen und zum Lustwandeln ein. Giangaleazzo, der Pavia – den Sitz der berühmten Universität und der Viscontibibliothek – zum Zentrum seiner Regierung machte, ließ am nördlichen Rand des Parks die berühmte Certosa errichten, die seine Grabkirche werden sollte.

Ein halbes Jahrzehnt nach Giangaleazzos Tod bezog Francesco Sforza dessen Residenz in Pavia. Die mailändische Viscontifestung an der Porta Giovia, die sich unter Filippo Maria Visconti zu einem Symbol von Repression und Gewalt entwickelt hatte, wurde zum Castello Sforzesco umgebaut, das ganz offensichtlich eher als Veschönerung des Stadtbildes denn als schützende Festung angelegt war. Die z.T. beschädigten Fresken in Giangaleazzos Residenz zu Pavia – mit ihren Jagd- und

77. Giancristoforo Romano,
Grabmal Giangaleazzo Viscontis, 1492–1494, Marmor, östliche Absidiole des südlichen Querschiffes, Certosa, Pavia.

Lediglich das untere Geschoß des Grabmals (mit Ausnahme der 1572 gefertigten, sitzenden Allegorien Fama und Viktoria) wird Giancristoforo Romano zugeschrieben (sein Name ist in der Muschelnische festgehalten). Die mit Kriegstrophäen geschmückten Pilaster erinnern an Reliefs im Palazzo Ducale zu Urbino. Das Grabmal wird außerdem von Rundbildern – *tondi* – mit den Tierkreiszeichen und einem Fries mit Wappenschildern und Girlanden geziert. Der obere Teil des Grabmals stammt von Benedetto Briosco und seinen Gehilfen.

78. Certosa di Pavia, Fassade.

Turnierszenen – wurden als Zeichen dynastischer Kontinuität sorgfältig restauriert. Wie sehr Francesco Sforza darauf bedacht war, seine Untertanen für sich einzunehmen, führen die vielen Anstrengungen, die er zur Förderung ihres geistigen, sozialen und wirtschaftlichen Wohlergehens unternahm, vor Augen. Der Architekt Filarete erhielt den Auftrag, in Mailand ein großes Hospital zu errichten, dem ein weiteres in Pavia folgte. Darüber hinaus sorgte Francesco Sforza dafür, daß Kanäle ausgebaut und in seinem und seiner Gemahlin Namen viele neue Kirchen und Klöster verschiedener Reformorden erbaut wurden. Als Zeichen seiner Legitimität und seiner Frömmigkeit ließ er auch an der Certosa weiterarbeiten. Sie wurde mit einem neuen Kreuzgang ausgestattet, und den Mönchen verbriefte er ihre althergebrachten Privilegien. Im Gegensatz zum Mailänder Dom, an dessen Errichtung die Bürgerschaft maßgeblich beteiligt war, stellte die Certosa di Pavia das Ergebnis einer erfolgreichen Zusammenarbeit zwischen herzoglichen und kirchlichen Förderern dar.

Unter Francescos Sohn Galeazzo Maria wurde Pavia zur Lieblingsresidenz des Herzogs und seines Gefolges. Den imposanten Palast hat er grundlegend umgestaltet, indem er ihn mit einer Vielzahl von Fresken und einem eindrucksvollen »Spiegelkabinett« versah. Bei letzterem handelte es sich um ein in unmittelbarer Nähe der herzoglichen Schatzkammer gelegenes Prunkstück. Der prachtvolle Mosaikfußboden wurde durch eine bunte, mit goldenen Figuren, Tieren und Pflanzen bemalte Glasdecke ergänzt. Galeazzo Maria, der sich offen zur Sünde der Sinneslust bekannte (»dieser 'Sünde' habe ich mich rundum schuldig gemacht, denn ich habe sie auf jede erdenkliche Art und Weise genossen«), wußte genau, welch sinnliche und verführerische Wirkung solche *magnificentia* bei den Männern und Frauen des Hofes zeitigte und welch mächtige Anziehungskraft sie auf durchreisende Botschafter und Fürsten auszuüben vermochte.

Mit Galeazzo Marias Zustimmung einigten sich die Mönche der Certosa darauf, deren Fassade mit Skulpturenschmuck verzieren zu lassen. Während der Herzog gerne die Brüder Mantegazza beauftragt hätte, bevorzugten die Mönche ein von Amadeo angeführtes Bildhauerkonsortium. Schließlich erhielten die beiden miteinander konkurrierenden Künstlergruppen den Auftrag, jeweils die Hälfte der Fassade zu gestalten. Ende Februar 1474 ließ Galeazzo Maria im Rahmen einer prunkvollen Zeremonie die Gebeine Giangaleazzo Viscontis in die Certosa überführen. Giangaleazzo wurde als einziger Visconti in der Klosterkirche bestattet. Galeazzo Maria hatte bereits Pläne für eine eigene, imposante Grabstätte entworfen und gegen Ende des Jahres 1471, als er krank darniederlag, darüber in seinem Testament genauestens verfügt. Er wünschte sich einen dem Baptisterium zu Pisa oder Florenz nachempfundenen Zentralbau aus Marmor mit einem Bronzegrabmal, das eines Papstes, Königs oder Kaisers würdig gewesen wäre. Das ehrgeizige Projekt wurde allerdings – wie die Mehrzahl seiner großartigen Freskenvorhaben – nie verwirklicht. Im Jahr 1476 ist Giangaleazzo Maria – nach seiner heimtückischen Ermordung durch Mitglieder seines eigenen Hofsstaats – in einer überstürzten nächtlichen Aktion zu seinem Vater in dessen Sarg gelegt worden.

Im Jahr 1491 beschloß Ludovico, seinem Urgroßvater ein angemessenes Grabmal zu errichten und die prachtvolle Fassade der Certosa vollends fertigzustellen. Die vorhandene Unterkonstruktion aus Backstein wurde mit Carraramarmor verkleidet und mit überreichem Skulpturenschmuck in der unlängst aufgekommenen antikisierenden Manier versehen (Abb. 78). Den Auftrag zu diesen Arbeiten erhielt Amadeo, der sich – gemeinsam mit seinem Gehilfen Dolcebuono – jener klassischen Formen und Ornamente bediente, die bereits das Wohlgefallen Ludovicos und dessen Vorgängers Francesco Sforza erregt hatten. Im Fahrwasser der Städte Venedig und Padua hatten die lombardischen Künstler den neuen Stil nur ganz allmählich übernommen. Filaretes Vorstoß, der darauf abzielte, Francesco Sforza zur Aufgabe des »modernen« gotischen Stiles und zur Aneignung der antiken, von den Florentiner Meistern propagierten Formensprache zu bewegen, war bei den einheimischen Künstlern auf spürbaren Widerstand gestoßen. Die kunstvollen *All'antica*-Girlanden, mit denen Filarete die Fassade des umgestalteten Castello Sforzesco zu schmücken gedachte, wurden von den Steinmetzen als zu teuer, zu zeitraubend und »nicht wetterfest« abgelehnt. Bis zu den neunziger Jahren des fünfzehnten Jahrhunderts legten sich die lombardischen Bildhauer allerdings ein beachtliches Repertoire an jenen der klassischen Antike nachempfundenen Formen und Motiven zu, die sie in erster Linie den in Herrscherkreisen so beliebten *All'antica*-Medaillen und Plaketten entnahmen. Entwürfe und Gußformen wurden von Künstler zu Künstler weitergereicht und waren in allen größeren Werkstätten Norditaliens im Umlauf.

Ludovico nahm regen Anteil an der Vergabe der Arbeiten für die Innengestaltung der Certosa. Die Aufsicht über das Projekt erhielt Bergognone (ca. 1453–1523), ein Maler aus Piemont. Er ließ ein herrliches Chorgestühl errichten, dessen Einlegearbeiten jenen von Urbino ebenbürtig waren, und fertigte gemeinsam mit seinem Bruder Bernardino Deckenfresken an. Bergognone schuf kunstvoll vergoldete Altarbilder und malte die Querschiffe mit zwei Fresken dynastischen Inhalts aus. Das eine zeigt Giangaleazzo Visconti wie er – inmitten seiner Söhne Filippo Maria, Giovanni Maria und Gabriele Maria – der Gottesmutter ein Modell der Klosterkirche präsentiert (Abb. 79). Beim zweiten Fresko handelt es sich um eine – von Francesco Sforza und Ludovico flankierte – *Marienkrönung* (Abb. 80). Diese beiden – das Haus Sforza gleichermaßen wie das Haus Visconti feiernden – Bilder künden davon, wie sehr Ludovico auf die eigenständige Macht der Dynastie Sforza vertraute.

79. Bergognone, eigentl. Ambrogio da Fossano, *Giangaleazzo Visconti mit dem Kirchenmodell der Certosa vor thronender Madonna,* ca. 1492–1494, Fresko, Halbkuppel des südlichen Querschiffes, Certosa, Pavia.

Das Modell der Certosa bietet eine Darstellung der Fassade vor deren Verzierung in den neunziger Jahren des fünfzehnten Jahrhunderts.

Die politischen Schachzüge, die er diesbezüglich unternahm, zeitigten alsbald Erfolge. 1493 wurde seine Nichte mit Kaiser Maximilian vermählt – ein Bündnis, auf das sich sämtliche Hoffnungen Ludovicos konzentrierten. Im Jahr darauf verstarb Giangaleazzo, kaum volljährig geworden, angeblich an Schwindsucht. Nach Giangaleazzos Tod übertrug Kaiser Maximilian die Herzogswürde auf Ludovico und sanktionierte mit diesem Schritt erstmals die Legitimität der Sforzaherrschaft. Nach einer geziemenden Trauerzeit wurde Ludovico im Jahr 1495 offiziell zum Herzog erhoben. Im Mai 1497, nach Beatrices tragischem Tod im Kindbett, ist schließlich auch die Kirche der Certosa geweiht worden. Ludovicos Herrscherprogramm kennzeichnete jedoch mittlerweile eine deutliche Distanz gegenüber der Visconti-Dynastie.

Während er die Mönche der Certosa bei der Ausgestaltung ihrer Klosterkirche unterstützte, entwickelte Ludovico gleichzeitig Pläne für seine eigene Grabkapelle und die Grabstätte der Dynastie. Bereits 1483 hatte er beschlossen, Guiniforte Solaris kurz zuvor vollendete Dominikanerkirche Santa Maria delle Grazie umgestalten zu lassen. Im März 1492 scheint er diesen Standort für sein Grabmal auserwählt zu haben. Gleich zu Beginn seiner Regierung hatte er für persönliche Andachten auf dem Kirchenareal aus feinstem Marmor eine kleine Kapelle errichten und mit dynastischen Symbolen sowie »äußerst kunstvollen« Skulpturen verzieren lassen (die Kapelle ist um das Jahr 1500 durch die Franzosen zerstört worden). Am 29. März 1492 wurde der Grundstein zum neuen Chor von Santa Maria delle Grazie gelegt. Die Kirche Guiniforte Solaris hat man dabei Schritt für Schritt überformt. 1497 gab Ludovico bei Cristoforo Solari (Abb. 81) ein Doppelgrab für sich selbst und seine kurz zuvor verstorbene Gemahlin in Auftrag, das später im neu erbauten Chor aufgestellt werden sollte. Ein Schriftstück aus dem gleichen Jahr bezeugt, daß die berühmtesten Architekten – *peritissimi architetti* – zu der bevorstehenden Umgestaltung um Rat gefragt und gebeten worden waren, »ein Modell der Fassade anzufertigen [...] und die Proportionen des Kirchenschiffs an den riesigen Chor anzugleichen«. Zu diesen Experten gehörten Bramante, Leonardo da Vinci und Amadeo. Die Backstein- und Terrakottaverzierungen an der Kirchenfassade tragen eindeutig die Handschrift Amadeos, den man offenbar mit der künstlerischen Leitung der Bauvorhaben betraut hatte. Die Form des Chores mit der Kuppel und den drei runden Apsiden (Abb. 82) sowie der luftige Innenraum mit seiner komplexen, auf mystischen Zahlen aufbauenden Symbolik, seinem geometrischen Muster und seiner kunstvollen illusionistischen Gestaltung wurden ausnahmslos Bramante zugeschrieben (Abb. 83).

Zwischen der Kirche Santa Maria delle Grazie und dem Castello Sforzesco bestand ein enger Zusammenhang, da sie die beiden zentralen Bauwerke jenes Areals darstellten, das Ludovico zu seinem persönlichen Bereich umzugestalten

80. Bergognone, eigentl. Ambrogio da Fossano, *Marienkrönung,* ca. 1488–1489, Fresko, Nördliches Querschiff, Certosa, Pavia.

81. Cristoforo Solari, Doppelgrab Ludovico il Moros und seiner Gemahlin Beatrice d'Este, begonnen 1497, Marmor, Certosa, Pavia.

Beatrices Gestalt trägt jenes vielbewunderte Festkleid, das sie anläßlich der Geburt eines ihrer Söhne anfertigen ließ. Das Gewand symbolisiert mit seinen goldenen Bändern und seinem roten Samt die Kontinuität der Sforza-Dynastie. Der Marmor vermag die Kostbarkeit der Gewänder nur anzudeuten, doch dürfte Beatrices Gestalt ursprünglich mit einem Schleier aus gesponnenem Gold bedeckt gewesen sein. Der Tumbendeckel wurde im Jahr 1564 von Santa Maria delle Grazie in die Certosa verlegt.

gedachte. Das an das Schloß angrenzende Land wurde – einschließlich eines Teils des herzoglichen Parks, in dem sich auch ein künstlich aufgeschütteter Hügel, die *montagna*, befand – dem Kloster vermacht, so daß – wie in Pavia – Herzogsschloß, Lustgarten und Grabkirche direkt miteinander verbunden waren. Unmittelbar neben dem Schloß befanden sich die Paläste von Galeazzo Sanseverino und weiteren Repräsentanten der städtischen Oberschicht, während tonangebende Künstler wie Leonardo da Vinci, Bramante und der Medailleur Caradosso in einem Künstlerviertel nahe Santa Maria delle Grazie wohnten.

Der Mathematiker Luca Pacioli war von 1496 bis 1499 am mailändischen Hof angestellt. Luca freundete sich rasch mit Leonardo da Vinci an, mit dem er auch zusammenarbeitete, und bezeugte, wie sehr Ludovico sich Santa Maria delle Grazie verbunden fühlte. Als deutlichsten Beweis dieser Verbundenheit führte Luca den Bau der Chorapsis und das berühmte *Abendmahl* an (Abb. 84), das Leonardo da Vinci für das Refektorium des zur Kirche gehörenden Klosters malte. Leonardos berühmtes Fresko belegt überdies, wie eng Herzog und Kirche aufeinander bezogen waren. Das Gemälde war zwar von den Dominikanern in Auftrag gegeben worden, doch war der Herzog als Gönner dieses Ordens ebenfalls involviert. Ludovicos Rolle ging über die eines bloßen Geldgebers hinaus. Er empfand

82. Unbekannter Meister, Ansicht von Santa Maria delle Grazie, Mailand, sechzehntes Jahrhundert, Feder und Rötel auf Papier, 24,3 x 32,9 cm, Casa di Raffaello, Urbino.

Diese Zeichnung, die früher Bramante zugeschrieben wurde, zeigt die eindrucksvolle Chorapsis, die Bramante (vom Jahr 1492 an) dem bescheidenen Schiff der »alten Kirche« des Guiniforte Solari (1463) hinzufügen ließ.

83. Donato Bramante, Innenansicht von Santa Maria delle Grazie, Mailand, mit Blick auf den Hauptaltar. Das Schiff der alten Kirche stammt aus dem Jahr 1463; die Arbeiten an der Chorapsis begannen 1492.

großen Respekt für den gelehrten Prior Vincenzo Bandello, mit dem er zweimal wöchentlich im Refektorium zu speisen pflegte. Vincenzo, der führende Hoftheologe, arbeitete ein aufwendiges ikonographisches Programm für das Refektorium und die Kirche aus. Gemeinsam mit Ludovico entschied er über die symbolische Ausgestaltung von Bramantes großartigem Chor. Die von Vincenzo konzipierte Ausmalung der Apsis kündet (mit ihrem Himmelsgewölbe und den Visconti- und Sforzaembleme tragenden Engelsscharen) von Vincenzos und Ludovicos gemeinsamer Vorliebe für esoterische Symbolik.

Die Ausschmückung des Refektoriums, mit der 1495 Leonardo da Vinci sowie der lombardische Maler Giovanni Donato Montorfano beauftragt wurden, zeichnet sich durch dieselbe ausgewogene Mischung geistlicher und weltlicher Elemente aus. Darüber hinaus ist sie ein typisches Beispiel dafür, wie Auftragsarbeiten zwischen auswärtigen und einheimischen Künstlern aufgeteilt wurden. Montorfanos *Kreuzigung* schmückt die Wand gegenüber Leonardo da Vincis *Abendmahl* (die knieenden Gestalten Beatrices und Ludovicos wurden um 1495/96 anhand von Kartons Leonardo da Vincis ergänzt). Leonardo da Vincis 1498 vollendetes Meisterwerk kombiniert florentinische Monumentalität und eine psychologisierende Darstellung mit der höfischen Vorliebe für dem Pflanzenreich entlehnte Dekorationen, illusionistische Perspektiven und heraldische Symbole. Diese Elemente kommen in den drei *Trompe-l'œil*-Lünetten zum Tragen, die oberhalb der biblischen Szene die Raumwirkung einer dunklen Apsis vortäuschen. Dieselbe, für Mantegna typische Kombination findet man in der norditalienischen Buchmalerei sowie bei Foppa, Bergognone und Zenale (der Leonardo da Vinci offensichtlich bei seiner Arbeit am *Abendmahl* beratend zur Seite stand). Kunstvolle Girlanden und prächtiges Blattwerk erinnern an das festliche Grün, mit dem sich das Herzogtum bei feierlichen Anlässen schmückte. Pflanzen und Früchte haben jedoch gleichzeitig Symbolcharakter – sie verkörpern in erster Linie das Opfer Jesu Christi (Abb. 85). Die ursprünglich goldenen Inschriften sind Ludovico, dessen Gemahlin Beatrice und dem Thronerben Massimiliano gewidmet. Die große mittlere, mit dem Sforza-Wappen (eine Kombination aus den Schlangen der Visconti und kaiserlichen Adlern) verzierte Lünette enthält neben anderen Früchten auch *more* – Brombeeren – eine weitere Anspielung auf Ludovicos Beinamen »Il Moro«. In zeitgenössischen Gedichten

wurde dieser Name oft mit *amore*, der göttlichen Liebe, in Verbindung gebracht.

Leonardo da Vincis Ausmalung der sogenannten Sala delle Asse, eines quadratischen, ebenerdigen Raumes im nördlichen

84. Leonardo da Vinci, *Abendmahl* (im Originalzustand), ca. 1495–1498, Tempera und Öl auf Kalkstein, 460 x 880 cm, Nordwand des Refektoriums des Klosters Santa Maria delle Grazie, Mailand.

Das psychologische Drama des Abendmahls mit den erregten Aposteln – eben sind die Worte gefallen »Einer unter Euch wird mich verraten« – wird durch Leonardos geschickten Umgang mit Perspektive und Größe der einzelnen Gestalten verstärkt. Der tiefe Raum hinter dem Abendmahltisch wirkt wie die Fortsetzung des Refektoriums, obgleich sich der zentrale Punkt der Perspektive (das Haupt Christi) weit über Augenhöhe befindet. Der Betrachter wird gleichsam »erhöht«: Herzog und Abt, die am gegenüberliegenden Ende des Refektoriums Platz nahmen, fühlten sich vermutlich durch die Perspektive des alle Blicke auf sich ziehenden Christus, dessen dominierende Gestalt etwas größer dargestellt ist als jene der ihn umgebenden Apostel, geistig »erhöht«.

85. Leonardo da Vinci, *Abendmahl* (restaurierte Fassung), ca. 1495–1498, Nordwand des Refektoriums von Santa Maria delle Grazie, Mailand.

Ausschnitt aus der zentralen Lünette.

Turm des Castello Sforzesco, stellte den Höhepunkt der beliebten Verwendung symbolischen Blattwerks dar (Abb. 86). Anders als Galeazzo Maria, der seine Privatgemächer in Pavia mit Porträts von sich selbst, seinen Familienangehörigen, seinen Höflingen und seinen Vorgängern aus der Dynastie Visconti ausmalen lassen wollte, beschloß Ludovico bezeichnenderweise, die eigene Person und seine Gemahlin auf subtilere Art zu verewigen. Der kontemplativen und stillen Atmosphäre seines engeren Haushalts entsprechend, standen eher geistreiche Motive im Mittelpunkt als derber Klamauk (den Höhepunkt von Galeazzos Freskenprogramm bildete unter anderem eine Darstellung seines vom Pferd gestürzten, die Beine in die Luft emporstreckenden albanischen Günstlings). Neuere Forschungen haben ergeben, daß der Ausmalung das herzogliche Emblem des Maulbeerbaums zugrunde lag – eine heraldische Anspielung auf Ludovicos Beinamen, den Gaspare Visconti in seinem – zwischen 1495 und 1497 für den mailändischen Hof verfaßten – Schauspiel *Pasitea* erläuterte.

In Viscontis Stück kehrte der vermutlich aus Mailand stammende klassische Komödiendichter Caecilius Status in seine Heimatstadt zurück, weil er erfahren hatte, daß diese im Schatten eines *moro*, eines Maulbeerbaumes, aufgeblüht sei. Der patriotische Unterton des Schauspiels ist unüberhörbar: Indem Gaspare Visconti den klassischen Komödienschreiber Caecilius Status zu neuem Leben erweckte, trat er in direkten Wettbewerb mit Ercole d'Estes Wiederentdeckung von Plautus, dem antiken Bühnendichter aus Ferrara. Visconti begnügte sich jedoch nicht damit, der ferraresischen Entdeckung ein mailändisches Pendant gegenüberzustellen, sondern machte sein Publikum darüber hinaus darauf aufmerksam, daß die Maulbeere dem Lorbeerbaum – dem Emblem Lorenzo de' Medicis – überlegen sei. Daneben bedeutet *il moro* im Italienischen auch der Mohr oder Schwarze, und Ludovico benutzte lange Zeit den Maulbeerbaum und den Mohren als seine bevorzugten persönlichen Embleme. In Giovan Pietro Biragos außergewöhnlichem Titelbild zu jener 1490 verfaßten *Sforziada* (Abb. 68), die Ludovico seinem Neffen Giangaleazzo schenkte, sind beide Elemente miteinander verknüpft. Möglicherweise enthielt auch ein angrenzendes Privatgemach des Castello Sforzesco, die sogenannte Saletta Negra – das »schwarze

Zimmer« – , von Leonardo vor der Sala della Asse gemalt, Anspielungen auf den Beinamen *il moro*.

Leonardo da Vincis wunderbare Baummalereien in Temperatechnik vermitteln nur noch einen schwachen Eindruck von der einstigen Pracht dieses Raumes. Die Äste von achtzehn Maulbeerbäumen waren zu kunstvollen, an orientalische Arabesken oder die Weidenruten (auf italiensich *vinci*) der Korbflechter erinnernden Mustern verwoben. Die kleinen Bäume wurzeln in Felsspalten und winden ihre Äste um die Fenster herum bis zum Scheitelpunkt des Gewölbes. Dort umrahmen sie ein goldenes, das Ehewappen Ludovicos und Beatrice d'Estes darbietendes Rundbild. Die zarten Goldfäden, die das Laubwerk durchziehen, wurden als Sinnbild jener ungleichmäßigen Seidenfäden gedeutet, welche die auf Maulbeerbäumen nistenden Seidenraupen »in acht gleichförmigen Bewegungen ausstoßen«. Ludovico nahm regen Anteil an der Förderung der einheimischen Seidenindustrie und ließ auch auf seinem nahe Vigevano gelegenen Landsitz Maulbeerbäume pflanzen. Beatrice veranlaßte, in ein elegantes, für ihre Schwester bestimmtes Festgewand nach einem ganz ähnlichen, als *fantasia dei vinci* bezeichneten Muster feine Goldfäden einzuarbeiten. Die Arbeiten an diesem Gemach waren im Jahr 1498 abgeschlossen, dem Jahr, in dem Ludovico Leonardo da Vinci einen Weinberg schenkte.

Während die Sala delle Asse als eines der besten Beispiele der an Ludovicos Hof beliebten Verflechtung allegorischer Themen und heraldischer *fantasia* gilt, zeigt die Pala Sforzesca (Abb. 87) die Verwendung unterschiedlicher, aber gleichermaßen favorisierter Stilrichtungen. Sie stellt eine eigenartige Mischung dar, in der die »auswärtige« Malweise eines Leonardo da Vinci oder – weniger offenkundig – eines Bramante, derjenigen besonders beliebter heimischer Künstler aus der Lombardei wie Ambrogio da Predis, Foppa, Zenale, Bernardino de' Conti und Bergognone, ja selbst der Brüder Mantegazza aufgepfropft werden. Das nach wie vor einem anonymen Meister zugeschriebene Gemälde (um 1496/97) zeigt die Herzogsfamilie (einschließlich Ludovicos beiden ehelichen Söhne), wie sie den Kirchenvätern und der Jungfrau Maria vorgestellt wird. Die offizielle Porträtmalerei eines Ambrogio da Predis vermischt sich hier mit der flämischen Malweise eines Bergognone und Zenale. Leuchtende lombardische Farben kontrastieren mit für Leonardo da Vinci typischen *sfumato*-Tönen. Während die Kirchenväter dem Format der Altarbilder Bergognones aus Pavia nachempfunden sind, wird die Bildmitte von einer Madonna beherrscht, deren Proportionen eher von Leonardo da Vinci zu stammen scheinen.

Das Gemälde der Pala Sforzesca entstand vermutlich parallel zu zwei bedeutenden, 1496 für die Certosa in Auftrag gegebenen Altarbildern. Ludovico hatte den Mönchen geraten, zwei der berühmtesten Maler des damaligen Florenz zu engagieren, die sich beide der besonderen Gunst Lorenzo de' Medicis erfreuten. Offensichtlich wollte der Herzog die Certosa zum künstlerischen

86. Leonardo da Vinci und Werkstatt, Sala delle Asse (Ausschnitt von der Nordostwand), 1498, Tempera, Castello Sforzesco, Mailand.

Die schwer beschädigte Ausmalung Leonardo da Vincis wurde in den Jahren 1901–1902 größtenteils übermalt, obwohl verschiedene Restaurierungsversuche Reste der Originalausmalung zum Vorschein brachten. Über den beiden Fenstern (an der Nordost- und der Nordwestwand) sowie an der gegenüberliegenden Wand befinden sich vier Tafeln mit Inschriften. Die drei noch lesbaren Inschriften feiern die Höhepunkte von Ludovicos Herrschaft: 1493 (die Heirat seiner Nichte mit Kaiser Maximilian), 1495 (seine Erhebung zum Herzog) und 1495/1496 (seine Beteiligung am Sieg über die Franzosen in der Schlacht von Fornovo sowie seine Reise in den deutschen Norden, um mit Kaiser Maximilian ein antifranzösisches Bündnis zu schließen). Interessanterweise tragen die Festdekorationen das Motiv der Maulbeerbäume.

87. Meister der Pala Sforzesca, Pala Sforzesca, ca. 1496–1497, Tempera auf Holz, 230 x 160 cm, Brera, Mailand.

Einem Dokument zur Pala Sforzesca ist zu entnehmen, daß der Herzog den Maler genau zu schildern bat, wie er das Thema darzustellen gedachte. Der Schreiber wünschte vor allem zu erfahren, wieviel Gold und kostspieliges Pigment erforderlich sein würden und welche Details der herzoglichen Festgewänder und des herzoglichen Zierrats vorkommen würden. Beatrices prachtvolles, mit Bändern geschmücktes Gewand mit seinen goldenen, tiefblauen und samtschwarzen Streifen sowie ihr kunstvoll geflochtenes, mit Juwelen geschmücktes Haar (das in einem langen, mit Tuch umwickelten Zopf herabhängt), zeigen sie in der hochmodischen – aus Spanien übernommenen – Aufmachung *alla castellana*.

Kleinod Norditaliens machen und nun, da die Medici nicht länger an der Macht waren, die künstlerische Führungsrolle der Sforza durchsetzen. Für die von Mailand angestrebte Übernahme der bisher von Florenz ausgeübten kulturellen Dominanz gab es einen antiken Präzedenzfall: Nach dem Niedergang Roms waren Mailand und Pavia zu den führenden italienischen Städten des Heiligen Römischen Reiches aufgestiegen. Die beiden »auswärtigen« Künstler – Pietro Perugino und Filippino Lippi – hatten, obwohl sie rechtzeitig und ordnungsgemäß mit der Anfertigung der beiden Altarbilder beauftragt worden waren, nach Ablauf von drei Jahren immer noch keine Arbeiten vorgelegt. 1499 beklagte sich Ludovico voller Zorn in einem Brief an seinen Botschafter in Florenz; sowohl er als auch die Mönche fühlten sich »betrogen«. Kurz darauf mußte Ludovico aus Mailand fliehen und bekam folglich niemals jenes von Perugino zwischen 1500 und 1505 gemalte, in kräftigen, leuchtenden Farben gehaltene Altarbild zu sehen, das als einziges geliefert wurde (der eine Teil der angefertigten Bilder befindet sich heute in der Certosa, der andere in der National Gallery in London).

Nachdem der Herzog von Orléans im Jahr 1498 als Ludwig XII. den französischen Königsthron bestiegen hatte, bedeutete dies den Anfang von Ludovicos Ende. Als Enkel von Giangaleazzo Viscontis ehelicher Tochter suchte Ludwig XII. seinen Anspruch auf das Herzogtum Mailand vom Jahr 1499 an mit Waffengewalt durchzusetzen. Das uneinnehmbare Castello Sforzesco wurde, dank der Bestechlichkeit des Kastellans, kampflos erobert. Ludovico suchte Schutz bei Kaiser Maximilian und fiel bei seiner Rückkehr aus dem Exil im Jahr 1500 prompt den Franzosen in die Hände. 1508 starb er in französischer Gefangenschaft. Leonardo da Vinci und Pacioli reisten überstürzt nach Florenz, während Bramante und der Bildhauer Cristoforo Solari (der das Doppelgrab für Ludovico und Beatrice angefertigt hatte) nach Rom gingen. Die wertvolle Kunstsammlung, die Ludovico zusammengetragen hatte, wurde in alle Winde zerstreut. Leonardo da Vincis riesiges Tonmodell des Reiterstandbilds – das die Macht der Sforza und Ludovicos hochfliegende Pläne versinnbildlichen sollte – wurde von den französischen Bogenschützen für Zielübungen mißbraucht. Ludovicos Schwiegervater Ercole d'Este suchte vergeblich, die Gußform zu retten, um das großartige, »schnaubende Roß« zu seinem eigenen Ruhme nutzen zu können.

5. Kapitel

Freuden der Sinne: Die Dynastie der Este in Ferrara

88. Francesco del Cossa, Monatsbild *April* an der Ostwand der Sala dei Mesi, späte sechziger – frühe siebziger Jahre des fünfzehnten Jahrhunderts, Fresko, Palazzo Schifanoia, Ferrara.

Das große Gemach der Sala dei Mesi ist gänzlich ausgemalt. Selbst die Fensterläden sind verziert. Jedes der zwölf Monatsbilder ist in drei übereinanderliegende Felder unterteilt. Im obersten Feld werden olympische Göttinnen und Götter auf einem Triumphwagen durch eine prächtige Landschaft gezogen. In der Mitte sind die Tierkreiszeichen und drei Allegorien der Dekane (eine Untergliederung der Monate) zu sehen. Das untere Feld zeigt Arbeiten während der verschiedenen Monate und Höhepunkte des höfischen Jahreslaufs. Über der gesamten Darstellung thront der lächelnde Borso d'Este.

Das kleine, von der Dynastie der Este regierte Fürstentum Ferrara entwickelte im Laufe des fünfzehnten Jahrhunderts ein bemerkenswert reges und eigenständiges kulturelles Leben. Ferraras Eigenart prägten starke Gegensätze: Aristokratische Traditionsverbundenheit ging mit einem Verlangen nach Neuem, ja Bizarrem einher. Inmitten einer von Nützlichkeitsdenken und Sinn für Ironie geprägten Atmosphäre gedieh intellektuelles Elitedenken. Die durch derlei widersprüchliche Tendenzen hervorgerufenen Spannungen entluden sich in einer bunten Vielfalt miteinander konkurrierender Stile. Als der ferraresische Dichter Matteo Maria Boiardo 1484 seine einzigartige Erzählung *Orlando Innamorato (Der verliebte Roland)* verfaßte, griff er dabei ebenso auf die Sprache der Ritterromane wie auf das klassische Heldenepos und die italienische Novelle zurück.

Es ist mehrfach darauf hingewiesen worden, daß die zu jener Zeit am Hof von Ferrara entstandene Literatur, Musik und Kunst eine sehr ähnliche visuelle und lyrische Komplexität aufweist, auch wenn zu konstatieren ist, daß die jeweiligen Herrscher aus dem Hause Este ganz verschiedene Persönlichkeiten waren und gegenüber der Kunst unterschiedliche Einstellungen einnahmen. Der oben erwähnte einheitliche Tenor mag darin begründet liegen, daß das Ideal höfischer Kurzweil in allen nur erdenklichen Formen ein wesentlicher Bestandteil der estensischen Kunstpolitik war. Das sie kennzeichnende eskapistische Moment kommt in den klangvollen Namen der Landsitze und Sommerresidenzen des Hauses Este zum Ausdruck. Dessen Herrscher pflegten den größten Teil ihrer Zeit in ihren mit herrlichen Fresken und klingenden Namen wie Belriguardo (»Schöne Aussicht«), Belfiore (»Schöne Blume«) und Palazzo Schifanoia (»Meide die Langeweile«) ausgestatteten Anwesen zu verbringen.

Die aristokratischen – einerseits dem mittelalterlichen Ritterwesen und der Heraldik und andererseits dem Vorbild antiker und mythologischer Helden entlehnten – Ideale der Este kamen in jenen Vornamen zum Tragen, mit denen der *condottiere*

Niccolò III. seine drei Söhne bedachte, die nacheinander die Geschicke des Fürstentums Ferrara lenkten (Niccolò III. zeugte insgesamt über dreißig Nachkommen). Leonello erhielt seinen Namen nach dem Löwen, dem heraldischen König der Tiere. Borso wurde nach Bors, einem jener Ritter aus König Artus' Tafelrunde benannt, die auf der Suche nach dem Heiligen Gral waren. Ercole schließlich verdankte seinen Namen der griechischen Sagengestalt des Herkules. Die Este nannten sich nach ihrem Stammschloß bei Pavia, wo sie von ihrem kaiserlichen Lehensherrn mit Land und Titeln bedacht worden waren. Sie dehnten ihr Territorium immer weiter aus und verleibten ihm Ferrara, Modena, Reggio, Rovigo sowie die fruchtbaren Landstriche der östlichen Poebene ein. Als Niccolò starb, war die Herrschaft der Este und die adelige Stellung des Hauses dauerhaft gesichert. Der Hofdichter Ludovico Ariosto (1474–1533) feierte die Este als Nachkommen trojanischer Adliger, während Borso die Abstammung seiner Familie auf das Frankreich Karls des Großen zurückführte. In Wirklichkeit war der Stammbaum der Este fest in deutschen Landen verwurzelt.

POLITIÆ LITERARIAB ANGELI DECEMBRII MEDIOLANENSIS ORATORIS CLARISSIMI, AD SVMMVM PONTIFICEM Pium II. libri ſeptem, multijuga eruditione refertiſſimi, ante annos octoginta plus minus ſcripti, & Rhomę in Bibliotheca Pontificis theſauri loco reconditi, Clade uero Romana Carolo Borbonio, & Georgio Fronſpergio ducibus Clariſſimis, Anno M.D.XXVII. eruti, & per nos magno labore & diligentia in lucem æditi, quod omnibus ſtudioſis fauſtum fœlixq; ſit.

AD LECTOREM.

Cenſuram fere omnium & Græcorum & Latinorū authorū habebis hic, ſtudioſe lector, acerrimam, quid de unoquoq;, & quocunq; genere ſcripti uere ſentiendum ſit: Eme audacter, & te ſumptus, proculdubio, nō pœnitebit. Exhibemus tibi (q. aiūt) copię cornu, & literarum uniuerſam politiam politiſſimam, Nouam, raramq; omniū difficillimorum locorū in authoribus exegeſin atq; explicationem: Nequicq; eſt q̄d deſideres. Vale, & fruere.

Auguſtæ Vindelicorum Henricus Steynerus excudebat.
Anno M. D. XXXX.

89. Titelseite zu Angelo Decembrios *De Politia Litteraria,* 1540, Biblioteca Communale Ariostea, Ferrara.

Der verhältnismäßig kurz regierende Leonello d'Este (1441–1450) legte als Mäzen großen Wert auf intellektuelle Kurzweil und Gelehrsamkeit. Als gebildeter und frommer Herrscher interessierte Leonello sich ebenso brennend für die neuesten Erkenntnisse der Humanisten wie für die bildende Kunst. Obwohl Ferrara erst unter Borso zum Herzogtum aufstieg, war sein aristokratischer Status unbestritten. Leonello befleißigte sich daher gegenüber dem überaus elitären Adressatenkreis einer angemessenen *magnificentia.* Die von ihm in Auftrag gegebenen Kunstwerke zeichneten sich durch genaue künstlerische Vorgaben aus, deren Einfluß über jenen kleinen Kreis auserwählter Höflinge hinausreichte, in dem Leonello seine Vorstellungen für gewöhnlich zu erörtern pflegte. Diese Vorgaben nahm Angelo Decembrio 1462 in seine Dialoge *De Politia Litteraria* (Abb. 89) auf, in denen Unterredungen Leonellos mit dessen einstigem Lehrer Guarino da Verona sowie mit anderen führenden Gelehrten, unter anderem den Dichtern Tito Vespasiano Strozzi (ebenfalls ein Schüler Guarinos) und Feltrino (der Großvater von Boiardo), fiktiv nachgebildet sind. Den Auftakt zu den Gesprächen über antike Münzen, Skulpturen, ja flämische Teppiche bildet eine detaillierte Betrachtung gravierter Gemmen. Auf der Grundlage dieser

Erörterungen gelangt Leonello zu dem Schluß, die wichtigste künstlerische Eigenschaft sei natürliche Vielfalt.

Leonellos asketische Haltung und sein Interesse an größtmöglicher Realitätsnähe führten dazu, daß er Aktstudien schätzte, denn der Akt, so meinte Leonello, habe den Vorzug, bar jeglicher Sinnlichkeit und jedes schmückenden Beiwerks zu sein. Er selbst trug eher schlichte Gewänder, deren Farben er allerdings tagtäglich auf die jeweilige »Position der Sterne und Planeten« abstimmte. Er verurteilte die »Wandteppiche aus dem jenseits der Alpen gelegenen Gallien«, die seiner Ansicht nach »die Fürsten in ihrer Extravaganz und das Volk in seiner Unwissenheit bestärkten« (Abb. 90). Leonello, der selbst großen Wert auf eine geziemende und bescheidene Lebensweise legte und sich stets seiner eigenen Stellung bewußt war, vertrat die

90. Werkstatt von Tournai, *Die Geschichte Alexanders des Großen,* Ausschnitt, zweite Hälfte des fünfzehnten Jahrhunderts, Wandteppich, Doria Pamphili, Rom.

Leonello, der prächtige flämische Wandteppiche sein eigen nannte, kritisiert in Decembrios »Dialogen« deren plumpe, ungeschlachte Darstellungsweise.

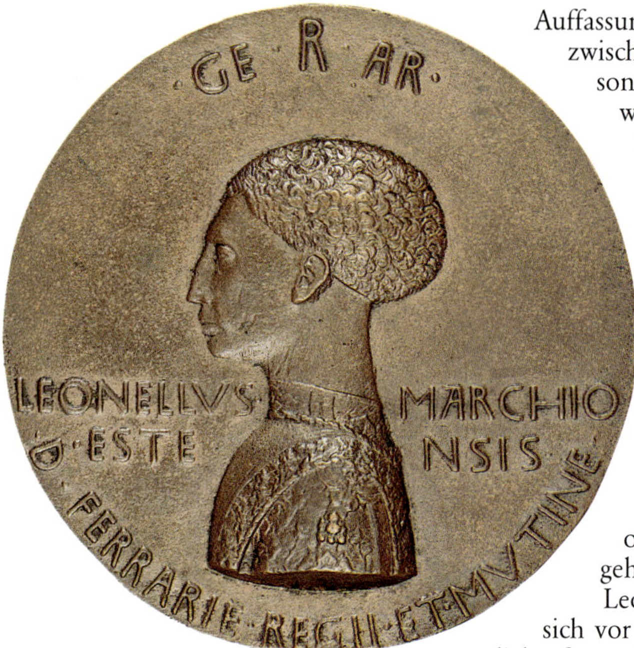

91. Antonio Pisano, genannt Pisanello, Leonello d'Este, Medaille (Vorderseite), 1441–1442, Bronze, 10,3 cm Durchmesser, National Gallery of Art, Washington D.C.

Auffassung, daß die Maler nicht die Grenze zwischen Realität und Fiktion verwischen, sondern vielmehr die eleganten »Kunstwerke« der Natur nachahmen sollten. Der Humanist und Geschichtsschreiber Angelo Decembrio stellte Leonellos künstlerischem Geschmack die in höfischen Kreisen der damaligen Zeit gleichermaßen ausgeprägte Hinwendung zu besonders phantasievollen Darstellungen gegenüber. Feltrino etwa propagierte, ein Maler dürfe seiner Phantasie genauso freien Lauf lassen wie ein Dichter und getrost einen »kastrierten Schafbock mit Flügeln« oder eine »in einen Damenschleier gehüllte Ziege« abbilden.

Leonellos Kunstgeschmack zeichnete sich vor allem durch seine ausgeprägte Vorliebe für »winzigste Kunstgegenstände« aus. Figurinen, gravierte Gemmen, mit dem Porträt Cäsars verzierte Bronzemünzen oder die von Plinius überlieferte Großtat eines Schreibers, der es fertigbrachte, Homers Ilias auf ein so kleines Format zu reduzieren, daß sie in zwei Walnußschalen paßte, schätzte Leonello über alles. Diese winzigen Kunstwerke bestachen durch ihre Präzision und ihre aufwendigen Details, und nicht zuletzt durch ihre Anlehnung an die Antike. Ferrara konnte nämlich kein einziges antikes Denkmal vorweisen. Diese Vorliebe Leonellos äußerte sich vor allem in der Förderung der Buchmalerei und insbesondere der Medaillenkunst – jener einzigartigen höfischen Kunstgattung, die dank Leonello, der über 10 000 Exemplare anfertigen ließ, im fünfzehnten Jahrhundert wieder enormen Aufschwung nahm.

Während Herrscher wie Sigismondo Malatesta die Medaillenkunst zu massiver politi scher Propaganda einsetzten, beauftragte Leonello den von ihm besonders geschätzten Künstler Pisanello, seine Medaillen mit einer subtilen, symbolisch verschleierten Botschaft zu schmücken. Die Medaillen sollten das Wohlgefallen der gebildeten Empfänger erregen und ihre Gedanken ebenso beflügeln wie die gravierten Gemmen in Decembrios Dialog den Anlaß zu lehrreichen, mit Erläuterungen lateinischer und griechischer Begriffe gespickten Unterhaltungen gaben. Diese ferraresische Eigenart assoziativer Verknüpfungskunst, sich allegorischer Abbildungen und mitunter auch der Etymologie bestimmter Wörter zu bedienen, ist auch in den Fresken der Sala dei Mesi im Palazzo Schifanoia erkennbar. Die Vermutung liegt nahe, daß sich die höfischen Kreise Ferraras der Kunstwerke häufig als »Konversationsstücke« bedient haben.

Leon Battista Albertis Anwesenheit in Ferrara – er weilte dort als Mitglied der päpstlichen Kurie anläßlich des Konzils Ende 1438 – könnte Pisanello zu seinen Medaillen für Leonello d'Este inspiriert haben. Die erste, die Anwesenheit des ebenfalls am Konzil teilnehmenden byzantinischen Kaisers Johannes VIII. Palaiologus festhaltende Medaille war vermutlich auf Albertis Anregung hin von Leonello oder dessen Vater Niccolò III. in Auftrag gegeben worden. Albertis Bronzeplakette, die neben seinem antikisierenden, im Stil des römischen Kaiserreichs gehaltenen Profil sein persönliches Emblem, ein geflügeltes Auge, darbot, war in der damaligen Kunstwelt einmalig. Derlei Bildnisse waren Münzen aus der Antike, Wachssiegeln oder den Kopien jener antiker »Schmuckstücke« nachempfunden, die der Duc de Berry erstanden (und von einem seiner Künstler in Gold und Silber nachfertigen lassen) hatte. Während seiner Aufenthalte nördlich der Alpen könnte Leon Battista Alberti an den dortigen Höfen solche »Schmuckstücke« zu Gesicht bekommen haben.

92. Antonio Pisano, genannt Pisanello, Leonello d'Este, Medaille (Rückseite), 1441–1444, National Gallery of Art, Washington D.C.

Im Hintergrund ist das Emblem der Este, der Adler, zu sehen sowie ein Pfeiler, auf dem ein Mast mit einem aufgeblähten Segel abgebildet ist (Leonellos persönliches Emblem). Adler und Mast heben sich gegen eine Felsenlandschaft ab.

Leonellos anläßlich seiner zweiten Heirat mit Maria von Aragon (einer unehelichen Tochter Alfons' I.) bei Pisanello bestellte Medaille zeichnet sich durch eine eher zurückhaltende höfische Propaganda aus (Abb. 91 und 92). Die Rückseite zeigt Amor, den knabenhaften, geflügelten Gott der Liebe, wie er mit Hilfe der Musik den Löwen (Leonello) zähmt. Am Hof von Ferrara waren bald zahlreiche von Pisanello inspirierte Medailleure tätig. Der Veroneser Matteo de' Pasti, der in den Jahren 1444 bis 1446 für Leonello d'Este Bücher illuminierte, verewigte 1446 den ebenfalls aus Verona stammenden Guarino auf einer Medaille. Das Porträt des in eine antike Toga gehüllten Lehrers Leonellos besticht durch seine verblüffend wirklichkeitsgetreuen, den scharfen Verstand des berühmten Mannes unterstreichenden Züge. Die beiden angeführten Medaillen unterscheiden sich auf ganz ähnliche Weise voneinander wie jene zwei Porträts, die Pisanello und Jacopo Bellini gleichzeitig von Leonello d'Este angefertigt hatten: Das eine Bildnis wirkte eher *gracile* (zart und elegant), das andere dagegen *vehemens* (heftig, leidenschaftlich). Solche Gegenüberstellungen – *paragone* – waren bei den Humanisten am Hofe von Ferrara besonders beliebt.

Guarino war 1429 zu Leonellos Lehrer bestellt worden und hatte sich während der folgenden sechs Jahre der humanistischen

Unterweisung des fürstlichen *condottiere* gewidmet. Er empfahl seinem jungen Schüler, sich stets an Cäsar zu orientieren. In seinen Randbemerkungen zu Cäsars *Commentarii* stellte Guarino jeweils die in Cäsars Taten zum Ausdruck kommenden Tugenden heraus, angefangen bei der Freigebigkeit – *liberalitas* – bis hin zur Milde – *clementia.* Pisanello überreichte Leonello ein Porträt Cäsars, das er eigens für ihn angefertigt hatte. Guarino begründete später eine eigene Schule, die in den darauffolgenden Jahren enormen Einfluß auf das literarische und geistige Leben von Ferrara ausübte.

Das humanistische Bildprogramm für die Ausschmückung von Leonellos *studiolo* in Belfiore ging ebenfalls auf Guarino zurück. Hofkünstler Angelo Maccagnino da Siena malte diesen Raum gemeinsam mit seinem Gehilfen Cosimo Tura (ca. 1430–1495) mit Darstellungen der Musen aus. Das gelehrte und nicht minder unterhaltsame Motiv der Musen eignete sich vortrefflich zur Ausschmückung eines höfischen *studiolo:* Die Musen verkörperten einerseits antike Ideale und waren andererseits ausgesprochen dekorativ. Guarino bot eine detaillierte Beschreibung der Zuständigkeit jeder einzelnen Muse, ihrer symbolischen Attribute, ja ihrer typischen Haltung und Kleidung.

Guarino und seine Anhänger hegten große Bewunderung für Pisanello, dessen Gemälde sie regelmäßig zu literarischen Erörterungen heranzogen. Sie priesen die große Vielfalt und die naturgetreue Darstellungsart von Pisanellos Bildern und bedienten sich dabei einer entsprechend anschaulichen Sprache: »Wir sind fest überzeugt, die Gischt schäumen zu sehen und die Brandung donnern zu hören«. Vielleicht hat Pisanello in der Tat – wie bisweilen vermutet wird – gezielt jene stilistischen Elemente betont, von denen er genau wußte, daß sie seinem gelehrten Publikum gefallen würden, und aus einem ganzen Themenkatalog immer wieder bestimmte Motive für technische Bravourstücke (etwa eine stark verkürzende Darstellungsweise) ausgewählt.

Leonello holte weitere auswärtige Künstler an seinen Hof, die ebenso maßgeblich zur Ausprägung eines eigenen ferraresischen Stils beitrugen. Jacopo Bellini kam wiederholt aus Venedig, um für Leonello zu arbeiten. Leon Battista Alberti beriet Leonello hinsichtlich des Reiterstandbilds für dessen Vater und verfaßte auf Leonellos Anregung hin seine Abhandlung über die Baukunst. Piero della Francesca malte Vasari zufolge um 1449 viele Gemächer – *molte camere* – des Palazzo del Corte mit (leider nicht erhaltenen) Fresken aus. Rogier van der Weyden aus Tournai fertigte für Leonello das Altarbild *Kreuzabnahme Christi*, das um 1449 in Ferrara eintraf. Durch Vermittlung seines Brüsseler Agenten erwarb Leonello verschiedene andere Gemälde Rogier van der Weydens, der möglicherweise während seiner Romreise 1450 in Ferrara Station machte. Van der Weydens überaus stilisierte und detailgenaue Passionsszenen sind Darstellungen von ergreifender Frömmigkeit (Abb. 93); seine Malweise hat nachhaltigen Einfluß auf die ferraresischen

93. Rogier van der Weyden, *Kreuzabnahme Christi,* ca. 1435, Öl auf Holz, 220 x 260 cm, Prado, Madrid.

Rogier van der Weydens berühmtes Gemälde im Prado weist einige Ähnlichkeit mit jenem ebenfalls die Kreuzabnahme darstellenden Triptychon und den (von Rogier van der Weyden entworfenen) Passionsteppichen aus dem Besitz König Alfons' von Aragon auf, die Leonello d' Este so sehr schätzte. Ciriaco d'Ancona zeigt sich von der Frömmigkeit beeindruckt, die Rogiers Werke ausstrahlte, während Bartolomeo Fazio an dem ferraresischen Triptychon vor allem die realistische Wiedergabe des »Kummers und der Tränen« der beiden Mariengestalten und Josephs bewunderte. Die sorgfältig aufeinander abgestimmten Details - etwa die schlaff neben der verstümmelten Hand des toten Christus herabhängende Hand Marias - laden den Betrachter ein, sich in die religiöse Aussage des Bildes zu vertiefen.

94. Angelo Maccagnino, Cosimo Tura und Gehilfen, *Die Muse Terpsichore,* ca. 1450 und 1463, Tempera auf Holz, 110 x 81 cm, Museo Poldi Pezzoli, Mailand.

Der Antiquar Ciriaco d' Ancona, der sich im Juli 1449 in Ferrara aufhielt, bekam in der Sommerresidenz Belfiore zwei ältere von Angelo gemalte Musendarstellungen – Clio und Melpomene - zu sehen. Er bewunderte Angelos technisches Können, seinen Rogier van der Weyden folgenden Malstil und pries die »herrlich schimmernden Perlen und glänzenden Gemmen, die das goldfarbene Podest schmücken« und trotz des »flachen Farbauftrags« erstaunlich plastisch wirkten. Das Bild zeugt – vor allem was die prächtigen roten und goldenen Brokatstoffe angeht – von einer perfekten Technik.

Künstler ausgeübt. Einer von ihnen, der junge Andrea Mantegna, malte 1449 das (nicht überlieferte) Porträt Leonellos und ein weiteres Poträt von dessen führendem Ratgeber.

Auf Leonello folgte sein Bruder Borso – er regierte von 1450 bis 1471 –, der die mit seinem fürstlichen Rang verbundene Prachtentfaltung in vollen Zügen genoß. Er teilte seines Bruders Kunstliebe, neigte aber gleichzeitig dazu, seinen Reichtum demonstrativ zur Schau zu stellen, was Leonello meist vermieden hatte. Borso schmückte sich mit kostbaren Gewändern und Edelsteinen und gab immense Summen für die Unterhaltung an seinem Hofe aus, wie auch für Pferde, Hunde und Falken. Papst Pius II. schilderte Borso in seinen *Commentarii* als wohlgestalteten, gut aussehenden, »redegewandten und redseligen« Mann, »der sich sehr gerne selbst reden hörte und an seinen eigenen Worten mindestens soviel Gefallen fand wie seine Zuhörer«. Borso ließ den Palazzo del Corte zu Ferrara mit prächtigen samtenen und mit Ritterszenen aus dem Rosenroman bestickten Wandbehängen aus Flandern schmücken und den alten, außerhalb der Stadt gelegenen Palazzo Schifanoia zu einem Zentrum der Verwaltung und der höfischen Vergnügungen und Lustbarkeiten ausbauen. Borsos ostentative Prunkdemonstration steigerten das Ansehen seines Territoriums. Inhaltlich zeichnete sich die fürstliche Kunstpolitik durch eine besonders lebendige Vielfalt aus – ein Umstand, der vermutlich auf den weitreichenden Einfluß Guarinos und seiner Schüler zurückzuführen war.

Borso setzte die unter Leonello begonnene Neugestaltung der Este-Villen fort und gab weitere Musenbilder für das noch unvollendete *studiolo* von Belfiore in Auftrag. Zu letzteren gehörten ein die Muse Terpsichore darstellendes Gemälde von Angelo Maccangnino (Abb. 94), die von Michele Pannonio gemalte Muse Thalia sowie Cosimo Turas *Allegorische Figur* (Abb. 1). Eine grundlegende Restaurierung von Cosimo Turas Gemälde ergab, daß dieser das Bild mehrfach überarbeitet haben muß. Cosimo Tura und seine Gehilfen waren von 1459 bis 1463 in Belfiore beschäftigt und nahmen auch grundlegende Änderungen an den übrigen Bildern vor. Turas Temperabild zeigte ursprünglich Euterpe, die Muse der Musik (ihr Thron bestand aus lauter Orgelpfeifen). Dann verlieh Tura seiner Musengestalt jedoch deutlich phantastische Züge (vielleicht jene von Kalliope, der Muse der Beredsamkeit und der epischen Dichtung) und bildete sie auf einem Thron aus violettem und grünlichem Marmor ab, den springende, mit Juwelen besetzte Delphine zierten. Tura bediente sich für seine nach und nach vorgenommenen Übermalungen vor allem der niederländischen Öltechnik, wie sie van der Weyden entwickelt hatte. Turas Gemälde zählt zu den ersten Belegen einer derart fachkundigen Anwendung dieser neuen Technik durch einen italienischen Künstler. Er scheint sogar die unterschiedlichen Vergilbungsgrade verschiedener Öle untersucht und die Tiefenwirkung sowie den Reichtum verschiedener Farben durch den Zusatz von Harz gesteigert zu haben (Abb. 95). Seine detaillierten technischen Kenntnisse legen die Vermutung nahe, daß er sich von Rogier van der Weyden unterweisen ließ oder daß Leonello seinem Lehrmeister Angelo Maccagnino eine Studienreise in die Niederlande finanziert hatte.

Die verwendeten Farben waren von ganz besonderer Qualität. Eine Quelle aus dem Jahr 1460 berichtet, daß für Cosimo Turas Gemälde in Belfiore dreieinhalb Unzen feines Ultramarin gekauft worden sind. Die blauen Partien der Friese in der – 1469 ausgemalten – herzoglichen Kapelle von Belriguardo überzog Tura mit einer Schicht aus feinstem Ultramarin, das die horrende Summe von sechsunddreißig Dukaten pro Pfund kostete. Neben dieses kostbare Blau trat in den üppig verzierten Stuckreliefs noch ein weiteres, besonders teures Pigment, nämlich Gold. Eine zeitgenössische Quelle, in der die Kosten für die zur Ausmalung der herzoglichen Kapelle verwendeten Pigmente aufgelistet sind, belegt den enormen Preisunterschied zwischen Ultramarin und den um vieles preiswerteren Blautönen der Grundierung: Der Preis für Indigo war lächerlich gering. Ein Pfund grob gemahlenes Azurit kostete einen Dukaten, für eine feinere Qualität wurden drei Dukaten verlangt. Die Gesamtkosten für die Farben fielen höher aus als das Honorar, das Tura für seine neun Figuren umfassende Ausmalung der Kapelle erhielt. Die Verwendung bester, teuerster Farben und die eher geringe Wertschätzung des künstlerischen Könnens waren typisch für Borsos Mäzenatentum. Als Francesco del Cossa (ca. 1435–1477) für seine Arbeiten im Palazzo Schifanoia nach Quadratmetern bezahlt wurde und seine Kunstwerke nicht mehr gelten sollten als diejenigen weniger berühmter Künstler, reiste er empört nach Bologna ab.

Der meist mit Ölfarben arbeitende Cosimo Tura scheint seine Position als Hofmaler dadurch behauptet zu haben, daß er das Geheimnis dieser neuen Technik sorgfältig für sich behielt und höchstens auserwählten Schülern anvertraute. Seine Rivalen, zu denen Francesco del Cossa zählte, malten mit Temperafarben, versuchten aber nichtsdestotrotz, bestimme Effekte – vor allem die Tiefe und Leuchtkraft der Farben – von Turas Gemälden nachzuahmen. Während die Position eines Hofmalers häufig ermöglichte, neue Techniken zu erlernen (bisweilen finanzierte der fürstliche Auftraggeber ja eigens zu diesem Zweck Studienreisen), konnte es durchaus vorkommen, daß die um ihre eigene Position bangenden Hofkünstler anschließend die weitere Verbreitung dieser Techniken bewußt zu verhindern suchten. Andrea Mantegna scheint seine Kenntnisse über die nördlich der Alpen verbreitete Kupferstichtechnik wie einen wertvollen

95. Cosimo Tura, *Allegorische Figur (die Muse Kalliope?),* 1458–1460, Tempera und Öl auf Holz, 110 x 71,1 cm, National Gallery, London.

Schatz gehütet zu haben (Abb. 96). Er heuerte gar einen Trupp Schläger an, damit sie zwei mit ihm rivalisierenden Kupferstechern auflauerten und sie aus der Stadt verjagten.

Die bizarr-rätselhafte und lyrische Intensität von Turas Gemälden stimmte hervorragend mit dem literarischen Geschmack des Este-Hofes überein; in Poesie und Drama legte man dort nämlich großen Wert auf das Phantastische, alles sollte *meraviglioso* (fabelhaft) sein. In formaler Hinsicht unterliegen seine Bilder offenkundig dem Einfluß der ferraresischen Schule, für die eine Stilisierung einfacher Formen, grelle Farben und besonders die Darstellung steinerner, mit Juwelen besetzter oder metallischer Oberflächen kennzeichnend ist. Mit Borsos Regierungsantritt wurden zunehmend ferraresische Maler an den Hof gezogen. Ihre dekorative, der stilistischen Entwicklung im gesamten norditalienischen Raum entsprechende, ausdrucksstarke Formensprache erlebte unter dem Mäzenatentum der Este eine reiche Blüte. Das an den mittelitalienischen Höfen so sehr beachtete Beispiel von Florenz zeitigte hier vergleichsweise geringe Wirkung. In Ferrara setzte man die Malerei eher zu Poesie, Musik und Theater in Beziehung als zu den mit ihr verwandten bildenden Künsten der Skulptur und Architektur. Die heutige Forschung betont den Einfluß der Buchmalerei auf die höfische Kunst von Ferrara. Wie in der Lombardei verschmolzen auch hier die ornamentalen Formen und Farben der Miniaturen mit dekorativen *All'antica*-Motiven zu einem wunderbar dem aristokratischen Geschmack Rechnung tragenden Stil. Die Ideen zu derartigen Kombinationen stammten in vielen Fällen aus der Werkstatt Jacopo Bellinis in Venedig, die eng mit dem Hof von Ferrara zusammenarbeitete) oder jener Squarciones in Padua (in der Andrea Mantegna ausgebildet wurde).

Borso d'Este war besonders stolz auf seine prachtvolle, äußerst reich illustrierte Bibelausgabe, an der zwischen 1455 und 1461 unter anderem die Illuminatoren Taddeo Crivelli und Franco dei' Russi mitgewirkt hatten (Abb. 97). Die während des gesamten Projektes auf Kosten des Hofes untergebrachten Künstler schufen mehr als tausend herrliche Miniaturen. Als Vorlage stellte Borso ihnen die schön ausgemalte Bibel Niccolòs

96. Andrea Mantegna, *Kampf der Tritonen,* siebziger Jahre des fünfzehnten Jahrhunderts, Radierung und Kaltnadel, 28,3 x 83,6 cm, Duke of Devonshire Collection, Chatsworth.

Mantegna, der seinen imposanten Kupferstich nach der Vorlage eines antiken Reliefs fertigte, verband die Technik der Radierung und der Kaltnadel zu einem dramatischen Zusammenspiel von Licht und Schatten mit einem breiten Spektrum an graubraunen Tönen. Der »Kampf« könnte eine Anspielung auf Mantegnas Auseinandersetzung mit zwei rivalisierenden Kupferstechern darstellen. Die Szene wurde unter anderem als Allegorie auf den Neid unter Künstlern gedeutet (die hagere Gestalt der *invidia* ist links oben im Bild zu sehen). Der schwarze Humor zeugt von Mantegnas leidenschaftlichem Bestreben, sich gegen den Neid seiner Rivalen bei Hofe zur Wehr zu setzen.

97. Taddeo Crivelli, Die herrlich illuminierte Seite aus Borso d'Estes Prunkbibel, 1455–1461, zeigt den Hof König Salomons, Biblioteca Estense, Modena.

In Borsos Prunkbibel bieten viele Illustrationen biblischer Szenen – die den burgundischen und provenzalischen Miniaturmalereien nachempfunden sind – ein idealisiertes Bild von Borsos Hof. Die zarten, in kräftigen Blautönen, Gold, Rostbraun, Rosa, Grün und Blauviolett – den bevorzugten Farben der zeitgenössischen ferraresischen Gemälde – gehaltenen Malereien sind mit heraldischen Motiven durchsetzt.

III. zur Verfügung, vermutlich um ihnen einen Eindruck davon zu vermitteln, welch prächtige Ausstattung ihm vorschwebte. Niccolòs Bibel war von dem berühmten, in gotischem Stil arbeitenden Miniaturisten Belbello aus Pavia ausgemalt worden, dessen elegante schematische Formen wohl allmählich als altmodisch empfunden wurden. Borsos Illuminatoren machten kräftigen Gebrauch von ihren perspektivischen Kenntnissen und ließen die kleinen Figuren vor dem Hintergrund landschaftlicher oder architektonischer Bravourstücke in Szene setzen. Borsos teure Prunkbibel (sie kostete rund 2 200 Dukaten) diente nicht nur zum Beweis seiner großen Frömmigkeit. Die Bibel sollte gleichzeitig durch ihre prachtvolle Aufmachung beeindrucken. Weit davon entfernt, in der Bibliothek zu verstauben, wurde die

98. Francesco del Cossa,
Borso zur Jagd ausreitend
(Ausschnitt aus dem Monatsbild *März* in der Sala dei Mesi, unteres Feld der Ostwand), Fresko, Palazzo Schifanoia, Ferrara.

Borso und sein Gefolge tauchen auf dem Felsplateau auf und entfernen sich wieder.

Bibel regelmäßig hochrangigen Besuchern präsentiert, und Borso pflegte sich immer wieder zu seinem eigenen Vergnügen in die prächtige Schrift zu vertiefen. Gegen Ende des Jahres 1471 ließ Borso die Bibel im Hinblick auf seine bevorstehende Reise nach Rom, wo der Papst ihm offiziell den Herzogstitel verlieh, neu binden. Daß er ein derart kostbares und unhandliches Werk – die beiden Bände wogen auch ohne ihren ursprünglichen Einband zusammen 15,5 Kilogramm und hatten ein Format von 67,5 x 48,6 cm – mit auf die Reise nahm, zeigt, wie wichtig ihm dieses Prestigeobjekt und nicht zuletzt dieses Symbol seiner Frömmigkeit war.

Der Einfluß der ferraresischen Buchmalerei schlug sich auch in jenen berühmten Fresken nieder, mit denen Borso d'Este die Sala dei Mesi des außerhalb der Stadt gelegenen Jagdschlosses Palazzo Schifanoia ausmalen ließ (Abb. 88). Der riesige, aus den späten sechziger und frühen siebziger Jahren des fünfzehnten Jahrhunderts stammende Freskenzyklus wurde in erster Linie von dem ferraresischen Maler Francesco del Cossa sowie einer ganzen Reihe unbekannter Künstler gemalt. Welcher Humanist das umfangreiche Bildprogramm ersann, ist nicht bekannt, obwohl es schlüssig scheint, Parallelen zu einem Schüler von Guarino zu ziehen. Inmitten eines jahreszeitlichen und astrologischen Rahmens, wie man ihn auch in zeitgenössischen Stundenbüchern findet, feiert der mit zahlreichen literarischen Zitaten und visuellen Wortspielen gespickte Freskenzyklus die gerechte Regierung Borso d'Estes. Der riesige, 12 mal 24,4 Meter messende Raum dürfte sowohl als Empfangsraum als auch der zwanglosen höfischen Unterhaltung gedient haben. Der Freskenzyklus zeichnet sich insbesondere durch seine repetitiven Momente aus. In sämtlichen Szenen der unteren Felder taucht die Gestalt des Herzogs auf: Bald reitet er zur Jagd aus (Abb. 98), bald gibt er seinem Hofnarren ein Trinkgeld, bald hält er Gericht oder wohnt dem *palio,* einem Pferderennen, bei. Des weiteren fällt die bewußte Verwendung verschiedener räumlicher Konventionen auf – von der dekorativen Verdichtung der obersten Bildflächen, auf denen olympische Gottheiten auf Triumphwagen einherziehen, über den symbolischen Raum der mittleren, die Himmelskörper darstellenden Zone bis hin zum großzügigen perspektivischen Raum des untersten Registers, in dem Borsos Herrschaft glorifiziert wird. Die vorgetäuschte Tiefe dieses perpektivischen Hintergrunds mit seinen detaillierten, farbenfrohen Landschaften wird im Monatsbild *April* dadurch betont, daß ein Höfling seine Beine über jene Balustrade schwingt, die die Grenze zwischen dem bemalten Raum und jenem des Betrachters bildet.

Mit Ercole I. (1471–1505) gelangte nach Borso eine vollkommen andere Persönlichkeit an die Regierung. Der von vornherein mit der Herzogswürde ausgestattete Ercole gab sich etwas reservierter, entwickelte »königliche« Allüren und legte als Mäzen mehr Wert auf Repräsentation, dazu gehörte, daß er sich

99. Ercole de' Roberti, *Die Frau Hasdrubals mit ihren Kindern,* 1480–1490, Tempera und Öl auf Holz, 47,1 x 30,6 cm, National Gallery of Art, Washington D.C.

Die leuchtende Farbgebung mit dem deutlichen Kontrast zwischen dem kräftigen Rot der Este und dem Grün betont den ausgefallenen Charakter und die dekorative Funktion des Bildes.

ununterbrochen mit anderen italienischen Herrschern verglich, vor allem mit dem Herzog von Mailand (Galeazzo Maria Sforza) und dem König von Neapel. Der seit frühester Kindheit am aragonesischen Hof erzogene Ercole besaß in König Alfons »dem Großmütigen« ein leuchtendes Vorbild. Ercole war auch von tiefer Religiösität und mag ganz bewußt – wie König Alfons – seine Frömmigkeit zur Darstellung fürstlicher *magnificentia* genutzt haben. Wie König Alfons stilisierte Ercole sich zum »Divus« – wenn auch eher auf in großen Mengen hergestellten Münzen als auf Medaillen. Er gab zwar riesige Summen für Kunst und Architektur aus, war jedoch ernster und pragmatischer als der leutselige und mehr zur Selbstdarstellung neigende Borso. Ercoles fürstliche *maiestate* schlug sich zunächst in seiner umfassenden Förderung geistlicher Musik und später – als Zugeständnis an die breite Masse der Bevölkerung – in seiner berühmten Wiederbelebung der klassischen antiken Komödie und zeitgenössischer, antike Stoffe verarbeitender Dramen nieder (nach 1486 wurden mit großem Aufwand die Schauspiele von Terenz und Plautus inszeniert).

Um die geistliche Vokalmusik zu fördern, schickte Ercole d'Este sich alsbald an, einen der angesehensten Kirchenchöre ganz Europas aufzubauen, der es mit jenem des Papstes, mit dem des Königs von Neapel und sogar mit dem legendären des Königs von Frankreich aufnehmen konnte. Ercole bediente sich seiner fähigsten Diplomaten vor Ort, um die besten Sänger aus Frankreich, Flandern und anderen Zentren an seinen Hof zu ziehen. Insofern Ercole seit kurzem für die Vergabe der päpstlichen Pfründe zuständig war, verfügte er über genügend Mittel, den Sängern lukrative finanzielle Anreize zu bieten. Dieses Vorhaben führte zu einem direkten Wettbewerb zwischen Ercole und Herzog Galeazzo Maria Sforza, der prompt die Gründung eines an Größe und Repertoireumfang noch eindrucksvolleren geistlichen Chores anstrebte. Angesichts seiner Musikliebe mag es verwundern, daß Galeazzo Maria die Kunst des höfischen Tanzes nicht stärker gefördert hat – während sie in Ferrara zu großer Blüte gelangte. Die stilisierenden Elemente der polyphonen Musikstücke aus Frankreich und Flandern sowie die bei Hofe geltenden tänzerischen Konventionen finden in den kraftvollen Farbharmonien und der rhythmischen Stilisierung von Bewegung und Gebärden einiger besonders gelungener höfischer Kunstwerke der damaligen Zeit ein passendes Gegenstück. Geistliche Dramen und weltliche Schauspiele mit abwechslungsreichen *intermezzi* (raffinierten, unterhaltsamen Zwischenspielen) stärkten ebenfalls die bereits ausgeprägte Vorliebe für künstliche und bizarre Kreationen. Dieser Aspekt kam vor allem bei der Darstellung der landschaftlichen Hintergründe zum Tragen, die niemals darauf beschränkt waren, die eintönig-flache Wirkung der Poebene bei Ferrara platt widerzuspiegeln. Statt desssen formieren sich phantastische Felsengebilde zu einer »natürlichen« Architektur

und führen vor Augen, wie kunstvoll und »kunstfertig« die Natur selbst sein kann.

An die enge Verbindung zum Königreich Neapel anknüpfend, nahm Ercole im Jahr 1473 Eleonora von Aragon, die älteste Tochter Ferrantes I., zur Frau. Drei ihrer gemeinsamen Kinder – Beatrice, Isabella und Alfons (der nach Alfons von Aragon benannt wurde) – entwickelten sich ihrerseits zu bedeutenden Mäzenen. Eleonora beteiligte sich auf ungewöhnlich aktive Weise an den politischen und kulturellen Angelegenheiten bei Hofe und galt als fähigere Verwalterin als ihr Gemahl. Sie teilte Ercoles große Frömmigkeit und Musikbegeisterung und unterstützte ihn nachhaltig bei der Stiftung und Ausstattung von Klöstern und Kirchen. Nachdem sie drei Jahre verheiratet waren, geriet der Herzog infolge eines von Leonellos Sohn Niccolò angezettelten Staatsstreichs in große Bedrängnis. Eleonora bewies angesichts dieser Krise große Tapferkeit. Wenige Jahre darauf wurde Ferraras Friedenspolitik durch einen verheerenden Krieg mit Venedig zunichte gemacht (1482–1488). Den Einwohnern von Ferrara wurde schmerzlich bewußt, wie verwundbar ihre Stadt war: Zahlreiche Gebäude fielen den venezianischen Geschützen zum Opfer, und die Villa Belfiore ging in Flammen auf. Erst als Ercole sich von der demütigenden Niederlage und den finanziellen Verlusten erholt hatte, begann er erneut, seine *magnificentia* unter Beweis zu stellen und die Stadt wieder zu befestigen.

Der berühmte ferraresische Maler Ercole de' Roberti (ca. 1450–1496) wurde ebenfalls von Ercole d'Este gefördert. Nachdem er – vermutlich um den Wirren des Krieges zwischen Venedig und Ferrara zu entgehen – in den Jahren 1481 bis 1486 in Bologna gearbeitet hatte, kehrte Roberti um 1486 nach Ferrara zurück und war seit 1487 Hofmaler. Von da an wird er jedenfalls als Gehaltsempfänger des Herzogs aufgeführt. Wie einst Cosimo Tura führte auch Ercole de' Roberti alle Arten von Aufträgen aus. Ab Mitte der achtziger bis Anfang der neunziger Jahre des fünfzehnten Jahrhunderts war er neben anderen Malern und Bildhauern damit beschäftigt, für die Hochzeit der ältesten Herzogstochter Isabella Hochzeitstruhen, einen Triumphwagen sowie ein Ehebett zu bemalen und zu vergolden. Isabellas Eheschließung bildete den Auftakt zu Ercoles im Anschluß an den Krieg einsetzende Heiratspolitik, durch die er sich mit anderen italienischen Herrscherhäusern verbündete. Anläßlich der Vermählung von Beatrice mit Ludovico Sforza und von Alfons' mit Anna Maria Sforza leistete Roberti ähnliche Dienste. Die ansehnliche Mitgift, die Ercole seinen Töchtern jeweils stellen mußte, belastete die herzoglichen Finanzen schwer. Dieser Umstand hielt Ercole jedoch nicht davon ab, weiterhin stattliche Summen für umfangreiche Bauvorhaben und künstlerische Projekte auszugeben. Wie seine Brüder bewies Ercole gezwungenermaßen großen Einfallsreichtum, wenn es darum ging, neue Steuern und Abgaben zu erheben. Die Mitgift, die Alfons'

100. Ercole de' Roberti, *Mannalese,* frühe neunziger Jahre des fünfzehnten Jahrunderts, ursprünglich auf Holz, später auf Leinwand übertragen, 28,9 x 63,5 cm, National Gallery, London.

zweite Gemahlin in die Ehe einbrachte, leistete einen wesentlichen Beitrag zum Ausgleich des strapazierten herzoglichen Finanzbudgets: Papst Alexander VI. (Cesare Borgia) bedachte Ercole mit 100 000 Dukaten, schenkte ihm Land und Wertgegenstände, um Lucrezia Borgias Heirat mit Alfons im Jahr 1501 sicherzustellen.

In den frühen neunziger Jahren des fünfzehnten Jahrhunderts arbeitete Roberti vor allem für die Herzogin. Er schmückte ihre Gemächer im Castello Vecchio aus und malte kleine Andachtsbilder. In einem der Gemächer befanden sich vermutlich drei – in die Vertäfelung oder in Möbelstücke eingearbeitete – Porträts berühmter Frauen. Eines dieser Bilder, *Die Frau Hasdrubals mit ihren Kindern*, spielt in geziemender Weise auf Eleonoras Mut und Tugend an (Abb. 99). Dieses Porträt ist die visuelle Umsetzung jener Loblieder auf die Frauen, die die Humanisten des Este-Hofes Herzogin Eleonora widmeten. Es beweist, wie gut Roberti seinen häufig sehr emotionalen Malstil dem höfischen und dekorativen Charakter dieser Auftragsarbeiten anzupassen verstand. Das grausame Motiv – Hasdrubals Frau stürzte sich samt ihrer Kinder lieber in die Flammen eines brennenden Tempels, als das demütigende Los ihres besiegten Gemahls zu teilen – wird symbolbeladen und anspielungsreich verschlüsselt. Hasdrubals Frau und die Kinder scheinen – vor einem stark stilisierten Hintergrund – inmitten der winzigen Flammen zu tanzen.

Eleonora starb im Jahr 1493. Eine von Roberti etwa um diese Zeit angefertigte Pietà könnte ihrem Andenken gewidmet sein.

Für die Kirche San Domenico bestimmt, war die Pietà vermutlich von einer jener religiösen Bruderschaften in Auftrag gegeben worden, die sich der besonderen Gunst des Herzogs und der Herzogin erfreuten. Das Original ist verloren, eine Kopie befindet sich in der Galleria Spada in Rom. Sie zeigt den Herzog, dessen Gemahlin Eleonora und ihren Bruder Alfons, Herzog von Kalabrien (den späteren König Alfons II. von Neapel), als heilige Zeugen der Passion Jesu. Während Eleonoras Bruder an die Stelle Josephs von Arimathia tritt, begnügt sich Ercole mit der bescheideneren Rolle des Nikodemus. Robertis Gemälde bezieht sich auf die dank großzügiger Unterstützung durch das Herzogspaar 1481 sowie in den Jahren 1489, 1490 und 1491 tatsächlich aufgeführten Passionsspiele.

Ein kleines, häufig mit Robertis Altarbild in Zusammenhang gebrachtes Predellenbild vermittelt einen sehr deutlichen Eindruck vom regen Theaterleben in Ercoles Ferrara. Im Hintergrund seiner *Mannalese* (Abb. 100) hielt Roberti just jene Bühnenbilder fest, die damals – anläßlich der Aufführung klassischer Schauspiele – das Herzogsschloß oder dessen großen Innenhof schmückten. Einem ferraresichen Tagebuch ist zu entnehmen, daß diese Kulissen aus einer riesigen Plattform und fünf oder sechs kleinen, bemalten Gebäuden bestanden, deren Eingänge

101. Guido Mazzoni, *Beweinung Christi,* ca. 1484–1484, Terrakotta, Größe der Maria Kleophas 160 cm, Chiesa del Gesù, Ferrara.

nicht durch Türen, sondern lediglich durch Vorhänge verschlossen wurden. Ein weiteres kleines Gemälde Robertis, das das Abendmahl zeigt, erinnert an die Gründonnerstagsessen, zu denen Ercole dreizehn Bedürftige Ferraras einlud, als Laiendarsteller vor der prächtigen Kulisse seines Herzogspalasts an einer Neuinszenierung der letzten Mahlzeit Christi mitzuwirken.

Ein 1489 aufgeführtes Schauspiel hatte ebenfalls das Abendmahl zum Gegenstand. Herzog Ercoles ausgesprochene Vorliebe für geistliche Dramen schlug sich auch in einer von Guido Mazzoni aus Modena (1445–1518) für die Kirche Santa Maria

102. Guido Mazzoni, Joseph von Arimathia (Alfons II.), Ausschnitt aus der *Beweinung Christi,* 1490–1492, Terrakotta, Größe 120 cm, Chiesa di Sant' Anna di Lombardi di Monteoliveto, Neapel.

Die tiefe Frömmigkeit Alfons' kommt in jeder einzelnen Falte des Gesichtes zum Ausdruck, während das schwere, kostbare Wintergewand, der Ring und die kunstvoll verzierte Ledertasche von seiner hohen gesellschaftlichen Stellung künden. Die aus Alfons' Mantel herausragende lederne Hülle zur Aufbewahrung seines zusammengefalteten Leseglases symbolisiert seine gelehrte Frömmigkeit.

della Rosa geschaffenen Figurengruppe aus Terrakotta nieder. Mazzonis *Beweinung Christi,* die sich heute in der Chiesa del Gesù zu Ferrara befindet, dürfte um 1484 entstanden sein (Abb. 101). Mazzonis Position bei Hofe war damals schon gefestigt. Bereits 1473 hatte er anläßlich der Hochzeit des Herzogs Theatermasken und Requisiten gefertigt. Eine Urkunde von 1481 befreite ihn von sämtlichen Steuern und Abgaben. Mazzonis *Beweinung Christi* enthält die lebensgroßen Gestalten Ercoles (als Nikodemus) und Eleonoras (als Maria Kleophas), die gemeinsam mit den übrigen biblischen »Darstellern« den Leichnam Christi beweinen. Die ganze Personengruppe wirkt ausgesprochen realistisch. Entsprechend der höfischen Etikette bringen Ercole und Eleonora ihren Kummer in geziemender Würde zum Ausdruck – vor allem Ercole fällt durch seine steife Haltung auf. Das Herzogspaar trägt Winterkleidung, deren dezente Pracht auf den hohen gesellschaftlichen Rang Ercoles und Eleonoras verweist. Der Herzog ist mit einem Pelzhut und einem Ledermantel bekleidet, dessen kostbares Wolfspelzfutter durch einen raffinierten Faltenwurf des leicht geöffneten Mantels zum Vorschein kommt.

Skulpturen aus Terrakotta (gebranntem Ton) – ein im Vergleich zu Bronze oder Marmor recht empfindliches Material (Ferrara besaß keine eigenen Steinbrüche) – anzufertigen, war in der damaligen Zeit durchaus üblich. Die neugestaltete Backsteinfassade des Palazzo Schifanoia war mit Terrakottaschmuck verziert, der einen hübschen Kontrast zu dem prachtvollen Marmorportal bildete. In Form von lebensgroßen Gestalten gewann dieses Material geradezu biblische Symbolik – sind die Menschen doch »nichts anderes als sterblicher Lehm«. Das Modellieren von Ton ermöglichte die genaue Abbildung winzigster Details, wie man sie von den wächsernen Totenmasken und den überaus realistischen flämischen Porträts kannte. Geschickte Bildhauer wie Mazzoni oder Niccolò dell' Arca in Bologna vermochten sogar die Struktur sämtlicher charakteristischer Gewebe und Stoffe wiederzugeben. Im Auftrag der Este fertigte Mazzoni auch Theatermasken aus Terrakotta für die *sacre rappresentazioni* und andere feierliche Anlässe an und wirkte ebenfalls an der Vorbereitung religiöser Schauspiele und öffentlicher Feste mit. Mazzonis Können wurde so sehr geschätzt, daß König Karl VIII. von Frankreich ihn im Jahr 1495 zum Ritter schlug.

Ercoles in der Pietà abgebildeter Schwager Alfons lud Mazzoni 1498 ein, nach Neapel zu reisen, und sicherte ihm die Übernahme sämtlicher Kosten zu. In Neapel schuf Mazzoni um 1492 ein Gemälde für Alfons' Lieblingskirche Sant' Anna di Lombardi di Monteoliveto. Wie in Robertis Pietà wird Alfons in der Rolle Josephs von Arimathia dargestellt (Abb. 102) – jenes reichen Mannes, der Christus sein für sich selbst bestimmtes

Felsengrab überließ. Diese Personenwahl spielt auf Alfons' großzügige Förderung des Olivetanerordens an, dem er Schlösser, Ländereien und Wertgegenstände vermachte.

Die bis ins Jahr 1444 zurückreichenden dynastischen und künstlerischen Verbindungen zwischen Neapel und Ferrara scheinen einen dem höfischen und aristokratischen Geschmack ganz und gar adäquaten Malstil gezeitigt zu haben – eine »moderne« Formensprache, die mit der monumentalen Darstellungsweise der angesehenen florentinischen Schule rivalisierte. Der neapolitanische/ferraresische Malstil kombinierte – unter Einbeziehung spanischer und flämischer Elemente – eine von nördlich der Alpen übernommene naturalistische, technisch brillante Darstellungsweise mit dekorativer Pracht, höfischer Vielfalt und humanistischer Bildung. Der rege kulturelle Austausch zwischen den einzelnen Höfen trug dazu bei, daß Künstler wie Antonello da Messina und Giovanni Bellini (in Venedig), Andrea Mantegna und Piero della Francesca sowie die drei großen Maler Ferraras – Cosimo Tura, Francesco Cossa und Ercole de' Roberti – einen eigenen Stil und eine persönliche Malweise entwickelten.

Was die Ausmalung weltlicher Gebäude betrifft, scheinen die Este mehr Fresken in Auftrag gegeben zu haben als jede andere Herrscherfamilie, obgleich nur ganz wenige der Fresken in den Este-Schlössern erhalten sind. Glücklicherweise enthält Giovanni Sabadino degli Arientis um 1497 als Lob auf Herzog Ercole verfaßte Abhandlung *De Triumphis Religionis* eine detaillierte Beschreibung der Innenräume sämtlicher Este-Schlösser und -Villen. In einem Abschnitt zum Thema *magnificentia* wird die – mit einem »Berg von Gold« bezahlte – Pracht des auf dem flachen Land (acht Meilen von Ferrara entfernt) gelegenen Lustschlosses Belriguardo geschildert. Arienti erwähnt ein Gemach mit Porträts »kluger Männer mit kurzen, bemerkenswerten Maximen« und »einem Gemälde, das den antiken Herkules auf einem grünen Feld zeigt« – eine unmißverständliche Anspielung auf Ercole, den modernen Herkules. Offenbar sollte dieses Gemach auswärtige, auf der Durchreise befindliche Herrscher beeindrucken. Eine aufgemalte Tafel kündet jedenfalls davon, daß der Herzog von Mailand und der Herrscher von Bologna 1493 darin logierten. Ein anderes Gemach enthielt unterhaltsame Szenen aus dem Leben des »glücklichen, gelösten und ungezwungenen«, inmitten all seiner Höflinge abgebildeten Herzogs. Zwischen den öffentlichen und den privaten Gemächern des Palasts lag die vom »führenden Hofmaler« ausgeschmückte Sala di Psiche. Es ist überliefert, daß Ercole de' Roberti im Februar 1493 an Kartons für Fresken (es handelte sich mit ziemlicher Sicherheit um den Freskenzyklus für die Sala di Psiche) arbeitete, die er in Belriguardo anzubringen gedachte, und daß der Herzog ihm tagelang nicht von der Seite wich. Ercoles Sekretär konnte nicht verstehen, daß der Herzog auf diese Weise Stunde um Stunde »verschwendete«, anstatt Schach zu spielen, sich der Falknerei zu widmen oder auf die Jagd zu gehen.

Die auf den *Asinus aureus (Der goldene Esel)* von Lucius Apuleius (2. Jh.) zurückgehende Cupido- und Psycheserie gehörte vermutlich zu den berühmtesten Freskenzyklen der damaligen Zeit. Sabadinos Beschreibung zieht den Vergleich zwischen dem auf dem Fresko dargestellten Palast Cupidos und Ercoles Belriguardo: Cupido residiert in »einem Palast wie diesem, von sagenhafter Schönheit«. Die Fresken enthielten phantastische und ausgesprochen reizvolle Landschaften – Sabadino berichtet von einem gefährlichen Berg, grasigen Ebenen und schattigen Wäldern. Er stellt die Verbindung zu einem Gedicht (dem Ercoles Tochter Isabella gewidmeten *Innamoramento di Cupido e di Psiche (Die Verliebtheit von Cupido und Psyche)* von Niccolò da Coreggio her, welches dieselbe Begebenheit in »herrlichen, süßen Versen« schildert. Seine immer wiederkehrende Beteuerung, daß es sich um ein moralisches, durch den »Schleier der Poesie« verziertes Thema handle, deutet darauf hin, daß der Freskenzyklus durchaus eine sinnliche Note besaß. Ein anderes Gemach zierte eine eindeutig erotische Darstellung: *Die Triumphe des Hymenaios.* Höfische Auftragsarbeiten vom Ende des fünfzehnten Jahrhunderts zeugen davon, welcher Beliebtheit sich derartige Themen in aristokratischen Kreisen erfreuten. Ihre Themenstellung entspricht der Sinneslust, welche die Gärten dieser ländlichen Lustschlösser mit ihren plätschernden Brunnen, ihren Wohlgeruch verströmenden Zitrusgewächsen und Rosmarinbüschen und ihren freizügigen Skulpturen vermittelten.

103. Planimetrisches Stadtbild von Ferrara, die *Addizione Ercolea* zeigend, 1499. Holzschnitt, Biblioteca Estense, Modena.

Die Straßen der unter Ercole vorgenommenen Stadterweiterung verliefen rechtwinklig zueinander, die beeindruckendste Prachtstraße – die Straße der Engel – war an einigen Stellen 16 Meter breit. Auf der teilweise gesperrten Straße konnten die Höflinge ungestört promenieren.

104. Biagio Rossetti, Palazzo dei Diamanti, Ferrara, 1493–1504 (1567 fertiggestellt).

Der urbane Charakter der Bauwerke im Bereich der ferraresischen Stadterweiterung wurde durch den architektonischen Schmuck betont. Die hervorspringenden Ecken des an der Kreuzung der beiden bedeutendsten Straßen gelegenen Palazzo dei Diamanti wurden mit istrischem Stein und Reliefs verziert. Die plastische Wirkung der zu diamantenähnlichen Pyramiden zugespitzten Steinblöcke der Fassade kommt von diesem Standpunkt aus besonders gut zur Geltung.

Ercole de' Roberti wirkte später an einem der zahlreichen Freskenprojekte in Belfiore mit, dessen Audienzräume mit exotischen Tieren (das Haus Este bekam häufig exotische Tiere geschenkt), Keilern, Bären und Darstellungen von Wolfsjagden, höfischen Banketten, einem Wallfahrtszyklus und mehreren die Hochzeit Eleonoras und Ercoles darstellenden Bildern ausgemalt wurden. Die zentrale Stellung, die die Herzogin und ihre Hofdamen innerhalb der Bilder einnehmen, verweist darauf, daß dieser Palast einen »Damenhof« beherbergte. C. M. Rosenberg stellte die Vermutung an, daß der ideal – am Stadtrand neben dem Jagdgelände, dem *barco,* – gelegene Palast dazu diente, hochrangige Besucher unterzubringen, die ihre Weiterreise »tief beeindruckt« von der Gastfreundschaft des Hauses Este antraten.

Belfiore wurde in die »Addizione Ercolea« einbezogen – jene umfassende Stadterweiterung, die Ercole in den neunziger Jahren des fünfzehnten Jahrhunderts durch Biagio Rossetti (1447–1516) vornehmen ließ. Durch die Anlage eines ganz neuen Viertels im Norden Ferraras verdoppelte Ercole nicht nur die Größe seiner Stadt, sondern trug gleichzeitig den verteidigungstechnischen und wirtschaftlichen Erfordernissen Rechnung. Um 1493 war das Gebiet vor den Toren der mittelalterlichen, mit ihren Klöstern, Gärten und Villen an das große Jagdgelände der Este angrenzenden Stadt durch Straßen erschlossen und in Bauland parzelliert. Die Grundstücke wurden an führende Höflinge und andere Interessenten verkauft und waren um 1503 mit mindestens zwölf neuen Palästen und ebenso vielen Kirchen bebaut. Unter ihnen befand sich auch Rossettis Palazzo dei Diamanti, den Ercole angeblich für seinen Bruder Sigismondo im vornehmsten Viertel (nahe der Herzogsresidenz) errichten ließ. Die äußere Gestalt dieses Palastes mit seinen an Diamanten (ein Emblem des Haues Este) erinnernden, pyramidenförmigen Marmorblöcken zeugt von der Vorliebe des Herzogs für kostbare Materialien (Abb. 104). Nach Plänen von Francesco di Giorgio errichtete Verteidigungsanlagen verwandelten die neue »Renaissancestadt« Ferrara laut Ariosto in eine »auserlesene Festung«. Ariostos treffliche Wortwahl faßt Ercoles Idealvorstellungen von Schönheit und Nützlichkeit, Eleganz und Männlichkeit prägnant zusammen. In dieser Stadt schrieb Ariosto sein berühmtes (1516, 1521 und 1532 in drei verschiedenen Fassungen veröffentlichtes) Epos *Orlando Furioso (Der rasende Roland)* und Ferrara war auch der Schauplatz seiner satirischen Komödie *La Lena* (*Lena*) aus dem Jahr 1528. Während in *Orlando Furioso* Artussage und dynastische Verherrlichung zu einem brillanten Epos verschmelzen, verkaufen in *La Lena* herzogliche Wildhüter im Schatten des Borsodenkmals heimlich gewilderte Fasane aus den Ländereien der Este.

6. Kapitel

Die Kunst der Diplomatie: Mantua und die Gonzaga

Als Papst Pius' II. anläßlich des Konzils von 1459/1460 feierlich in Mantua Einzug hielt, war dies ein triumphaler Erfolg der Diplomatie. Herrscher und hohe geistliche Würdenträger aus ganz Europa strömten herbei und jeder einzelne führte ein beachtliches Gefolge von Gesandten, Humanisten, Höflingen und Diplomaten mit sich. Das vom Papst zur Organisation eines Kreuzzugs gegen die Türken einberufene Konzil bot Markgraf Ludovico Gonzaga (Abb. 106) eine einzigartige Gelegenheit, durch großzügige Gastfreundschaft das internationale Ansehen seiner Dynastie zu steigern. Seine hochgeachtete deutsche Gemahlin, Barbara von Brandenburg (Abb. 107), eine Enkelin des Kurfürsten Friedrich I. von Hohenzollern, hatte sich sehr dafür eingesetzt, daß Mantua zum Tagungsort des Konzils gewählt wurde. Von höherer Abstammung als der mit ihr vermählte »kleine Markgraf«, hatte Barbara ihre Beziehungen zur hohenzollerischen Verwandtschaft spielen lassen und vor allem ihren Onkel, den Markgrafen Albert eingeschaltet, der Barbaras Worten zufolge »am Hofe Kaiser Friedrichs III. besonders gern gesehen war«. Nachdem bekannt geworden war, daß der Papst tatsächlich die kleine norditalienische Stadt als Versammlungsort auserkoren hatte, brach man bei Hofe in fieberhafte Aktivitäten aus. Luca Fancelli, ein seit 1450 in Mantua weilender Florentiner Ingenieur und Steinmetz, begann, die alte Gonzagafestung zu einer prachtvollen Fürstenresidenz umzugestalten, während der beeindruckende Palastkomplex des Corte für den Papst und dessen Gefolge hergerichtet wurde.

Der päpstliche Hof traf im Jahr 1459 ein und hielt sich acht Monate lang in Mantua auf. Während der Papst und sein Hofstaat in den Genuß der eleganten Gemächer – unter anderem der großen Sala del Pisanello, der »weißen Suite« und der »grünen Suite« – des Corte kamen, zogen sich Ludovico und Barbara samt ihrem Gefolge in die engen, durch den Dreck und Lärm der Handwerker beeinträchtigten Räumlichkeiten des Castello zurück. Mit dem Papst kam auch der berühmte

105. Leonardo da Vinci,
Isabella d'Este, 1499-1500,
Porträtzeichnung, 46 x 36 cm,
Louvre, Paris.

Leonardos Bildnis zeigt Isabella d'Este, die Gemahlin Francesco Gonzagas. Eine Kopie dieser vorbereitenden Studie beziehungsweise ein in Oxford verwahrter »Karton« belegen, daß Isabella ursprünglich ein Buch in ihrer Hand hielt – die Zeichnung wurde rundum zurechtgestutzt. Die durchstochenen Linien des Kartons zeugen von dessen Übertragung – Isabella liebte dieses Bildnis und ließ mehrere Kopien davon anfertigen.

106. Andrea Mantegna, Camera Picta: Der Bildausschnitt aus der höfischen Szene stellt das Porträt Ludovico Gonzagas dar, 1465–1474, Palazzo Ducale, Mantua.

107. Andrea Mantegna, Camera Picta: Der Bildausschnitt zeigt das Porträt Barbara von Brandenburgs, der Gemahlin Ludovico Gonzagas, 1465–1474, Palazzo Ducale, Mantua.

Kunsttheoretiker und Humanist Leon Battista Alberti (in seiner Funktion als päpstlicher Abbreviator) nach Mantua und blieb auch nach der Abreise des Papstes noch für einige Monate in der Stadt. 1463, 1470 und 1471 kehrte er jeweils für längere Zeit nach Mantua zurück, um die Bauarbeiten an den beiden großen Kirchen San Sebastiano und Sant'Andrea zu überwachen. Unglücklicherweise weilte Ludovicos Hofmaler Andrea Mantegna, obwohl er im Januar 1457 eingewilligt hatte, an den Hof des Markgrafen zu kommen, immer noch in Padua. Kaiser Friedrich III. kam – entgegen aller anderslautenden Versprechungen – ebenfalls nie nach Mantua.

Der Papst wußte die großartige Gastfreundschaft des Hauses Gonzaga wohl zu schätzen. Die Stadt Mantua gefiel ihm allerdings weniger; er fand sie ungeheuer feucht und ungesund (große Teile des päpstlichen Gefolges erkrankten an Fieber), auch fühlte er sich von den schmutzigen Straßen abgestoßen und durch das ununterbrochene Gequake der in den umliegenden Sümpfen lebenden Frösche gestört. In der Tat war Mantua damals alles andere als attraktiv. Die kleine, neben dem benachbarten Venedig und Mailand vergleichsweise arm wirkende Stadt lag mitten in einem Seen- und Sumpfgebiet (häufig wurde die Stadt von Malaria heimgesucht). Nichtsdestotrotz verfügte die Stadt über ein fruchtbares Hinterland, und Ludovicos Vorfahren hatten früh erkannt, daß sie das Ansehen ihres Hofes steigern konnten, indem sie ihre bescheidenen – durch ihre Verdienste als *condottieri* aufgebesserten – Einkünfte in Architektur, Wissenschaft und Kunst investierten.

Zunächst ließen sie den – zwei Paläste der 1328 durch die Gonzaga entmachteten Familie Bonacolsi umfassenden – Gebäudekomplex des Corte herrichten. Unter den vielen ausgemalten Gemächern verdient besonders die Sala del Pisanello Erwähnung – ein großer Saal, dessen unvollständige, von Pisanello gefertigte Wandmalerei eine Begebenheit aus der Artussage (Abb. 108) zum Gegenstand hat. Vermutlich handelte es sich hierbei um das erste größere Werk, das Pisanello um 1447/1448 für Ludovico malte und bei seinem Aufbruch nach Neapel unvollendet zurückließ. Ein Großteil des Gemäldes gelangte in der Tat nie über das Stadium der Vorzeichnung, der *Sinopie,* hinaus. Das der Ritterwelt entnommene Motiv eines großartigen Turniers und Banketts paßte vortrefflich zu den Idealen, welchen der junge *condottiere* Ludovico huldigte, der überdies – samt seiner Gemahlin – Mitglied des angesehenen deutschen Schwanenritterordens war. Das Gemälde zeigt Ludovico und seinen Vater Gianfrancesco inmitten der Helden von König Artus' Tafelrunde. Die Fresken wurden wohl als ebenso reizvoll und unterhaltsam empfunden wie die umfangreiche Sammlung französischer Ritterromane in der Gonzaga-Bibliothek.

Im Lauf der folgenden zehn Jahre erwarb Ludovico im Dienste Mailands ein beachtliches Ansehen als *condottiere.* Wohl war er kein so brillanter Kämpfer wie Federico da Montefeltro

108. **Antonio Pisano, genannt Pisanello,** *Turnier* (Detail), ca. 1447–1448, Fresko, Palazzo Ducale, Mantua.

und auch nicht so furchtlos wie Sigismondo Malatesta – ersterer schmückte seinen Palast mit einer Reihe von Wandteppichen mit Szenen aus dem Trojanischen Krieg, während letzterer als Motiv für seine Wandbehänge die Schlachten Karls des Großen wählte. Doch hüteten die Gonzaga eine heilige Reliquie, die in ihren Augen ebenso wertvoll war wie der heilige Gral, jener Kelch, der angeblich das Blut Christi enthielt, und sie auf eine Stufe mit den Rittern stellte, deren Turnier sie begeistert aufgegriffen hatten. König Alfons von Aragon, der »Krieger-König«, gab vor, den wahrhaftigen heiligen Gral – in Gestalt eines zweischaligen, in Gold gefaßten, mit Rubinen, Perlen und Smaragden besetzten Sardonyxkelches – zu besitzen. Die in Mantua verwahrte Reliquie zum »Heiligen Blut« bestand aus ein paar wenigen Tropfen, denen wundertätige Heilskräfte zugeschrieben wurden. Diese Blutstropfen stammten angeblich von jener Lanze, die der römische Hauptmann Longinus dem gekreuzigten Jesus in die Seite stieß (die Lanze wurde in der mythischen Gralsburg aufbewahrt). Die im sechsten Jahrhundert verfaßte Chronik von Stefano Gionta erzählt dies folgendermaßen: »Dieser Longinus [ein Konvertit] kam in die Stadt Mantua... Er stieg in einem Armenhaus ab, das sich genau an der Stelle befand, an der heutzutage die Kirche Sant'Andrea steht... Im Obstgarten dieses Armenhauses vergrub er das Gefäß mit den Blutstropfen Christi.« Die mit dieser Reliquie ver-

109. Leon Battista Alberti, Blick in das Schiff von Sant' Andrea, Mantua, Grundsteinlegung 1472, Fertigstellung von Schiff und Portikus 1494.

Alberti entwarf Sant' Andrea unter Anspielung auf jene Legende, wonach Mantua durch die Etrusker gegründet wurde, im Stile eines etruskischen Tempels – eines *templum etruscum* – (wie ihn Vitruv in seiner Architekturlehre beschrieb). Das Schiff verfügt über ein riesiges, mit Kassetten ausgeschmücktes Tonnengewölbe, das auch die jeweils drei auf beiden Seiten angrenzenden Kapellen ziert.

bundene Verehrung war den Gonzaga derart wichtig, daß sie sie auf ihren sämtlichen Silbermünzen, Medaillen sowie dem ersten Golddukaten abbilden ließen.

Der Besuch des Papstes lieferte Ludovico einen weiteren Anlaß, Mantua zu einem der eindrucksvollsten Zentren der kleineren italienischen Stadtstaaten zu machen. Nachdem ihm über Mittelmänner zu Ohren gekommen war, was der Papst an seiner Stadt auszusetzen hatte, machte er sich unverzüglich an die Beseitigung der kritisierten Mißstände und ließ als erstes den im Morast versinkenden Marktplatz pflastern. Mit Sicherheit hat Ludovico mit Alberti und Pius II. in Mantua eine ganze Reihe städtebaulicher Probleme erörtert. Pius II. war eifrig bemüht, seine kleine Geburtsstadt Corsignano in eine »ideale Stadt« im humanistischen Sinne zu verwandeln und in Pienza umzubenennen. Ludovicos Faszination galt theoretischen und praktischen Problemen der Architektur. Filarete ließ den »höchst gebildeten« Herrscher Mantuas in seiner Abhandlung über Architektur (1461–1462) folgendes verkünden: »Auch mir gefielen einst moderne Gebäude, doch als ich die in antikem Stil errichteten Bauten schätzen lernte, begann ich die modernen alsbald zu verachten...«. Fancelli, mit dem Ludovico eng zusammenarbeitete, war mit der Aufsicht über sämtliche Details an Albertis Bauprojekten in Mantua betraut.

Der Palazzo del Podestà wurde nach Plänen Albertis restauriert. Die Bauarbeiten an Albertis nie vollendetem Tempel, San Sebastiano, setzten ein. Inmitten der Stadt wurde – nachdem der Abt mehr als zehn Jahre lang erbitterten Widerstand geleistet hatte – das Kloster Sant'Andrea zu einem würdigeren Aufbewahrungsort für die Reliquie zum Heiligen Blut umgestaltet. Albertis Entwurf von 1470 ersetzte frühere Pläne des Florentiner Architekten Manetti. In einem Schreiben an Ludovico bezeichnete Alberti seinen eigenen Entwurf als in jeglicher Hinsicht besser geeignet: »Mein Bauwerk wird geräumiger, zeitloser, würdiger und prächtiger sein. Außerdem wird es viel weniger kosten«. Der riesige, teilweise Konstantins römischer Maxentiusbasilika nachempfundene Innenraum (Abb. 109) sollte die Pilgerscharen aufnehmen. Die turmhohe Gestalt der Kirche – deren Fassade einen Triumphbogen enthielt – verlieh dem Stadtbild ein neues Gesicht und lenkte den Blick auf die in nächster Nähe gelegene Residenz. Nachdem nicht mehr die Benediktiner, sondern Kardinal Francesco, Ludovicos Sohn, die Oberaufsicht über das Kloster ausübte, bemächtigte sich das Haus Gonzaga auch der Einkünfte des Klosters sowie dessen Ländereien.

Die ehrgeizigen Pläne Andrea Mantegnas, die auf das engste mit jenen seiner Auftraggeber aus dem Hause Gonzaga verbunden waren, fanden in Sant'Andrea ebenfalls Erfüllung (Abb. 110). Am 11. August 1504 stellte man ihm in Sant'Andrea eine Grabkapelle zur Verfügung, die seinem Wunsch gemäß mit Ornamenten, Skulpturen und Gemälden ausgeschmückt wurde. Andrea Mantegna erwarb sogar das hinter der Kapelle gelegene Nachbargrundstück, um sicherzustellen, daß das Tageslicht stets ungehindert durch das Rundfenster eindringen konnte. Mantegnas Grabkapelle belegt auf eindrucksvolle Weise, welches Ansehen der Künstler genoß, als er 1506, nach sechsundvierzig Jahren im Dienste der Gonzaga, verstarb. Gleichzeitig zeugt sie von seinem ständigen Streben nach öffentlichem Ruhm und Anerkennung. Im Jahr 1469 ersuchte er Kaiser Friedrich III. um die Verleihung der Pfalzgrafenwürde (Ludovicos Sekretär notierte voller Ironie: »Er hofft, den Titel ohne Gegenleistung zu bekommen«), und in den achtziger Jahren des fünfzehnten Jahrhunderts wurde er möglicherweise durch Francesco Gonzaga zum Ritter geschlagen. Mantegna setzte Kupferstiche seiner Entwürfe in Umlauf, um seine Arbeiten über den Hof hinaus bekannt zu machen. Er errichtete sich einen eigenen *palazzo* im Stil eines römischen Hauses (Abb. 28) – ein ehrgeiziges Projekt, das ihn fast finanziell ruiniert hätte. Obwohl er als Künstler »über Mantua herrschte«, fungierten nur seinesgleichen als Zeugen seines Testaments – mit Ausnahme seines engen Freundes, des Hofdichters und Leibarztes Battista Fiera, handelte es sich durchweg um Handwerker. Mantegnas Sohn scheint Markgraf Francesco (Ludovicos Enkel) gar Vorwürfe gemacht zu haben, weil er dem berühmten Künstler auf seinem Totenbett nicht die Ehre eines Besuches erwies.

Andrea Mantegna – Malerfürst in höfischen Diensten

Bald nach Pisanellos Tod hatte Andrea Mantegna um 1455 die Position eines Hofmalers angeboten bekommen. Markgraf Ludovico dürfte Mantegnas Werk am nahegelegenen Hof von Ferrara kennengelernt und aus den überall zirkulierenden Lobschriften der Humanisten von Mantegnas Ruhm erfahren haben. Als Ludovico schließlich nicht mehr hoffte, Mantegna jemals zur Abreise aus Padua bewegen zu können, begann er mit einem anderen, ebenfalls dem Haus Este verbundenen Künstler namens Michele Pannonio zu verhandeln. Nichtsdestoweniger schien Andrea Mantegna für den gebildeten Ludovico der geeignete Maler zu sein. Der Markgraf war in Vittorino da Feltres Casa Giocosa – in der berühmten, bereits von seinem Vater gegründeten Schule – unterrichtet worden. Leon Battista Alberti hatte bei der Abfassung seine Gianfrancesco Gonzaga gewidmeten *Drei Bücher über die Malerei* vermutlich die Casa Giocosa vor Augen – zählte sie doch zu jenen wenigen Einrichtungen, in denen man seine gelehrten Anspielungen auf die antike Rhetorik, Philosophie, Dichtung und Geschichte unter gleichzeitiger Betonung von handwerklichen Fertigkeiten, Mathematik und Geometrie angemessen nachzuvollziehen vermochte. Mantegna teilte Ludovicos große Begeisterung für die Antike und war bestrebt, Albertis Gedanken in die Tat umzusetzen und weiterzuentwickeln. Als während Mantegnas erstem Jahrzehnt bei Hofe die drei Männer in Mantua zusammentrafen, diskutierten sie vermutlich über ikonographische Entwürfe.

110. Leon Battista Alberti, Außenansicht von Sant' Andrea, Mantua. Der Portikus wurde 1494 vollendet.

Am 15. April 1458 bot Ludovico Mantegna gegen »fünfzehn Dukaten Monatslohn, die Stellung einer Wohnung für Euch und Eure gesamte Familie, jedes Jahr genug Nahrungsmittel für sechs sowie eine ausreichende Menge Brennholz«. Mantegna nahm bereitwillig an, bat sich jedoch eine Frist von sechs Monaten aus, um bereits begonnene Arbeiten zum Abschluß bringen zu

können. Ludovico willigte ein und fügte gar hinzu: »Nehmt Euch ruhig sieben oder acht Monate Zeit, damit Ihr alles in Ruhe zu Ende bringt und Euch dann voll und ganz auf Eure Tätigkeit hier an meinem Hofe konzentrieren könnt«. Am 23. Januar 1459 erhielt Mantegna eine Bahn silberbestickten Samtdamast zur Anfertigung eines prächtigen Hofkleides. Sieben Tage später wurde er offiziell zum *carissimum familiarem nostrum*, zum Mitglied des Hofstaats, erklärt und zur Führung des Wappenschilds der Gonzaga sowie des Sonnenemblems mit dem Motto *par un [sol] désir* berechtigt. Dies stellte, um Ludovico zu zitieren, »das geringste Entgelt« dar, das Mantegna erwarten durfte. Im Frühjahr 1460 schließlich legte in Mantua ein »kleines Schiff« ab, um bald darauf mit Mantegna, seiner Familie und ihrem Hab und Gut zurückzukehren.

Die erste größere Arbeit, der Mantegna sich nach seiner Ankunft widmete, bestand in der Ausmalung der Gonzagakapelle in den Privatgemächern des unlängst umgebauten Castello di San Giorgio. Die Kapelle war nach Mantegnas Angaben errichtet worden, und der Künstler hatte sich möglicherweise in der Mitte des Jahres 1459 kurze Zeit in Mantua aufgehalten, um den Bau zu begutachten. Für Statik und Innenarchitektur war Fancelli zuständig. Mantegna begann vermutlich 1460 mit der Ausmalung und fertigte während der folgenden zehn Jahre immer wieder einzelne Tafelbilder an. Diese – am ehesten mit der Capella del Perdono in Urbino vergleichbare – Kapelle wurde im sechzehnten Jahrhundert zerstört. Die drei in den Uffizien zu Florenz unter der Bezeichnung »das Triptychon in den Uffizien« verwahrten Tafelbilder werden seit geraumer Zeit mit der Gonzaga-Kapelle in Zusammenhang gebracht. Eines der Bilder, die *Anbetung der Könige*, scheint auf die Ausmaße der Altarnische zugeschnitten worden zu sein. Kupferstiche der *Kreuzabnahme* sowie der *Grablegung mit vier Vögeln* (auf diesem Stich ist auch der heilige Longinus zu sehen) scheinen ebenfalls auf verlorene Gemälde für die Kapelle zu verweisen.

Mantegnas Kapellenbilder dürfen als typische Beispiele höfischer Kunst gelten: Sie sind kleinformatig – das größte mißt 75,6 x 73,7 cm –, stark dekorativ und von unzähligen zierlichen Personen bevölkert. Der architektonische Hintergrund der Beschneidung Christi zeugt mit seinen glänzenden Marmorflächen, seinen Stukkaturen und vergoldeten Bronzereliefs besonders eindrucksvoll davon, wie hervorragend Mantegna den *All'antica*-Stil beherrschte. Ganz offensichtlich war er zu Beginn seiner höfischen Karriere sehr darauf bedacht, die in ihn gesetzten Erwartungen zu erfüllen. Sämtlichen Bildern lagen detaillierte, sorgfältig gezeichnete Kartons zugrunde, und eine zusätzlich aufgetragene Firnis sollte den Farben besonderen Glanz verleihen. Einige Jahre zuvor war Mantegna in Padua wegen seiner kühnen, individuellen Malweise kritisiert worden – er hatte es gewagt, in seinem Fresko *Himmelfahrt Mariä* lediglich acht der insgesamt zwölf Apostel darzustellen. In seiner in

111. Andrea Mantegna,
Camera Picta: Gesamtansicht mit Blick auf die nördliche und westliche Wand sowie auf die Decke, 1465–1474,
Maße: 8 x 8 x 6,9 m, Palazzo Ducale, Mantua.

Der kleine, quadratische Raum im nordöstlichen Eckturm des Castello di San Giorgio wurde zunächst umgebaut, bevor Mantegna ihn ausmalte. Die Decke ist erhöht worden und zwei Fenster mußte man versetzen, damit das Tageslicht die Fresken wie gewünscht zur Geltung brachte. In die Westwand hat man eine zusätzliche Tür eingefügt. In der südöstlichen Ecke stand vor Mantegnas aufgemalten, goldbestickten Wandbehängen einst ein breites Himmelbett.

112. Andrea Mantegna,
Camera Picta: Der *oculus* (Rundfenster), 1465-1474, Palazzo Ducale, Mantua.

Aus der runden Deckenöffnung blicken höfische Damen, Putti, ein Pfau und ein Mohr auf den Betrachter herab. Dies könnte als spielerische Warnung vor irdischer Eitelkeit - *vanitas* - interpretiert werden. Die mythologischen Gestalten des Deckengewölbes und die kaiserlichen Brustbilder dienten Ludovico vielleicht als Ausgangspunkt für zwanglose Plaudereien. Forderten die mythologischen Gestalten dazu auf, über die von ihnen verkörperten Tugenden zu diskutieren, so diente das Rundfenster ausschließlich der Unterhaltung – ein Bravourstück illusionistischer Malerei .

Mantua gemalten *Himmelfahrt Christi* drängen sich hinter der zentralen Personengruppe pflichtschuldig vier weitere Apostel, von denen allerdings nur Teile des Kopfes bzw. der Schultern zu sehen sind.

1465 begann Mantegna mit der Ausmalung eines kleinen, quadratischen Raumes im ersten Stock des Castello – dieses Datum ist so raffiniert in die Wölbung eines der Fenster gemalt worden, daß es wie ein in den Putz eingeritztes Sgraffito wirkt. Fast zehn Jahre später waren die Arbeiten an der – auch unter der Bezeichnung Camera degli Sposi bekannten – Camera Picta abgeschlossen (Abb. 111): Mantegnas Widmungskartusche für Ludovico Gonzaga und dessen Gemahlin Barbara von Brandenburg trägt die Jahreszahl 1474. Zuallererst malte Mantegna das phantastische illusionistische Deckenfresko mit seinen vermeintlichen Marmorbüsten, kunstvollen Stukkaturen, funkelnden Goldmosaiken und dem berühmten *oculus* – einer im Scheitelpunkt des Gewölbes vorgetäuschten, den Blick auf einen Sommerhimmel freigebenden runden Öffnung (Abb. 112). Anschließend porträtierte er die in einer Gartenloggia unmittelbar über dem Kamin an der Nordwand versammelte Familie Gonzaga samt ihres Hofstaats (und Ludovicos Lieblingshund Rubino), verzierte dann die südliche und östliche Wand mit aufgemalten, goldbestickten Vorhängen und die Westwand mit der Begegnungsszene zwischen Ludovico und dessen Sohn Francesco (Abb. 113).

Diese unlängst zu neuem Glanz erweckten Fresken vermitteln uns einen außergewöhnlich genauen Einblick in die in sich geschlossene höfische Welt der Dynastie Gonzaga und künden auf bemerkenswerte Weise von Mantegnas *virtù*. Auf den ersten Blick scheint es sich um ein wundervoll »naturalistisches« und liebevoll ausgeführtes Porträt des berühmten Markgrafen und seiner Gemahlin inmitten ihrer Familie, engsten Beratern, höfischen Favoriten, Pferden und Bediensteten zu handeln (Abb. 114). Bei näherer Betrachtung stellt man jedoch fest, daß dem Gemälde gleichzeitig ein ausgeklügeltes politisches Programm zugrundelag. Dies geht aus dem Bericht eines Botschafters von 1475 hervor, der Ludovico davon in Kenntnis setzt, daß Herzog Galeazzo Maria Sforza beanstandet hatte, sein Porträt nicht im »schönsten Raum der Welt« sehen zu können. Galeazzo Marias eigenen Worten zufolge trug die Tatsache, daß die »niederträchtigsten Menschen der Welt«, König Christian von Dänemark und Kaiser Friedrich III. (die seinen beabsichtigten Erwerb eines Königstitels vereitelt hatten), abgebildet worden waren, nicht gerade dazu bei, die erlittene Schmach zu mindern. Ludovico wendete einen kleineren diplomatischen Zwischenfall taktvoll ab, indem er kurzerhand behauptete, Mantegnas Porträts ließen an Anmut zu wünschen übrig, und er habe Galeazzo Maria – der bereits ein von Mantegna gemaltes Porträt aus Wut verbrannt hatte – nicht erzürnen wollen. Galeazzo Maria scheint sich vordergründig mit dieser Erklärung beschieden zu haben – zum damaligen Zeitpunkt lagen bereits die Entwürfe für ein Fresko in seinem Mailänder Palast vor (1474), das Ludovico auf eine Ebene mit dem Markgrafen des Zwergstaates Monferrato stellte!

Die ursprüngliche, vornehme Bestimmung dieses Raumes liefert den Schlüssel zu den verborgenen Anspielungen der Fres-

113. Andrea Mantegna, Camera Picta: Der Bildausschnitt zeigt das Treffen Ludovicos mit seinem zum Kardinal berufenen Sohn Francesco (Westwand), 1465–1474, Palazzo Ducale, Mantua.

114. Andrea Mantegna,
Camera Picta: Dargestellt wird in diesem Bildausschnitt die Familie des Markgrafen Ludovico II. Gonzaga (Nordwand), 1465–1474, Palazzo Ducale, Mantua.

Die höfische Szene präsentiert offensichtlich Ludovico Gonzaga und (die sitzende) Barbara von Brandenburg, Ludovichino und Paola (den jüngsten Sohn und die jüngste Tochter) mit Gianfrancesco (dem dritten Sohn) in ihrer Mitte, Rodolfo (den vierten Sohn) sowie Barbara (die älteste Tochter), hinter ihrer Mutter stehend. Die anderen Personen stellen vermutlich bedeutende Sekretäre und Ratgeber, eine Amme, eine Zwergin sowie zur Rechten wichtige Amtsträger und Höflinge dar.

ken. In der ersten Etage des ältesten Teils des Castello gelegen, diente dieses Zimmer gleichzeitig als Schlafgemach Ludovicos und als Audienzraum, in dem Ludovico wichtige Besucher – Fürsten, Botschafter und Diplomaten – sowie seine engsten Ratgeber und Verwalter empfing. Ein kleiner, in die westliche Mauer, hinter Mantegnas aufgemalten, goldbestickten Vorhängen eingelassener Wandschrank diente vermutlich zur Aufbewahrung wichtiger Briefe, Urkunden und der markgräflichen Schlüssel (einschließlich jener für die Kapelle zum Heiligen Blut). Dieser Umstand könnte erklären, warum Briefe in den Gemälden dieses Raumes eine zentrale Rolle spielen. Die in den oberen Feldern der Wände abgebildeten Gonzagaembleme sowie das über dem südlichen Türsturz angebrachte Wappenschild unterstreichen den zeremoniellen und dynastischen Charakter des Raumes.

Untersuchungen des italienischen Wissenschaftlers Signorini zufolge stellt die höfische Szene die Aushändigung jenes – auf den 30. Dezember 1461 datierten und heute im Staatsarchiv verwahrten – Schreibens dar, mit dem die Herzogin von Mailand Ludovico dringend um Beistand ersuchte. Ludovico – damals Söldnerführer der mailändischen Truppen – wurde in dem Brief von Herzog Francesco Sforzas schwerer Erkrankung unterrichtet. Im Falle seines Todes könnte – so die Herzogin – ein Umsturzversuch gegen die Sforza drohen und der militärische Beistand Ludovicos benötigt werden. Als Ludovico den Brief erhielt, brach er unverzüglich nach Mailand auf und traf sich bei Bozzolo, an der Grenze zwischen der Markgrafschaft Mantua und dem Herzogtum Mailand, mit seinen Söhnen Francesco und Federico (seinem Thronerben). Francesco war erst vor kurzem – am 22. Dezember 1461 – in den fürstlichen Kardinalsrang erhoben worden – ein bedeutendes Ereignis für die Dynastie Gonzaga und das wichtigste Resultat von Papst Pius' II. Aufenthalt in Mantua. Auf dem Gemälde sind weiterhin König Christian I. von Dänemark, der Schwager Barbaras von Brandenburg, sowie Kaiser Friedrich III. (Mantuas Lehensherr) zu sehen, die bei dem dargestellten Treffen in Wirklichkeit nicht zugegen waren. Die beiden abgebildeten Söhne Sigismondo und Francesco waren zu dieser Zeit noch gar nicht geboren. Eine tatsächliche Begebenheit wurde zum Anlaß genommen, um die Dynastie Gonzga als solche zu verherrlichen und ihre Beziehungen zu Kaiser und Papst triumphierend zur Schau zu stellen.

Mantegnas höfisches Fresko wurde dazu eingesetzt, fremde Abgesandte zu beeindrucken und die heiratsfähigen Töchter des Hauses Gonzaga (Abb. 115) anzupreisen. Galeazzo Maria Sforza, der zwei Gonzagatöchter wegen angeblicher angeborener Mißbildungen als Heiratskandidatinnen abgelehnt hatte, entflammte aufgrund eines Porträts, das er von Barbara hatte anfertigen lassen und das ihn offensichtlich »verrückt machte« (obwohl er bereits Bona von Savoyen die Ehe versprochen hatte), zu heftiger Leidenschaft. Das höfische Fresko präsentierte durchreisenden Botschaftern auch eine Darstellung von Ludovicos Tugenden als *condottiere* – an allererster Stelle seine Treue gegenüber jenen, »denen er sich mit seiner Person und seinem Staatswesen verpflichtete«.

Der *Triumph Caesars* war das zweite Kunstwerk von überragender Bedeutung, das Mantegna zwischen 1484 und den späten neunziger Jahren des fünfzehnten Jahrhunderts im Dienste der Gonzaga anfertigte (Abb. 116). Der herrliche Zyklus aus neun Leinwandbildern feiert die militärischen Erfolge Julius Cäsars in »Bildern, die fast lebendig sind und zu atmen scheinen« – so beschrieb sie Markgraf Francesco Gonzaga. Bis heute liegen keine eindeutigen Hinweise darauf vor, welcher Gonzaga dieses großartige Kunstwerk in Auftrag gab und wo die Bilderserie ursprünglich aufgehängt werden sollte. Federico Gonzaga, der 1478 Ludovicos Nachfolge als Markgraf antrat, scheint die wenige Zeit, die ihm zwischen seinen Feldzügen verblieb, auf den Bau eines neuen Palastes, des Domus Novus, und auf die dringend notwendige Instandsetzung und Renovierung der Corte Vecchia verwendet zu haben; im Herbst 1480 war eine Wand seines Schlafgemachs eingestürzt, und im Dezember fiel in der Sala del Pisanello ein Teil der Decke herab.

Anders als die Camera Picta enthält der *Triumph Caesars* lediglich allgemeine Anspielungen auf die Dynastie Gonzaga – offensichtlich hatte man Mantegna bei der Ausführung freie Hand gelassen und nicht wie üblich einen detaillierten Auftrag

115. Andrea Mantegna, Camera Picta: Abgebildet wird in diesem Bildausschnitt Barbara, die älteste Tochter Ludovico Gonzagas, 1465–1474, Palazzo Ducale, Mantua.

erteilt. Die wenigen bildhaften Anspielungen – der kaiserliche Adler (den die Gonzaga mit Erlaubnis Kaiser Sigismunds in ihr Wappenschild aufnehmen durften) und die Knappen in ihren rotweißen Livreen – lassen sich nicht ausschließlich mit dem Haus Gonzaga in Verbindung bringen. Dessenungeachtet fand die Bilderserie sofort die Zustimmung der gesamten Familie. Der junge Markgraf Francesco Gonzaga könnte unmittelbar erfaßt haben, daß Mantegnas wunderbar erfinderische antike *maniera* unweigerlich zur Vermehrung seines Ansehens beitragen würde.

1484 war Francesco im Alter von achtzehn Jahren Federico auf den Markgrafenthron gefolgt. Andrea Mantegna, der bei jedem Herrscherwechsel um seine Anstellung bangte, schrieb wenige Wochen später an Lorenzo de' Medici nach Florenz: »Das Wesen des neuen Herrschers läßt all meine Hoffnungen wieder aufleben, da er sehr auf die Darstellung seiner Tugend, seiner *virtù*, bedacht zu sein scheint«. Aus der Korrespondenz, die Mantegna während Federicos Regierungszeit regelmäßig mit Lorenzo de' Medici unterhielt – er bat darin um finanzielle Unterstützung und übersandte einige Gemälde als diplomatische Geschenke (Federico stand im Sold der Florentiner), läßt sich ersehen, daß er während dieser Jahre alles andere als glücklich war. Als Lorenzo de' Medici Mantegna 1483 in seinem Stadthaus besuchte, bot dieser ihm vermutlich seine Dienste an. Mantegnas fortwährende Befürchtungen schienen jedoch dadurch zerstreut zu werden, daß der neue Markgraf ihm seinen lang gehegten Wunsch erfüllte, indem er ihn zum Ritter schlug und ihm möglicherweise den zeitlich unbegrenzten Auftrag zur Anfertigung des *Triumphs Caesars* erteilte. Beide Maßnahmen trugen dazu bei, daß der ehrwürdige Meister sich im Dienste der Gonzaga wieder wohlfühlte und ein Ziel vor Augen hatte.

Mantegna, der sich mittlerweile bei Hofe gut auskannte, wußte bald, wie er den neuen Herrscher zu nehmen hatte, der gerne unterhalten werden wollte (Zwerge und Possenreißer erfreuten sich seiner besonderen Gunst) und eine ausgesprochene Vorliebe für Rennpferde und militärische Ausrüstungsgegenstände entwickelte. Als Francesco ihn für zwei Jahre freistellte und nach Rom entließ, damit Mantegna im Auftrag Papst Innozenz' VIII. eine Kapelle im Vatikan ausmalen konnte, huldigte er in seinen Briefen dem jungen Markgrafen unter Zuhilfenahme all seiner »schwachen Geistesgaben« und ersuchte ihn um weitere Auszahlung seines Gehalts. Die Angst, daß die »Biene« während ihrer Abwesenheit vom »Bienenstock« keinen Honig mehr bekommen könne, scheint Mantegna während dieser beiden Jahre stets verfolgt zu haben. Geschickt vergleicht er sich mit einem Rennpferd, um Francesco deutlich zu machen, welchen Ruhm er sich von seiner Tätigkeit in Rom erhofft: »Wie bei einem Berberpferd gewinnt jener das Band, der als erster im

116. Andrea Mantegna, *Triumph Caesars*, ca. 1484 bis späte neunziger Jahre des fünfzehnten Jahrhunderts, Bild II: Erbeutete Statuen und Belagerungsmaschinen, Öl auf Leinwand, 270 x 270 cm, Hampton Court, London.

Mantegnas großartige Bildserie verdankt ihre Motive sowohl bildlichen und literarischen Quellen aus dem Altertum (im vorliegenden Fall sind die riesigen Statuen, die hölzernen Modelle der eroberten Städte und die Beutestücke insbesondere den Schilderungen Livius' nachempfunden) als auch zeitgenössischen Beschreibungen klassischer Triumphzüge und Siegesfeiern des fünfzehnten Jahrhunderts. Die Höflinge Ludovicos deuteten den Anhänger mit dem Markuslöwen, den das Pferd um den Hals trägt, wahrscheinlich als Anspielung auf Francesco Gonzagas Oberbefehl über die venezianischen Truppen. Die von der »Verspottung und Überwindung des Neides« kündende Inschrift klingt ebenfalls wie ein zeitgenössisches Motto. Hinter dem General hoch zu Roß hat Mantegna möglicherweise sein eigenes Porträt eingearbeitet. Die insgesamt neun Bilder hingen in Francescos 1506 neu erbautem Palazzo di San Sebastiano und stellten eine prächtige Erinnerung an die ruhmreiche Antike dar.

117. Andrea Mantegna,
Madonna della Vittoria, 1496,
Tempera auf Leinwand,
280 x 160 cm, Louvre, Paris

Ziel eintrifft – und ich muß dieses Band unbedingt gewinnen«. Anschließend läßt er Francesco eine lustige verbale Karikatur vom Bruder des Sultans zukommen, der als Gefangener am päpstlichen Hofe lebte.

Der glorreiche Sieg, den Francesco in der Schlacht von Fornovo am 6. Juli 1495 über die Truppen Karls VIII. davontrug, inspirierte Mantegna zu dem Votivbild *Madonna della Vittoria* (Abb. 117). Anläßlich der alljährlich stattfindenden Siegesfeier wurde das Gemälde fortan im Triumphzug durch die Stadt getragen. Mantegna erhielt 110 Dukaten – die ein bedauernswerter Jude namens Daniele da Norsa aufbringen mußte. Letzterer hatte mit ausdrücklicher Zustimmung Sigismondo Gonzagas, des Vikars von Mantua, von seinem Haus ein Madonnenfresko abnehmen lassen, um kurz darauf wegen des dadurch heraufbeschworenen Skandals für diese »Beleidigung« mit einer Geldstrafe belegt zu werden. Auf dem Votivbild kniet Francesco in voller Rüstung ehrfürchtig darnieder, während seine edlen Gesichtszüge ein unmißverständlich irdisches Verlangen widerspiegeln. Als seine Fürsprecher bei Maria treten die Heiligen auf: Andreas, Georg (der Schutzpatron der Gonzaga), Michael und Longinus mit seiner blutbefleckten Lanze. Die ältliche Frau stellt vermutlich die mantuanische Adlige Osanna Andreasi dar, deren geistlicher Obhut Francescos Vater seine Familie empfohlen hatte. Der venezianische Baumeister Pietro Lombardo war mit dem Bau einer Votivkapelle für den »Unbesiegbarsten aller Kaiser« – wie er den Markgrafen zu bezeichnen pflegte – betraut. Als Francesco einige Jahre darauf von den Venezianern gefangen genommen wurde (für deren Feinde er damals kämpfte), erhielt derselbe Baumeister Lombardo den Auftrag, die Mauern von Francescos Gefängniszelle zu verstärken!

Hofmaler Francesco Bonsignori (ca. 1460–1519), der für Francesco die Schlacht in einem Gemälde würdigen sollte, wurde eigens nach Fornovo entsandt, damit er vor Ort Skizzen anfertigen konnte. Das anschließend angefertigte Gemälde gehörte vermutlich zu jener Serie von »Triumphen«, die zusammen mit Bonsignoris großangelegter Reihe »Höflingsporträts« erwähnt wird. In seinen letzten Lebensjahren malte Bonsignori ein Altarbild, welches Francescos Gemahlin Isabella d'Este zeigt, wie sie, umringt von Dominikanermönchen, ehrerbietig zu Füßen der seligen Osanna Andreasi kniet. Das Gemälde stammt aus dem Jahr 1519, in dem Francesco verstarb. Isabella ist in frommer Haltung und bescheidener Witwentracht dargestellt; doch hatte sie bereits lange Zeit vor dem Tod ihres Gemahls spürbaren Einfluß auf das kulturelle Leben am Gonzagahof ausgeübt.

Isabella d'Este – Begeisterte Sammlerin

Isabella d'Este, die älteste Tochter und das Lieblingskind Ercole d'Estes und Eleonoras von Aragon, war im Alter von siebzehn Jahren mit Francesco Gonzaga vermählt worden. Isabella, die wie ihre Mutter ein ausgeprägtes Interesse für kulturelle Angelegenheiten charakterisierte, verfügte bereits zu diesem Zeitpunkt über ein sicheres künstlerisches Urteilsvermögen. Musik und Tanz lagen ihr besonders am Herzen, sie spielte Laute und Zither (zwei eng miteinander verwandte Instrumente) und war zudem eine wahre Meisterin der *lira da braccio* (ein im Arm zu haltendes Saiteninstrument). Als Isabella am Hof von Mantua einzog, weilte Andrea Mantegna gerade in Rom. Er traf die weise Vorkehrung, sich an ihren ehemaligen Lehrer Battista Guarino zu wenden, damit dieser ihn seiner neuen Herrin empfehle. Isabella beschloß – auf die Mehrung ihres Ruhms und ihres

Ansehens bedacht – , in ihrem eigenen Namen als großzügige Förderin der Künste aufzutreten. Um ihre Sachkenntnis und Bildung unter Beweis stellen zu können, versuchte sie sogar, Latein zu lernen, auch wenn es ihr große Mühe bereitete. Sie war die einzige fürstliche Gemahlin, die eigens zu diesem Zweck einen Lehrer verpflichtet hat – den Humanisten Mario Equicola, der kurz vor 1500 von Ferrara nach Mantua kam und zu Beginn des Jahres 1508 mit dem Posten des Lateinlehrers betraut wurde. Isabella umgab sich mit »Experten« – humanistischen Beratern, Agenten und Gesandten – und unternahm so oft wie möglich Reisen. Ihr Engagement als Mäzenin kam in jenem Denkmal zum Ausdruck, das sie zu Ehren des berühmten Mantuaner Dichters Vergil in Auftrag gab; ein Gedanke, den Ludovico im Jahr 1450 mit dem Humanisten Platina erörtert hatte und den Isabella in den späten neunziger Jahren des fünfzehnten Jahrhunderts voller Begeisterung aufgriff.

Giovanni Pontano, den Francesco Gonzaga durch seinen neapolitanischen Botschafter hinsichtlich des Denkmals um fachkundigen Rat fragen ließ, lobte Isabellas ungewöhnliche Initiative und empfahl, das Denkmal aus Marmor zu fertigen, da die »edlere« Bronze immer wieder Gefahr laufe, zu Glocken oder Kanonen eingeschmolzen zu werden. Mantegna erhielt den Auftrag, unter Verwendung eines authentischen Porträts von Vergil einen entsprechenden Entwurf anzufertigen, und Giovanni Pontano regte an, die vorgesehene Inschrift »Isabella Marchionessa Mantuae restituit« am Fuße des Monuments durch kunstvolle Verse zu ergänzen. Das Vorhaben scheint jedoch nie über das Planungsstadium hinausgediehen zu sein. Jenes Gedicht jedenfalls, mit dem Battista Fiera das künstlerische Projekt feierte, war nicht etwa Isabella d'Este, sondern Francesco Gonzaga zugeeignet.

Isabellas hochfliegende Pläne scheiterten immer wieder an den fehlenden finanziellen Mitteln. Die künstlerische Ausstattung ihrer Gemächer mußte sie aus ihren persönlichen Einkünften bestreiten, und so sah sie sich häufig gezwungen, ihren Schmuck zu beleihen. Es war ihr daher unmöglich, ihre *magnificentia* zur Schau zu stellen, da für architektonische Unternehmen der entsprechende finanzielle Spielraum fehlte (das Vergildenkmal wäre am ehesten dazu geeignet gewesen, Isabella öffentliches Ansehen einzubringen). Von fürstlichen Gemahlinnen erwartete man, daß sie ihrer Frömmigkeit durch kleine religiöse Kunstwerke oder die Einrichtung persönlicher geistlicher Stiftungen Ausdruck verliehen. Ganz im Sinne des damaligen Zeitgeistes interessierte sich Isabella d'Este jedoch mehr für weltliche Kunst und die Kunst des Altertums. Auch traditionelle biblische Motive – alttestamentarische Darstellungen der Laster und Tugenden etwa – bevorzugte sie in antikisierendem Gewand. Zwei kleine Bilder in *Grisaille*-Technik, die Mantegna möglicherweise für Isabellas *studiolo* anfertigte, er-

118. Andrea Mantegna,
Samson und Dalila,
ca. 1495-1500, Leimfarbe (Tempera) auf Leinwand, 47 x 37 cm, The National Gallery, London.

Das feinsinnige Bild wendet sich an den Kenner auserlesener Skulpturen, Kameen und seltenen Marmors. Ebenso wie Mantegnas stilvoll nachgeahmte Bronzereliefs versucht es, sowohl das kostbare Material als auch den erhabenen Stil der berühmtesten Sammelstücke wiederzugeben. Das Bild wurde mehrfach mit Mantegnas Gemälde *Judith mit dem Haupt des Holofernes* in Dublin in Zusammenhang gebracht, das ein alttestamentarisches Ideal weiblicher Tugend zeigt (Isabella liebte allegorische Darstellungen). Mantegna präsentiert Dalila als Antithese zu Judith: Die in den knorrigen Baumstamm geritzte Inschrift besagt, daß »ein schlechtes Weib dreimal schlimmer ist als der Teufel«.

weckten den Anschein von römischen Reliefs aus poliertem, gegen geäderten Marmor abgesetzten Stein (Abb. 118).

Isabella ließ sich von einigen der berühmtesten Malern porträtieren – unter anderem von Cosimo Tura, Leonardo da Vinci, Andrea Mantegna und Tiziano Vercelli, genannt Tizian. Großen Wert legte sie darauf, mit den elegantesten Gewändern und Accessoires dargestellt zu werden. Kleidung und Schmuck spielten beim Porträtieren vornehmer Damen eine große Rolle, denn diese konnten ja nicht auf die herkömmlichen Attribute des Adels – Wappen, Ritterorden oder schwere Goldketten – zurückgreifen. Die prachtvollen, mit Edelsteinen besetzten Brokate ließen sie wie »Engel« aussehen, und die Engel auf den Altarbildern glichen oft Damen aus vornehmen Familien. In den Augen von Giangiorgio Trissino, der Isabella in seinen literarischen *Ritratti,* seinen Porträts der vornehmsten Damen Italiens (1524), verewigte, zeugte Isabellas kostbare Aufmachung von ihrer Freigebigkeit, ihrer *liberalitas,* die sie ihren Reichtum mit allen Mitmenschen teilen ließ. Schönheit galt – im Einklang mit

119. Giancristoforo Romano, Isabella d'Este, Medaille (Vorderseite), 1498, Gold, Diamanten und Email, 6,8 cm Durchmesser, Kunsthistorisches Museum, Wien.

Es handelt sich um einen kostbaren goldenen Abguß jener Medaille, die Isabella geschätzten Dichtern als Zeichen ihrer Gunst schenkte und deren Rückseite die Inschrift »Für jene, die ihr dienen« trug. Isabella stellte den goldenen Abguß in ihrer *grotta* neben einer wertvollen ptolemäischen Kamee zur Schau. Die bewußte Gegenüberstellung sollte zum Vergleich anregen.

den Ideen der neuplatonischen Lehre – ebenfalls als äußerliches Zeichen von Tugend. Trissino beschrieb, wie Isabella um 1507 mit einem offenen Gebetbuch in der Hand im Mailänder Dom zur Messe Einzug hielt. Sie trug ein schwarzes, goldbesticktes Samtkleid, einen kostbaren Gürtel mit goldener Schließvorrichtung und hatte ihr glänzendes Haar mit einem hauchdünnen, juwelenbesetzten Schleier bedeckt. Auf Leonardos Porträt, das Isabellas Wohlgefallen fand, hielt sie ursprünglich ein Buch in ihren schmalen Händen (Abb. 105). Das Bildnis auf jener Medaille, mit der Isabella Dichter als Zeichen ihrer besonderen Gunst bedachte, dürfte ebenfalls weitgehend realistische Züge zeigen. In ihrer *grotta* verwahrte Isabella neben einer exquisiten antiken Kamee eine in Gold gefaßte und mit Diamanten besetzte Luxusausgabe dieses Porträts (Abb. 119 und 120).

Obwohl Isabella sich sehr für Musik interessierte und verschiedene Notenbücher gesammelt hat, kann lediglich ein einziges mit Partituren versehenes Manuskript (ein Liederbuch) mit ihrem Mäzenatentum in Verbindung gebracht werden. Die Musiker und Sänger des berühmten, 1510 gegründeten geistlichen Gonzagachores wurden von Francesco angestellt, der zunächst auch über das Repertoire an geistlichen Messen und Motetten bestimmte (bevor er im Jahr 1511 den Komponisten Marchetto Cara zum musikalischen Direktor ernannte). Isabella orderte jedoch bei den führenden Instrumentenbauern neue Musikinstrumente, ließ aus Ferrara einen Gesangslehrer für ihren

120. Kamee eines ptolemäischen Königspaares, drittes Jahrhundert vor Christus, Onyx, 11,5 cm hoch, Kunsthistorisches Museum, Wien.

eigenen Unterricht kommen und fügte der Hofkapelle so viele weitere Mitglieder hinzu, daß diese auch weltliche Musik darbieten konnte. Isabellas wichtigster Instrumentenbauer, der in Venedig ansässige Lorenzo da Pavia, trat auch als ihr Mittelsmann auf, wenn sie mit Künstlern wie Giovanni Bellini verhandelte. Wie ihre Schwester Beatrice und ihre Schwägerin Lucrezia Borgia fand auch Isabella großes Entzücken an Vertonungen heimatlicher Gedichte, und mehrere Gemälde in ihrem *studiolo* nehmen auf die Musik Bezug.

Daß ihr das Lateinlernen schwerfiel, minderte Isabellas Kulturbeflissenheit nicht im geringsten. Statt lateinische Texte zu studieren, verlegte sie sich darauf, mit wachsender, »schier unersättlicher« Begeisterung antike Kunstgegenstände zu sammeln und in ihrer *grotta* aufzubewahren. Zunächst begann sie, kleinere Objekte wie Gemmen, Kameen und Vasen zusammenzutragen. Im Lauf der Zeit kamen auch Skulpturen, Medaillons und Münzen hinzu. Es hatte sich rasch herumgesprochen, daß Isabella eine Vorliebe für derlei Gegenstände hegte, und prompt wurde sie mit entsprechenden Gaben bedacht: Mantegnas Sohn Ludovico etwa versuchte, Isabella für sich einzunehmen, indem er ihr eine Medaille sandte, »weil ich weiß, daß Ihr Medaillen so sehr mögt«. Isabellas venezianischer Gemmengraveur Francesco Anichino bekam regelmäßig Entwürfe Mantegnas übersandt, die ihm als Vorlage dienen sollten. Isabellas Medailleur und Hofbildhauer Giancristoforo Romano half ihr, das päpstliche Verbot

121. **Antico,** *Apollo,* spätes fünfzehntes Jahrundert, teilvergoldete Bronze, mit Silber ausgegossen, Höhe (einschließlich Sockel) 40 cm, Ca' d' Oro, Venedig.

bezüglich der Ausfuhr römischer Altertümer zu umgehen, und beriet sie neben Mantegna und dem Bildhauer Antico bei Fragen der Echtheit und Qualität einzelner Stücke. Isabella ließ Antico Bronzefiguren und kostbare Kopien antiker Meisterstücke – z. B. des Apollo Belvedere – anfertigen (Abb. 121) und Abgüsse von im Auftrag des Bischofs Ludovico Gonzaga geschaffenen Originalen anfertigen. Mantegna rundete die Sammlung durch gemalte *bronzi finti* (nachgeahmte Bronzereliefs) ab, indem er Blattgold gegen einen bräunlichen Untergrund absetzte.

Insofern Isabella zu den ersten fürstlichen Mäzenen zählt, die Arbeiten italienischer Künstler allein um ihrer selbst willen – ohne jede Rücksicht auf das dargestellte Motiv – erwarben, ist sie als ein bedeutender Präzedenzfall anzusehen. Bei Giorgiones Tod wurde Isabella von einem ihrer Mittelsmänner davon unterrichtet, daß zu dessen Nachlaß eine »sehr schöne und einzigartige« Darstellung einer nächtlichen Szene gehöre. Isabella versuchte, das betreffende Gemälde dank eines venezianischen Kaufmanns zu erwerben, mußte aber rasch feststellen, daß es sich um eine Auftragsarbeit für irgendeine andere Person handelte.

Florenz und Venedig waren mit ziemlicher Sicherheit die ersten Städte, die einen regelrechten Kunstmarkt begründeten, um der wachsenden inländischen und ausländischen Nachfrage nach lokalen Gemälden, Statuen und Kunsterzeugnissen zu begegnen. Als Giovanni Bellini für Isabellas *studiolo* ein Gemälde anfertigen sollte, vermochte er sie zu überreden, statt dessen eine Darstellung der »Geburt Christi« zu erwerben (welche fortan Isabellas Schlafgemach zierte) – ein Bildtyp, für den er ständig Abnehmer fand. Als freier Agent und Inhaber einer stets ausgelasteten, sehr geschäftstüchtigen Künstlerwerkstatt scheint Bellini rasch erfaßt zu haben, daß Isabella ihm jegliches Kunstwerk abkaufen würde. Diese ließ sich offenbar auch über die Aktivitäten Leonardo da Vincis auf dem laufenden halten – Fra Pietro da Novellara berichtete ihr in einem Brief von einem höchst bemerkenswerten Karton, welchen der große Meister angefertigt hatte. Isabellas erstes, in einem der Türme des Castello untergebrachtes *studiolo* war in mancherlei Hinsicht den Studierzimmern ihrer Onkel (Borso und Leonello d'Este) in Ferrara nachempfunden. Doch hatte sie die ungewöhnliche Idee, die klassischen Allegorien für ihr *studiolo* nicht etwa von bei Hofe arbeitenden Künstlern, sondern vielmehr von »den besten Malern Italiens« anfertigen zu lassen. Dieser Entschluß rührte vielleicht daher, daß Isabella ursprünglich Mantegna mit der gesamten Dekoration betrauen wollte; sie mußte jedoch erkennen, daß er nicht schnell genug arbeitete, um all die gewünschten Stücke anzufertigen. Mantegna lieferte ganze zwei Gemälde – ein drittes hatte er gerade begonnen, als ihn der Tod ereilte. Das detaillierte ikonographische Programm, das Isabella mit Hilfe des mantuanischen Dichters Paride da Ceresara und des venezianischen Humanisten Pietro Bembo erarbeitete, mag wohl in der Renaissancekunst eine Ausnahme darstellen – für das Mäzenatentum der Este zu Ferrara war dies nichts Ungewöhnliches. Der ferraresische Brauch, für die *invenzione,* die Konzeption, der Fresken auf den fachkundigen Rat von Humanisten zurückzugreifen (wie bei den Fresken im Palazzo Schifanoia geschehen), erregte indes das Mißfallen jener Künstler, die sich selbst als Meister der *invenzione* hervorgetan hatten. Die maltechnische *invenzione* befaßte sich – Leon Battista Alberti zufolge – in erster Linie mit der Konzeption mythologischer Allegorien. Andrea Mantegna fertigte in seiner Eigenschaft als Hofmaler mit dem 1497 vollendeten *Parnass* und dem *Sieg der Tugend über die Laster* (Abb. 122) die einzigen herausragenden Gemälde der Serie an – offensichtlich genoß er solche Achtung, daß er seine eigenen Ideen verwirklichen durfte.

Pietro Perugino, der berühmteste Maler ganz Italiens (und Schwiegersohn von Luca Fancelli), schuf nach einem umfangreichen Briefwechsel, in dem er auf ein viel zu komplexes, kaum durchführbares Bildprogramm verpflichtet wurde, die schwerfällige, überfrachtete Allegorie *Amor kämpft gegen die Keuschheit* (1505). Lorenzo Costas Beitrag *Das Reich der Musen* (Abb. 123) entstand auf Anregung von Isabellas Schwager und Costas Mäzen Antongaleazzo Bentivoglio aus Bologna. Bentivolgio traf auch die erforderlichen Vereinbarungen und kam für das Gemälde auf. Nachdem es Isabella nicht gelungen war, Mantegnas Schwager, Giovanni Bellini, für die Anfertigung einer Allegorie zu gewinnen, gab sie bei dem Bologneser Francesco Francia ein Gemälde in Auftrag (das 1505 aus dem *studiolo* entfernt wurde). Nach Mantegnas Tod im Jahr 1506, vollendete Lorenzo Costa dessen *Triumph des Gottes Comus* für Isabellas Studierzimmer. Offenkundig spielten bei der Auswahl der Künstler nicht nur deren Verdienste, sondern auch familiäre und persönliche Beziehungen eine große Rolle. Sandro Botticelli etwa ließ Isabellas florentinischen Agenten wissen, daß er liebend gerne ein Gemälde für ihr *studiolo* anfertigen würde, doch stand er in keinerlei Verbindung zu der Markgräfin, die auch nie auf sein Angebot zurückkam.

Isabella versuchte, alle Maler dazu zu bewegen, sich der stilistischen Vorgabe von Mantegnas Bildern anzupassen. Die Künstler erhielten das ikonographische Programm, die ge-

122. Andrea Mantegna, *Sieg der Tugend über die Laster,* ca. 1499–1502, Tempera auf Leinwand, 160 x 190 cm, Louvre, Paris.

Diese bemerkenswerte *fantasià* dürfte Mantegnas Zusammenarbeit mit Isabellas humanistischem Ratgeber Paride da Ceresara entspringen. Die allegorischen Figuren werden durch Inschriften erläutert: Pallas Athene (Isabella) stürmt – eine abgebrochene Lanze als Symbol eines ritterlich errungenen Sieges tragend – in den ummauerten Garten, um die dem Müßiggang huldigenden Laster zu verscheuchen. Die gequälte Gestalt des menschliche Züge tragenden Baumes zur Linken symbolisiert die »Virtus deserta«, die verlassene Tugend: Die lateinischen, griechischen und hebräischen Inschriften, die sich um ihren Stamm winden, appellieren an die himmlischen Tugenden (am Himmel sind Justitia, Fortitudo und Temperantia zu sehen), wieder auf die Erde herabzusteigen und »diese faulen, mißgestalteten Laster von unseren Plätzen zu verjagen«. Die vierte Tugend, Prudentia – die Isabella zu ihrer persönlichen Tugend auserkoren hatte – ist in der Felswand zur Rechten gefangen. Mantegnas große Erfindungsgabe kommt nicht nur in den hervorragend dargestellten Allegorien zum Ausdruck (im armlosen »Müßiggang«, der eselsähnlichen Gestalt »Unsterblicher Haß, Arglist und Torheit«), sondern auch in der Explosion des Vulkangesteins und in den sich zu menschlichen Profilen zusammenballenden Wolken.

wünschten Maße, detaillierte Angaben bezüglich des zu verwendenden Bindemittels (Gouache mit Ölfirnis – nach dem Vorbild Mantegnas) sowie ein Stück Faden (dessen Länge jener von Mantegnas größter Figur entsprach) übersandt. Costa und Perugino erhielten darüber hinaus Zeichnungen der *invenzione*. Costas Malweise fand – obwohl Battista Fiera ihn »kosmetischer Weichmalerei und Schmeichelei« bezichtigte – Isabellas Zustimmung, wobei auch seine entgegenkommende Art und die Tatsache, daß er das Leben bei Hofe gewohnt war, mitgespielt haben dürften. Perugino und Bellini dagegen stellten Isabella vor unendliche Schwierigkeiten. Malte Perugino eine bekleidete Venus statt einer nackten, geriet Isabella außer sich und bezichtigte ihn, den »Sinn der Fabel entstellt zu haben«, nur »um sein technisches Können zu beweisen«. Pietro Bembo machte Isabella darauf aufmerksam, daß Giovanni Bellini nur dann ungestört arbeiten konnte, wenn er sich nicht durch »festumrissene Vorgaben« in seiner Malweise beengt fühlte, »da er, wie er selbst sagt, gewohnt ist, beim Malen seiner Phantasie freien Lauf zu lassen«. Isabella schien aus ihren Erfahrungen bei der Gestaltung ihres *studiolo* rasch gelernt zu haben, denn bei Mantegnas Tod wurde Lorenzo Costa offiziell zu dessen Nachfolger bestellt.

Mit der Thronbesteigung von Isabellas Sohn Federico, dem fünften Markgrafen von Mantua, geriet ihre eigene Position ins Hintertreffen. Viele ihrer Höflinge wechselten in den Dienst Federicos und dessen Gemahlin, Margherita Palaiologou, über. Selbst ihr Tutor Equicola ließ sie im Stich. Federico vergab Aufträge an berühmte Meister wie Tizian und Correggio und holte Giulio Romano, den begabtesten Schüler Raffaels, als Hofmaler nach Mantua. Der Mäzen Federico legte immer noch großen Wert auf Isabellas Zustimmung, auch wenn mehrfach betont wurde, daß sich sein eindeutig sinnlicher Kunstgeschmack grundlegend von dem ihren unterschied. Isabella war jedoch von offener und großzügiger Wesensart. Die Worte, mit denen sie ihr persönliches Verlangen nach Kunstgegenständen und Altertümern beschrieb – »unersättlich« und »gierig« –, deuten auf einen sehr irdischen Zugang zur Kunst. Anscheinend schöpfte sie eine besondere Genugtuung aus der Tatsache, daß sie viele Künstler und Gelehrte an ihren Hof zu ziehen vermochte. Bei Correggio gab sie zwei Gemälde für ihr zweites *studiolo* in Auftrag, wovon eines – ungeachtet seiner moralischen Einkleidung – deutlich erotische Züge trägt. Tizians sinnlichen Darstellungen Maria Magdalenas, die ihr Sohn geschenkt bekam, galt ihre besondere Bewunderung. Isabellas Töchter mochten noch so fromm sein und den Schleier nehmen – ihr Sohn Federico hatte ihr geselliges Wesen und ihre Freude an weltlichen Genüssen geerbt. Ihm vermachte sie auch die irdischen Ergötzlichkeiten ihrer *grotta*.

123. Lorenzo Costa, *Das Reich der Musen (Allegorie auf den Hof von Isabella d' Este),* 1504-1506, Tempera und Öl auf Leinwand, 160 x 190 cm, Louvre, Paris.

Das Programm der Allegorie geht auf Paride da Ceresara zurück: Das Gemälde scheint die Blüte der Kunst inmitten eines - von Isabella d'Este (möglicherweise jener Frau, die gerade von Cupido gekrönt wird) regierten – Hort des Friedens darzustellen, der von den Göttern Mars (mit seiner abwärts gerichteten Hellebarde) und Diana behütet wird. Die einzelnen Figuren könnten Allegorien der Musik, der Georgica, der Schäferdichtung (siehe die beiden im Vordergrund sitzenden, ein Rind und ein Schaf streichelnden Frauen) sowie der Malerei (der Mann mit der Feder im Kopfschmuck) darstellen, die sich des Schutzes der im linken Bildteil kämpfenden Krieger erfreuen.

7. Kapitel

Kontinuität und Wandel

124. Rinaldo Mantovano und Gehilfen, Sala dei Giganti (Bildausschnitt), 1530–1532, Fresko, Palazzo del Tè, Mantua.

Der Palazzo del Tè wurde mit doppelten Fundamenten und überstarken Mauern inmitten eines sumpfigen Geländes errichtet. Die gesamte Architektur sollte seltsam und wie aus den Fugen geraten wirken, mit einem Gewölbe, das Vasari mit einem Ofen verglich. Bereits ohne das aufwühlende Fresko, in dem Jupiter die Giganten mit einem Blitzstrahl niederstreckt, schien der Raum jeden Augenblick einzustürzen. Schürte man die – nicht erhaltene – mit Bossenwerk verzierte Feuerstelle an, hatte es den Anschein, als ob die grotesken Riesengestalten in den Flammen umkämen.

Baldassare Castigliones *Il Libro del Cortegiano (Das Buch vom Hofmann)*, ein »Porträt« des Hofes von Urbino im Jahre 1506, entstand zwischen 1513 und 1519. Das Buch ist in die gefällige Form einer Reihe abendlicher Konversationen gekleidet, die vornehme Höflinge unter der Regie der Herzogin von Urbino, Elisabetta Gonzaga, pflegten (ihr Gemahl, der verkrüppelte und kränkliche Guidobaldo da Montefeltro, hatte sich dann bereits zu Bett begeben). Die Entstehung dieses Werkes fällt in eine Zeit großer politischer Unruhen. Durch die Franzoseneinfälle der Jahre 1494/1495 war das Ende des Königreiches Neapel herbeigeführt worden. Infolge von Mailands Eroberung durch die Franzosen im Jahr 1499 setzte dort eine Phase großer politischer Instabilität ein (1528 – im Erscheinungsjahr vom *Libro del Cortegiano*, zählte man nicht weniger als elf Regierungen). Baldassare Castiglione, der in seinen jungen Jahren am Hof von Mailand gelebt hatte, mußte betrübt mit ansehen, wie die von Ludovico Sforza zusammengetragenen herrlichen Kunstschätze in alle Himmelsrichtungen zerstreut wurden. In Mantua traf er 1502 mit Guidobaldo da Montefeltro zusammen, der hier nach seiner Entmachtung durch Cesare Borgia Zuflucht gesucht hatte. Als Papst Julius II. seinem Verwandten Guidobaldo wieder zu seiner alten Stellung verhalf, trat Baldassare Castiglione in dessen Dienst und legte ein beredtes Zeugnis von den letzten prachtvollen Jahren (1504–1516) des Hofes zu Urbino ab.

Politische Umstürze führten dazu, daß Maler, Musiker, Schriftsteller und Architekten zu neuen Zentren aufbrachen. Die meisten von ihnen begaben sich nach Rom. Dort stand Papst Julius II. im Begriff, die Stadt in einem großangelegten Projekt zu ihrer einstigen Größe zurückzuführen und den prächtigsten Fürstenhof der Christenheit zu errichten. Auf diese Weise wurden einige der berühmtesten Architekten und Maler der damaligen Zeit – Bramante, Michelangelo, Raffael, Giuliano da Sangallo (der Lieblingsarchitekt von Lorenzo de' Medici und

Alfons' II.) in Rom tätig. Die Kardinäle, die größtenteils fürstlicher Abstammung waren, verfügten über eigene, aus dem Familienvermögen und kirchlichen Pfründen finanzierte Hofhaltungen. Sie ließen große Paläste errichten und verlegten sich auf das kostspielige Sammeln von gravierten Gemmen, antiken Statuen, *All'antica*-Medaillen und mit prächtigen Miniaturen ausgestatteten Büchern.

Unter Papst Leo X. erlangte Rom einen geradezu maßlosen Glanz. Als mit Hadrian VI. 1521 ein nicht aus Italien stammender Kandidat den Stuhl Petri betrat, platzten die grandiosen Träume Roms wie eine Seifenblase. Papst Hadrian VI. mied die ostentative Prachtentfaltung seiner Amtsvorgänger und deren unziemliche »Verweltlichung«. Baldassare Castiglione schrieb zutiefst betrübt aus Rom: »Mir scheint, ich lebe in einer anderen Welt, und Rom ist nicht mehr das, was es einmal war«. Als 1527 kaiserliche Truppen in Rom einfielen, um es im *sacco di Roma* zu plündern, sahen die Künstler sich ein weiteres Mal gezwungen, sich einen neuen Wirkungskreis zu suchen. Diese fortwährende Zerstreuung künstlerischer Talente und die Tatsache, daß Hofkünstler sich rasch an neue Verhältnisse anzupassen vermochten, führte dazu, daß höfische Kunststile schnell Verbreitung fanden und sich gleichzeitig unablässig fortentwickelten. Die unmittelbare Konfrontation mit Roms antiken Monumenten beispielsweise übte nachhaltigen Einfluß auf die Hofkünstler aus und verlieh ihren Werken fortan mehr Vitalität und Monumentalität.

Das Selbstbewußtsein, das die Fürstenhöfe des vorausgegangenen Jahrhunderts gekennzeichnet hatte – als Borso d'Este in der Ebene von Ferrara einen gewaltigen Hügel aufschütten ließ, und Ludovico Sforza raffiniert die einzelnen Mächte gegeneinander ausspielte –, war unwiederbringlich erschüttert. Ludovico, der sich vom Kriegshandwerk abgewandt hatte, fühlte sich von den humanistischen Idealen verraten. Seine humanistischen Höflinge hatten ihn wegen seiner *magnificentia* und seiner *virtù* in den Himmel gepriesen, aber sein Territorium hatte er verloren. In seinem politischen Testament von 1513 riet er seinen Söhnen, auf ihre kriegerischen Fähigkeiten und auf Festungen zu vertrauen. Machiavellis 1513 abgefaßter *Il Principe* versuchte, Machtausübung und Machterhaltung in einem neuen realistischen und pragmatischen Licht zu präsentieren. Machiavelli schrieb: »Zwischen der Art und Weise, wie man leben sollte und wie man tatsächlich lebt, klafft ein so gewaltiger Unterschied, daß jeder, der das, was gang und gäbe ist, zugunsten dessen aufgibt, was eigentlich beherzigt werden sollte, weniger seinen Fortbestand sichert, als vielmehr dem sicheren Untergang entgegengeht«. Gerade der Umstand einer schwer zu bewerkstelligenden Verbindung der widersprüchlichen Aufgaben des Fürstenamtes und der Verpflichtungen als *condottiere* hatte jedoch mit dazu beigetragen, daß humanistische und ritterliche Ideale an den Fürstenhöfen so beliebt waren. In höfischen

Kreisen spiegelte Kunst nach wie vor eher ein Ideal als die rauhe politische Wirklichkeit.

Raffael von Urbino (1483–1520), ein Freund Castigliones, förderte die Verbreitung jener höfischen Ideale, die er von Geburt an verinnerlicht hatte. Als Sohn von Giovanni Santi, der Hofmaler von Guidobaldo und dessen Gemahlin Elisabetta Gonzaga gewesen war, wuchs Raffael in einer idealen höfischen Atmosphäre auf. Obwohl Raffael nie bei Hofe angestellt war, wurde er mit der Ausführung verschiedener Auftragsarbeiten betraut und wahrscheinlich in den neunziger Jahren des fünfzehnten Jahrhunderts von Timoteo Viti (der seinem Vater im Amt des Hofmalers nachfolgte) unterrichtet. Später ging er bei Perugino in die Lehre, bevor er im Jahr 1508 von Papst Julius II. nach Rom gerufen wurde. Dort erreichte seine Kunst jene »fehlerlose Vollkommenheit«, die ihm Vasari in seiner Darstellung der besten alten und modernen Meister bescheinigte. Raffael gelangte rasch zu großem Ansehen. Er ließ sich einen Palast errichten und nur sein vorzeitiger Tod hielt ihn davon ab, die Kardinalswürde zu erlangen.

125. Raffaello Santi, genannt Raffael, *Baldassare Castiglione*, ca. 1514–1515, Öl auf Leinwand, 82 x 67 cm, Louvre, Paris.

Das Porträt wirkt dank der gelungenen Wiedergabe der leichten Asymmetrie, die das Gesicht des Grafen kennzeichnet, wunderbar lebendig. Castiglione selbst hatte dazu geraten, nie zu sehr der Harmonie zu huldigen: »Unregelmäßigkeiten sollten bewußt einbezogen werden, um einen Kontrast zu erzeugen.«

Raffael verfügte über eine ganze Reihe von Mitarbeitern, die nach seinen Kartons Gemälde anfertigten und seine Kompositionen in Kupfer stachen. Diese Kartons und Kupferstiche zirkulierten bald in sämtlichen Zentren und übten großen Einfluß auf die übrigen Künstler aus. Tizian zeigte sich tief beeindruckt von jenem Karton, den Raffael für ein Porträt Johannas von Aragon gefertigt hatte und den Tizian zu sehen bekam, als er in Ferrara weilte, um das *camerino* von Herzog Alfons d'Este auszumalen. Als sich Tizian – während sein herzoglicher Auftraggeber auf einem Turnier Unterhaltung suchte – gemeinsam mit dem ferraresischen Hofmaler Dosso Dossi nach Mantua fortstahl, lernte er ein weiteres Gemälde Raffaels kennen. Dessen meisterhaftes Porträt *Baldassare Castiglione* faßte zahlreiche höfische Ideale der damaligen Zeit prägnant zusammen. Es ist ein visuelles Zeugnis künstlerischer und artistokratischer Anmut, *grazie,* Etikette und stilistischer Leichtigkeit. Castigliones zwanglose Haltung und die schlichte Linienführung lenkten von der Komplexität des Gemäldes ab. Nicht umsonst hatte Castiglione dem perfekten Höfling nahegelegt, »in allen Dingen eine gewisse Lässigkeit zu zeigen, die über sämtliche Kunstgriffe hinwegtäuscht und alles, was man sagt oder tut, ungekünstelt und mühelos wirken läßt«.

Während Raffael im Auftrag von Papst Julius II. seine berühmten vatikanischen Gemälde anfertigte und nur wenige Räume von ihm entfernt Michelangelo die Decke der Sixtinischen Kapelle ausmalte, logierte der junge Federico Gonzaga, der sich zu Ausbildungszwecken am päpstlichen Hof aufhielt, im

Belvedere (1509). Als Federico im Jahre 1519 zum fünften Markgraf von Mantua ernannt wurde, war er bestrebt, innerhalb seines Territoriums eine vergleichbare Pracht zu entfalten. Dank der Vermittlung seines Agenten, des fleißigen venezianischen Schriftstellers Pietro Aretino, und seines Botschafters, des vornehmen Grafen Castiglione, gelang es Federico 1524, Raffaels begabtesten Schüler Giulio Romano (ca. 1499–1546) nach Mantua zu holen. König Franz I. von Frankreich und Kaiser Karl V. sollte Pietro Aretino später ähnliche Dienste erweisen, indem er mit seinen Werken den Ruhm von Künstlern wie Tizian und Rosso Fiorentino mehrte.

Giulio Romano blieb zweiundzwanzig Jahre lang als Hofmaler und Architekt in Mantua. Der Schilderung des Bildhauers und Goldschmieds Benvenuto Cellini (1500–1571) zufolge führte Giulio Romano dort »das Dasein eines Herrschers«. Während Mantegna mit wenigen Gehilfen ausgekommen war, beauftragte Giulio Romano ein ganzes Heer von Schülern mit der handwerklichen Ausführung seiner zahlreichen Ideen. Die fröhliche Ausgelassenheit und Sinnlichkeit seiner Gemälde, seine Umsetzung antiker Vorbilder in eine »moderne« Formensprache und seine brillanten illusionistischen Meisterstücke zeugen vom Fortbestand und der gleichzeitigen Weiterentwicklung der höfischen Ideale des fünfzehnten Jahrhunderts. Die Ausmalung der grandiosen Sala di Psiche im Palazzo del Tè zielte darauf ab, den Betrachter zu ergötzen (Abb. 126), wohingegen die Sala dei

Giganti mit ihren kolossalen und wilden Schaustücken ihn eher überwältigen und mit Furcht erfüllen sollte (siehe Abb. 124).

Die herrlichen Dekorationen von Giulio Romano zeichneten sich durch jene *ilarità* (Heiterkeit), *delizie* (Entzücken) und illusionistische Momente aus, die bei Hofe so sehr geschätzt und gefördert wurden. Gerade diese Art der Malerei hob sich grundlegend gegenüber der eleganten Unbeschwertheit des berühmten Deckengemäldes von Mantegna ab. Infolge der unruhigen Zeiten dienten diese illusionistischen Effekte nun dazu, den Betrachter zu erschrecken und zu verwirren. Die Etikette, die früher das höfische Benehmen und die Kunst regiert hatte, wird nur noch insofern berücksichtigt, als diese Darstellungen ein Lustschloß zieren. Die »prahlerische und bizarre Art« des Palazzo del Tè wurde mit dem »unerhörten Aufstieg einer Dynastie« in Zusammenhang gebracht, die nur dadurch zu überleben vermochte, daß sie sich dem Papsttum und den einfallenden Franzosen und Spaniern auslieferte. Im Lauf des sechzehnten Jahrhunderts wurden die meisten kleinen Territorien – Fürstentümer wie städtische Republiken – von aufstrebenden und siegreichen größeren Mächten geschluckt (Mantua und Lucca gehörten zu den wenigen Ausnahmen). Einer neuen künstlerischen Qualität, der *terribilità* – diesen Begriff prägte Vasari in Bezug auf das Werk Michelangelos und Mazzonis – , entsprach die »furchteinflößende Macht«, welche die Päpste und Fürsten des sechzehnten Jahrhunderts entfalteten. Mythologische Szenen wie jene in der Sala di Psiche erfreuten sich bei Hofe großer Beliebtheit, jene im *camerino* von Alfons d'Este knüpften nicht nur ganz bewußt an antike Vorbilder an (Abb. 127), Alfons konnte dank ihrer auch seiner Vorliebe für sinnliche Aktgemälde frönen, und der Maler vermochte durch raffinierte Techniken geradezu taktile, der Arbeit eines Bildhauers vergleichbare Wirkungen zu erzeugen.

Federico II. Gonzaga sammelte ebenso wie seine Mutter, Isabella d'Este, und sein Onkel, Alfons I. d'Este, Werke der berühmtesten Maler seiner Zeit. Die Sammlertätigkeit allein war allerdings, wie der Florentiner Humanist Poggio Bracciolini feststellte, noch kein Zeichen aristokratischer Abstammung. Andernfalls, belehrte er Lorenzo di Giovanni de' Medici in seiner Abhandlung *De Nobilitate (Vom Adel)*, »wären Pfandleiher dem Adel zuzurechnen«. Bracciolini spielte hierbei auf jene von den Medici zusammengetragene Sammlung kleinformatiger Kunstgegenstände an, die sich ohne weiteres beleihen ließen. Wie sein Vater Ercole und seine Schwester Isabella beschäftigte auch Alfons d'Este eine ganze Schar von Gesandten und Diplomaten, die ihn auf die besten Kunstwerke und die bedeutendsten Meister aufmerksam machten. Die Berichte der Unterhändler gehen auf die charakteristische *maniera* der einzelnen Künstler ein und zeugen von zunehmender Kennerschaft.

Giorgio Vasari führte in seinen 1550 für Cosimo de' Medici, den toskanischen Großherzog, verfaßten und 1568 erweiterten

126. Giulio Romano, Rinaldo Mantovano, Benedetto Pagni da Pescia und Gehilfen, Sala di Psiche: *Vermählung Amors und Psyches,* 1527-1530, Fresko, Palazzo del Tè, Mantua.

Vasari zufolge wurde der Raum größtenteils von Giulios Schülern nach dessen Entwürfen ausgemalt und anschließend von dem Meister dergestalt überarbeitet, daß die Gemälde allesamt von seiner Hand ausgeführt zu sein schienen (Dieses Vorgehen hatte er von Raffael übernommen). Die überladene Anrichte, auf die sich Bacchus, der Gott des Weines, lässig aufstützt, ist jedoch von Giulio selbst gemalt worden. Vasari erwähnt die Sammlung »ungewöhnlicher Vasen, Schalen, Kannen, Tassen und Becher... die so sehr glänzen, daß sie aus echtem Silber und Gold zu sein scheinen«. Als Kaiser Karl V. im April 1530 in Mantua weilte, speiste er alleine in der Sala di Psiche, während Federico II. Gonzaga ihm aufwartete.

127. Tiziano Vecellio, genannt Tizian, *Bacchus und Ariadne*, 1523, Öl auf Leinwand, 170 x 190 cm, National Gallery, London.

Es handelt sich um eines von insgesamt drei mythologischen Gemälden, die Tizian für Herzog Alfons' d' Estes (nach den Alabasterreliefs von Antonio Lombardo benanntes) Camerino d'Alabastro anfertigte. Der Raum befand sich in der Via Coperta, einer überdachten Passage, die den Palast mit der Burg verband. Dort hingen neben Bellinis *Festmahl der Götter* (Abb. 14) auch Gemälde des ferraresischen Hofmalers Dosso Dossi. Raffael und der Florentiner Meister Fra Bartolomeo wurden – allerdings ohne Erfolg – ebenfalls mit der Anfertigung bacchanalischer Meisterstücke betraut. Tizians schwungvoller Darstellung liegen antike Beschreibungen zugrunde. Die beiden Geparde malte er auf der Grundlage seiner Studien im herzoglichen Tierpark.

Lebensbeschreibungen ... als eines der Kennzeichen für den besonders schönen Stil, die *bella maniera*, eines Künstlers dessen *grazia* an. Unter dem Einfluß Castigliones legte er dem Künstler nahe, seine Mühe und seinen Eifer zu kaschieren und statt dessen zu betonen, mit welcher Leichtigkeit – *facilità* – und mit welcher Schnelligkeit – *prestezza* – seine Arbeit vonstatten ging. Daß gerade diese beiden Eigenschaften besonders geschätzt wurden, hing sicherlich damit zusammen, daß man den Künstlern bei Hofe ein rasches Arbeitstempo abverlangte und die Technik der Fresken- beziehungweise der Ölmalerei weit fortgeschritten war. Leon Battista Alberti hatte sich stets für ein sorgfältiges, aber rasches Arbeiten, für die Kombination von *diligenza* und *prestezza* ausgesprochen. Baldassare Castiglione vertrat gar die Ansicht, ein Gemälde sollte nie zu gründlich ausgeführt werden, sondern lieber den Eindruck vermitteln, der Künstler beherrsche sein Handwerk so perfekt, daß er es sich durchaus leisten könne, ein paar Kunstgriffe in der Hinterhand zu behalten. Dieses aufreizende Moment der »mangelnden Vollendung«, wie sie in Tizians Spätwerk zum Ausdruck kommt, entsprach einem Zeitgeist, der den Erfindungsreichtum und die Gewandtheit des Künstlers mehr zu schätzen begann als dessen technische Perfektion.

In seiner Lebensbeschreibung des außergewöhnlichen Malers, Architekten und Zeichners Giulio Romano behauptete Vasari, kein anderer Künstler verfüge über »ein besseres Rüstzeug« (ein Schüler Raffaels zu sein, war gleichbedeutend mit der Verleihung eines Adelstitels), sei »kühner, selbstbewußter, einfallsreicher, vielseitiger, fruchtbarer und vollendeter, ganz abgesehen davon, daß er ein äußerst angenehmer Gesprächspartner, von fröhlichem, umgänglichem, leutseligem Wesen und ausgesucht feinen Manieren sei«. Eben diese Kombination handwerklicher Fähigkeiten und gesellschaftlicher Umgangsformen wurde im beginnenden sechzehnten Jahrhundert von einem Hofkünstler erwartet. Obgleich Vasari als stolzer Florentiner die überragende Bedeutung des Kunstzentrums Florenz betonte, gab er zu, daß den Höfen eine wichtige Rolle bei der Förderung und Belohnung talentierter Künstler zukam. Selbst Masaccio und Michelangelo verspürten die Notwendigkeit, sich aus Florenz fortzubegeben und am päpstlichen Hof in Rom Ruhm zu erwerben.

Der grundlegende Unterschied zwischen der höfischen Umgebung und jener Atmosphäre, wie sie im republikanischen Florenz herrschte, kommt in einer berühmten Passage aus Vasaris Biographie Pietro Peruginos zum Ausdruck. Die Florentiner Künstler werden demnach von drei Faktoren zur Perfektion angespornt: durch fortwährende Kritik, da der Künstler in einer Republik nie allein durch seinen gesellschaftlichen Status zu beeindrucken vermag, sondern nur so angesehen ist wie sein letztes Werk; dadurch, daß eine Stadt »die über kein fruchtbares Hinterland verfügt, das ohne weiteres die Ernährung ihrer

Einwohner sicherstellt«, dem Künstler großen Einfallsreichtum abverlangt; und schließlich durch das Streben nach Ruhm. Blieb jedoch die soziale und finanzielle Anerkennung künstlerischer Glanzleistungen aus, schlug das Ruhmesstreben unweigerlich in nagenden Groll um: »Es ist gewißlich wahr, daß ein Mann, der alles gelernt hat, was er in Florenz beherrschen muß, und nicht mehr länger wie ein Tier nur von der Hand in den Mund leben will, die Stadt verlassen muß, um Reichtum zu erwerben, indem er sein künstlerisches Können und das Ansehen dieser Stadt andernorts zu barer Münze macht, wie es auch die gelehrten Absolventen der Universität tun«. Künstler und Humanisten begaben sich folglich an die Fürstenhöfe, um dort zu Ansehen und zu Vermögen zu gelangen. Kleinere Höfe wie Mantua, Ferrara und Urbino boten die günstigeren Aussichten. Aus diesem Grund priesen humanistische Höflinge wie Pietro Bembino und Baldassare Castiglione besonders jene vertrauliche Atmosphäre, die etwa an Alessandro Sforzas Hof in Pesaro oder

128. Tiziano Vecelli, genannt Tizian, *Federico II. Gonzaga*, ca. 1530, Öl auf Holz, 120 x 99 cm, Prado, Madrid.

unter der Dynastie Montefeltro zu Urbino herrschte. Obgleich spätere Generationen die Fürstenhöfe vor allem mit Dekadenz und übertriebenem Luxus in Verbindung brachten, bildeten sie den Hintergrund, vor dem der Renaissancekünstler ein gewisses Maß der Unabhängigkeit zu erlangen vermochte.

Tizians Werdegang kündet mehr denn jeder andere davon, welche Faszination Geld und das mit einem berühmten höfischen Mäzen verbundene Prestige auf die Künstler der damaligen Zeit ausübten. Schon zu Beginn seiner Karriere fand Tizian sich bereit, einen päpstlichen Legaten hinters Licht zu führen, in dessen Auftrag er ein Altarbild gemalt hatte. Er verkaufte kurzerhand eine der Seitentafeln (eine herrliche Darstellung des nackten heiligen Sebastians) an Alfons d'Este und ersetzte sie durch eine Kopie. Zu Tizians Mäzenen zählte des weiteren Federico II. Gonzaga, Kaiser Karl V., dessen Sohn König Philipp II. von Spanien und eine ganze Reihe von Päpsten. Mit der Zeit ging Tizian vermehrt dazu über, anstelle großflächiger Altarbilder lieber Porträts und kleinere, dekorative Gemälde anzufertigen. Das Bildnis, das er um 1530 von Federico Gonzaga malte, zeugt nicht nur von dem ausgeprägten Selbstbewußtsein des Auftraggebers, sondern auch von der Leichtigkeit, mit der Tizian dieser höfischsten aller Kunstformen nachkam (Abb. 128). Während Andrea Mantegna lediglich leibhaftige Personen porträtierte, fertigte Tizian seine Bildnisse anhand von Medaillen, Miniaturen oder anderen Gemälden an. Federico war von Tizians Porträtierkunst so begeistert, daß er sie zur Förderung seiner Beziehungen zu Karl V. einsetzte. Das Porträt, welches Tizian von Kaiser Karl V. anfertigte, brachte ihm 500 Taler, den Titel eines Pfalzgrafen und die Aufnahme in den Orden vom Goldenen Sporn ein.

Künstler wie Tizian, Michelangelo und Raffael, die bei Hofe zu Ruhm gelangten, ohne jemals eine dauerhafte höfische Position zu bekleiden, machten sich ihre Verbindungen zunutze, um ihre Unabhängigkeit zu wahren. Michelangelo befand sich in der beneidenswerten Lage, entsprechende Angebote des osmanischen Sultans, König Franz' I. von Frankreich, Kaiser Karls V., der Signoria von Venedig und des florentinischen Herzogs Cosimo de' Medici ausschlagen zu können. In welcher Abhängigkeit sich ein Hofkünstler befand, geht aus der zwischen 1558 und 1562 verfaßten, höchst anschaulichen Autobiographie des Bildhauers Benvenuto Cellini hervor. Er berichtet darin, wie ihm sein Auftraggeber, König Franz I., eines Tages mißbilligend zu bedenken gab: »Es ist schon seltsam, Benvenuto, daß Ihr und die anderen Künstler, so klug Ihr auch sein mögt, nicht sehen wollt, daß Ihr Euer Talent nicht von Euch aus zu entfalten vermögt, sondern Eure Größe nur dann beweisen könnt, wenn wir Euch die Gelegenheit dazu bieten. Ihr solltet Euch daher folgsamer und nicht ganz so stolz und selbstbewußt verhalten«.

Stammtafeln

Die folgenden Stammtafeln wurden im Interesse der Klarheit vereinfacht.

.... illegitime Linie

1. Neapel: Das Haus Aragon

FERDINAND "DER GERECHTE"
König von Aragon und Sizilien 1412-1416
* 1379

I. ALFONS "DER GROSSMÜTIGE"
(Alfons V. von Aragon)
König von Aragon 1416-1458
König von Neapel 1443-1458
* 1396

PIETRO

JUAN
König von Aragon und Sizilien 1458-1479
∞ Blanche von Navarra

FERDINAND II.
König von Aragon 1479-1516
∞ Isabella von Kastilien

FERDINAND I. (FERRANTE)
König von Neapel 1458-1494
* um 1431
∞ (1) Isabella von Clemont † 1465
∞ (2) Johanna von Aragon † 1517

III. ALFONS II.
Prinz von Capua
Herzog von Kalabrien
König von Neapel 1494-1495
* 1448
∞ Ippolyta Maria Sforza

GIOVANNI
(Kardinal)
* 1456
† 1485

BEATRICE
† 1508
∞ Matthias Corvinus
König von Ungarn

ELEONORA
* 1450
† 1493
∞ Herzog Ercole d'Este
von Ferrara

V. FEDERICO
König von Neapel 1496-1501
† 1504

FRANCESCO
Herzog von Monte
Sant' Angelo
Markgraf von Bisceglie
* 1461
† 1486

FERDINANDO
Herzog von Montalto
† 1542
∞ Castellana di Cardona

viele andere

IV. FERDINAND II. (FERRANDINO)
König von Neapel Jan. - Feb. 1495
und Juli 1495 - Okt. 1496
* 1467
∞ Johanna von Aragon

ISABELLA VON ARAGON
* 1470
† 1524
∞ Giangaleazzo Maria Sforza

PIETRO
* 1472
† 1491

ALFONSO
Herzog von Bisceglie
* um 1481
† 1500
∞ Lucrezia Borgia

2. Urbino:
Das Haus Montefeltro

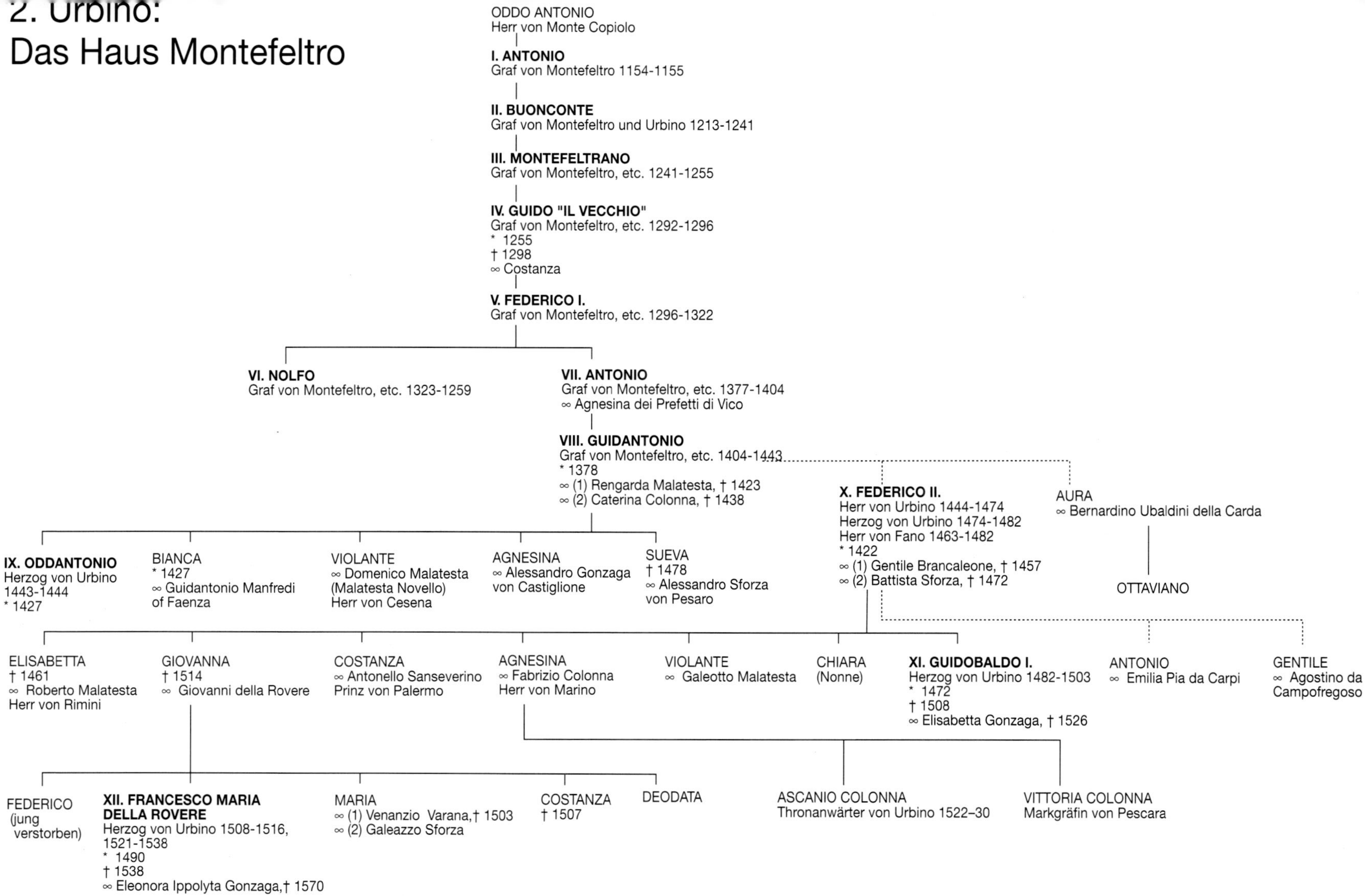

3. Mailand: Das Haus Visconti

UBERTO VISCONTI
† 1248

OBIZZO VISCONTI

TEBALDO VISCONTI
† 1276

I. MATTEO VISCONTI
Capitano del populo 1287-1302
Reichsvikar 1311-1322
* 1250
† 1322
∞ Bonacossa di Squarcino Borri, † 1321

II. GALEAZZO I VISCONTI
Herr von Mailand und Reichsvikar 1322-1327
* um 1277
† 1328
∞ Beatrice d' Este, † 1334

III. AZZONE VISCONTI
Herr von Mailand 1329-1339
*1302
∞ Katharina von Savoyen
† 1388

V. GIOVANNI VISCONTI
Erzbischof von Mailand 1339-1354
Mitregent von Mailand 1339-1349
Herr von Mailand 1349-1354
† 1354

IV. LUCHINO
Mitregent von Mailand 1339-1349
* 1292
† 1349
∞ (1)Violante von Saluzzo
∞ (2) Caterina Spinola
∞ (3) Isabella Fieschi

STEFANO VISCONTI
Herr von Arona 1325
† 1327
∞ Valentina Doria

VI. MATTEO II. VISCONTI
Mitregent 1354-1355
* um 1319
∞ Gigliola Gonzaga, † 1356

CATERINA
† 1382
∞ Ugolino Gonzaga

ANDREINA
(Nonne)

VII. BERNABO VISCONTI
Mitregent von Mailand 1354-1378
* 1323
† 1385
∞ Regina della Scala, †1384

VII. GALEAZZO II. VISCONTI
Mitregent 1354–78
∞ Bianca von Savoyen,
† 1387

MARCO
† 1382
∞ Elizabeth von Bayern

LUDOVICO
† 1404

CARLO
† 1404
∞ Beatrice von Armagnac

VERDE
† 1403
∞ Leopold III Herzog von Österreich

TADDEA
† 1381
Stephan III., Herzog von Bayern

LUCIA
† 1424
∞ Edmund Holland Herzog von Kent

AGNESE
† 1391
∞ Francesco Gonzaga

VALENTINA
† 1393
∞ Peter von Lusignan König von Zypern

ANTONIA
∞ Eberhard III., Graf von Württemberg

MADDALENA
† 1404
Friedrich Herzog von Bayern

ELISABETTA
† 1432
∞ Ernst, Herzog von Bayern

CATERINA
† 1404
∞ Giangaleazzo Visconti

VIOLANTE
† 1386
∞ (1) Lionel, Herzog von Clarence
∞ (2) Secondetto Paleologo, Markgraf von Montferrato
∞ (3) Ludovico di Bernabò Visconti

VIII. GIANGALEAZZO VISCONTI
Herr von Mailand 1378-1395
Herzog von Mailand 1395-1402
* 1351
∞ (1) Isabella von Valois, † 1372
∞ (2) Caterina di Bernabò Visconti

BEATRICE
†1410
∞ Giovanni Anguissola

MARIA
† 1362

IX. GIANGALEAZZO MARIA VISCONTI
Herzog von Mailand 1402-1412
* 1388
∞ Antonia Malatesta

X. FILIPPO MARIA VISCONTI
Graf von Pavia 1402-1447
Herzog von Mailand 1412-1447
* 1392
∞ (1) Beatrice, Gräfin von Tenda, † 1418
∞ (2) Maria von Savoyen, † 1469

VALENTINA
* 1370 † 1408
∞ Ludwig von Valois, Herzog von Orléans

CHARLES
Herzog von Orléans

(Ambrosianische Republik 1447-1450)

XI. FRANCESCO I. SFORZA
Herzog von Mailand 1450-1466
Markgraf von Ancona
* 1401
∞ (1) Polissena Rufio, Gräfin von Montalto, † 1427
∞ (2) ? Caldora

BIANCA MARIA
† 1468

LUDWIG XII.
König von Frankreich 1498-1515
(herrschte 1499-1512 über Mailand)

4. Mailand: Das Haus der Sforza

MUZIO ATTENDOLO SFORZA
Graf von Cotignola
* 1369
† 1424

XI. FRANCESCO I. SFORZA
Herzog von Mailand 1450 -1466
Markgraf von Ancona
* 1401
∞ (1) Polissena Ruffo
Gräfin von Montalto † 1427
∞ (3) Bianca Maria Visconti † 1468

ALESSANDRO
Herr von Pesaro 1445-1473
* 1409
† 1473

XII. GALEAZZO MARIA SFORZA
Graf von Pavia
Herzog von Mailand 1466 -1476
verlobt mit Dorothea Gonzaga
† 1467 (?)
∞ Bona von Savoyen † 1503

IPPOLYTA
* 1445
† 1488
∞ Alfons II.
von Aragon

FILIPPO MARIA
Grarf von Corsica
* 1448 (?)
† 1492

SFORZA MARIA
Herzog von Bari
* 1451
† 1479

XIII. LUDOVICO MARIA SFORZA "IL MORO"
Herzog von Bari 1479
Herzog von Mailand 1494-1499 und 1500
* 1452
† 1508
∞ Beatrice d'Este † 1497

ASCANIO MARIA
Bischof von Pavia,
Novara,
Cremona und Pesaro,
Kardinal 1484
* 1455
† 1505

ELISABETTA MARIA
* 1456
† 1472
∞ Guglielmo VIII.
Paleologo,
Markgraf von Montferrat

XV. MASSIMILIANO SFORZA
Prinz von Pavia 1499
Duke of Milan 1512–15
† 1530

XVI. FRANCESCO II. SFORZA
Herzog von Mailand 1521-1524, 1529-1535
Prinz von Pavia 1530
† 1535
∞ Christina von Dänemark † 1590

MADDALENA
∞ Matteo Litta

BIANCA
† 1497
∞ Galeazzo
Sanseverino

LEONE
(Abt)
† 1501

GIAMPAOLO
Markgraf von Caravaggio
Graf von Galliate
† 1535
∞ Violante Bentivoglio

ISOTTA
* 1428
† 1485 oder 1487
∞ (1) Andrea Matteo Acquaviva
Herzog von Atri
∞ (2) Giovanni Maurizi

POLISSENA
* 1428
† 1449
∞ Sigismondo Malatesta,
Herr von Rimini

TRISTANO
* 1429
† 1477
∞ Beatrice d'Este
da Correggio

SFORZA 'SECONDO'
Graf von Borgonovo
* 1433
† 1501

DRUSIANA
* 1437
† 1474
∞ Jacopo Piccinino

FIORDELISA
* 1452
† 1522
∞ Guidaccio Manfredi

GIOVANNI MARIA
Archbishop of Genoa
† 1520

XIV. GIANGALEAZZO MARIA SFORZA
Herzog von Mailand 1476-1494
* 1469
∞ Isabella von Aragon † 1524

ERMES MARIA
Markgraf von Tortona
* 1470
† 1503

BIANCA MARIA
* 1472
† 1510
∞ Kaiser Maximilian

ANNA MARIA
* 1476
† 1497
∞ Alfonso I. d'Este

CATERINA
* 1463
† 1509
∞ (1) Girolamo Riario,
Herr von Imola
∞ (2) Jacopo Feo
∞ (3) Giovanni de' Medici

GALEAZZO
Graf von Melzo
* 1476
† 1515

OTTAVIANO
Bischof von Lodi
und Arezzo
* 1477
† 1541

BATTISTA
* 1446
† 1472
∞ Federico da Montefeltro
Herzog von Urbino

COSTANZO
* 1447
† 1483
∞ Camilla von Aragon

GINEVRA
* ca. 1440
† ca. 1507
∞ (1) Sante Bentivoglio,
Herr von Bologna
∞ (2) Giovanni Bentivoglio,
Herr von Bologna

GIOVANNI
* 1466
† 1510

GALEAZZO
† 1519

ISABELLA
* 1503
† 1561
∞ Cipriano del Nero

5. Ferrara: Das Haus Este

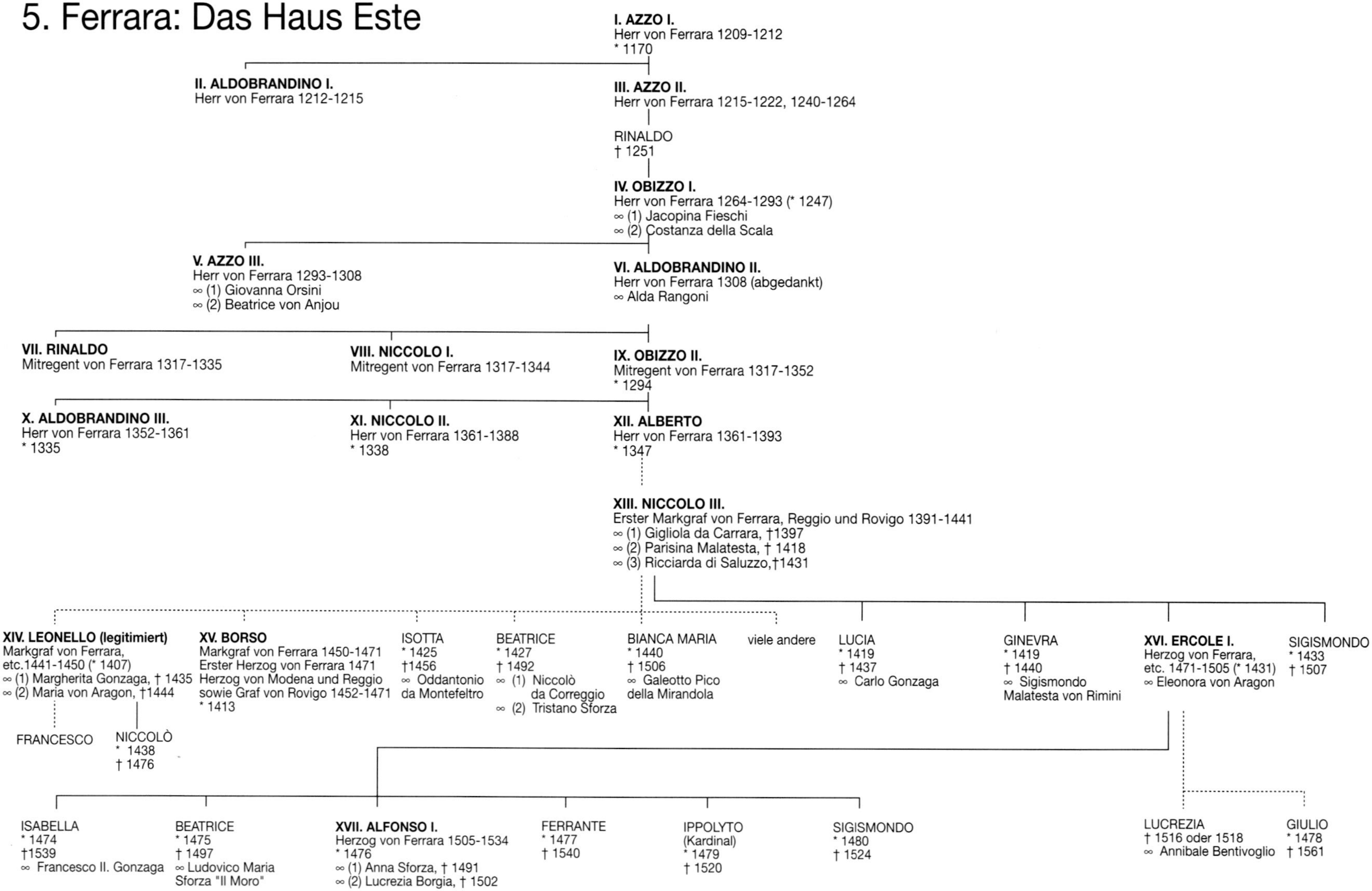

6. Mantua: Das Haus Gonzaga

I. LUIGI
Podestà von Mantua 1328-1360
* um 1268

II. GUIDO
Podestà von Mantua 1360–69
* um 1290

III. LUDOVICO
Podestà von Mantua 1369-1382
* 1334
∞ Alda d' Este, † 1381

IV. FRANCESCO I.
Podestà von Mantua 1382-1407
* 1366
∞ Margherita Malatesta, † 1399

V. GIANFRANCESCO
Podestà von Mantua 1407-1433
Markgraf von Mantua 1433-1444
* 1395
∞ Paola Malatesta, †1453

VI. LUDOVICO
Markgraf 1444-1478
* 1412
∞ Barbara von Brandenburg, †1481

CARLO
(condottiere)
* 1417
† 1456
∞ Lucia d'Este

MARGHERITA
* 1418
† 1439
∞ Leonello d'Este

GIANLUCIDO
* 1423
† 1448

CECILIA
* 1426
† 1451

ALESSANDRO
* 1427
† 1466

VII. FEDERICO
Markgraf 1478-1484
* 1441
∞ Margret von Bayern, †1479

FRANCESCO
(Kardinal)
* 1444
† 1483

DOROTEA
* 1449
† 1467 (?)

RODOLFO
* 1451
† 1495
∞ (1) Anna de' Malatesta
∞ (2) Caterina Pico

BARBARA
* 1455
† 1505
∞ Eberhard, Herzog von Württemberg

LUDOVICO
(Bishof von Mantua)
* 1460
† 1511

PAOLA
* 1463
† 1497
∞ Leonhard, Graf von Görz

GIANFRANCESCO
Herr von Bozzolo und Sabbioneta
* 1446
† 1496
∞ Antonia del Balzo, † 1538

und zwei weitere

CHIARA
* 1465
† 1503 oder 1505
∞ Herzog von Montpensier

VIII. FRANCESCO II
Markgraf 1484–1519
* 1466
∞ Isabella d'Este, † 1539

SIGISMONDO
(Kardinal)
* 1469
† 1525

ELISABETTA
* 1471
† 1526
∞ Guidobaldo da Montefeltro Herzog von Urbino

MADDALENA
* 1472
† 1490
∞ Giovanni Sforza von Pesaro

GIOVANNI
* 1474
† 1523

LUDOVICO
† 1540

PIRRO
Herr von Bozzolo und San Martino dall 'Argine
† 1529

LUIGI "RODOMONTE"
Herr von Sabbioneta
* 1500
† 1532
∞ Giulia Colonna, † 1570

ELEONORA
* 1494
† 1570
∞ Francesco Maria della Rovere, Herzog von Urbino

IX. FEDERICO
Markgraf von Mantua 1519–30
Herzog von Mantua 1530–40
* 1500
∞ Margherita Paleologo von Monferrato, † 1566

IPPOLYTA
(Nonne)
* 1501
† 1570

ERCOLE
(Kardinal)
* 1505
† 1563

LIVIA
(Nonne)
* 1508
† 1569

FERRANTE
Prinz von Guastella
1539–57
* 1507
∞ Isabella von Capua

Italien im ausgehenden 15. Jahrhundert

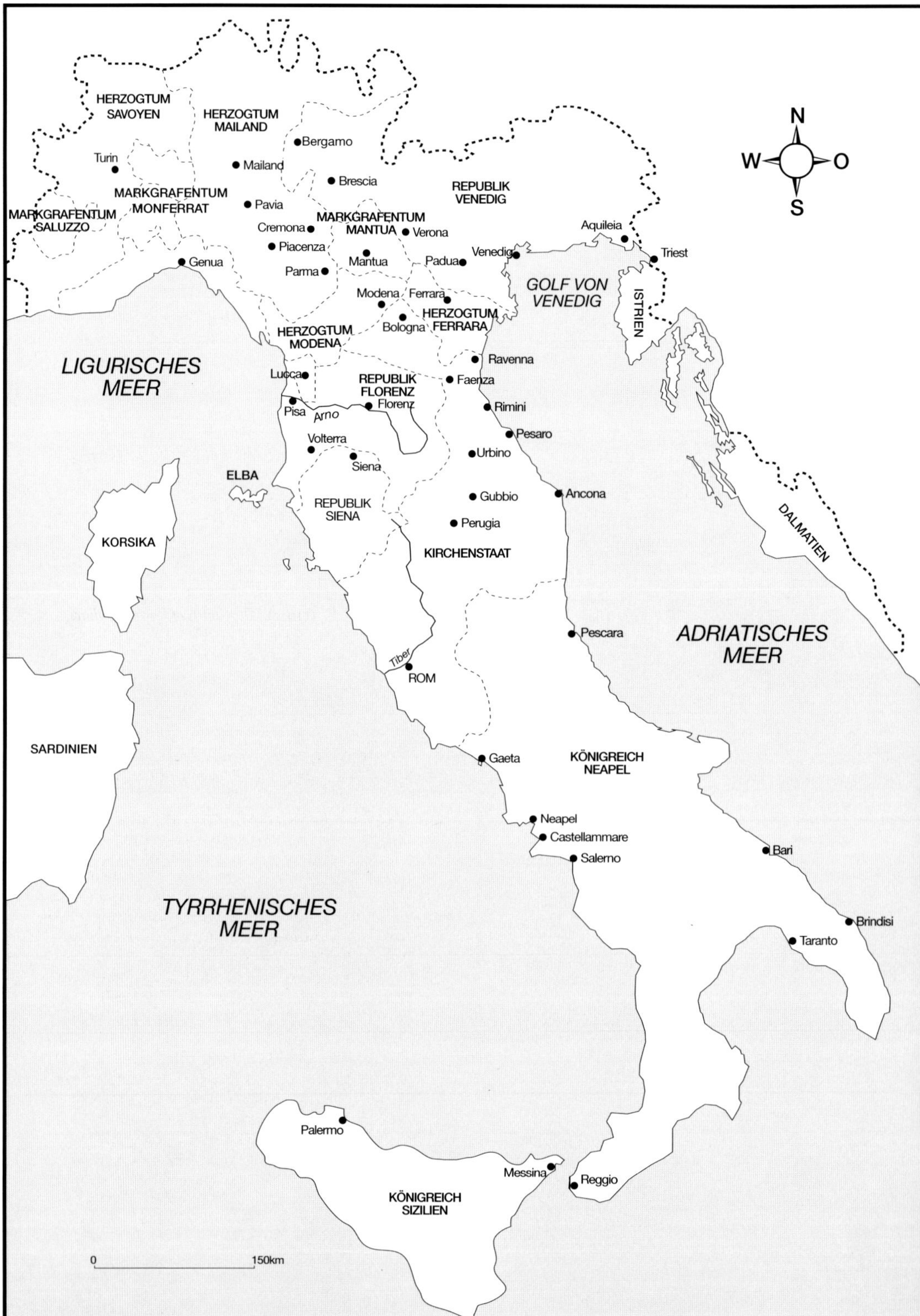

Bibliographie

Für die Übersetzung und Auswertung der lateinischen und italienischen Originaltexte wurden vor allem die Arbeiten von Micheal Baxandall (Bartolomeo Fazio, Lorenzo Valla, Guarino da Verona, Manuel Chrysoloras, Angelo Decembrio), Carol Kidwell (Giovanni Pontano), Creighton Gilbert, J.P. Richter (Leonardo da Vinci) und Martin Warnke herangezogen, denen mein besonderer Dank gilt. Übersetzungen zentraler Texte sind unter dem Originaltitel aufgeführt.

ALBERTI, LEON BATTISTA, *Zehn Bücher über die Baukunst.* Übers., eingel., Anmerk. und Zeichn. von Max Theuer. Bibliothek klassischer Texte 1991. Nachdruck der Ausgabe von 1912.

– : *Drei Bücher über die Malerei*, dt. 1877.

ALEXANDER, J. J. G. (ed.), *The Painted Page: Italian Renaissance Book Illumination 1450-1550* (exh. cat., London: Royal Academy of Arts and New York, Pierpont Morgan Library, 1994; New York und München: Prestel, 1994)

AMES-LEWIS, F., u. A. BEDNAREK (Hrsg.), *Mantegna and 15th Century Court Culture* (London: Birkbeck Col. 1993)

BAXANDALL, M., „A Dialogue on Art from the Court of Leonello d'Este: Angelo Decembrio's *Politia Litteraria* Pars LXVIII", *Journal of the Warburg and Courtauld Institutes*, 26 (1963)

– : *Giotto and the Orators* (Oxford: Clarendon Press, 1971)

– : *Painting and Experience in Fifteenth-century Italy* (Oxford: Clarendon Press, 1972)

BENTLEY, J. H., *Politics and Culture in Renaissance Naples* (Princeton, N. J.: Princeton University Press, 1987)

BERTELLI, C., *Piero della Francesca* (New Haven und London: Yale University Press, 1992)

BERTELLI, S., F. CARDINI, u. E. GARBERO ZORZI, *Italian Renaissance Courts* (London: Sidgwick and Jackson, 1986)

BOLOGNA, F., *Napoli e le rotte Mediterranée della pittura: da Alfonso il Magnanimo* a *Ferdinando il Cattolico* (Neapel: Società napoletana di storia patria, 1977)

BOLOGNA, G. (Hrsg.), *Milan e gli Sforza: Gian Galeazzo Maria e Ludovico il Moro) (1476-1499)* (Mailand: Rizzoli,1983)

BRAMBILLA BARCILON, P., u. P. C. MARANI, *Le Lunette di Leonardo nel Refettorio delle Grazie* (Mailand: Olivetti, 1990)

BURKE, P., *Die Renaissance in Italien. Sozialgeschichte einer Kultur zwischen Tradition und Erfindung.* Neuausgabe 1992.

CAMPBELL, L., *Renaissance Portraits* (New Haven and London: Yale University Press, 1990)

CASTELFRANCHI, L., u. J. SHELL (Hrsg.), *Giovanni Antonio Amadeo: Scultura* e *Architettura del suo Tempo* (Mailand: Cisalpino, 1993)

CASTIGLIONE, BALDASSARE, *Il Libro del Cortegiano* 1528, dt. *Der Hofmann* 1565.

CHAMBERS, D., u. J. MARTINEAU (Hrsg.), *The Splendours of the Gonzaga* (exh. cat., London: Victoria and Albert Museum, 1981)

CHAMBERS, D. S., *Patrons and Artists in the Italian Renaissance* (London: Macmillan, 1970)

– : „Sant'Andrea at Mantua and Gonzaga Patronage 1460-1472", *Journal Warburg and Courtauld Institutes*, 40 (1977)

CHELES, L., *The Studiolo of Urbino: An Iconographic Investigation* (University Park, Pa.: Pennsylvania State University Press, 1986)

CLARK, N., *Melozzo da Forlì* (London: Ph. Wilson, 1990)

CLOUGH, C. H. (ed.), *Cultural Aspects of the Italian Renaissance: Essays in Honour of Paul Oscar Kristeller* (Manchester: Manchester University Press, 1976)

– : *The Duchy of Urbino in the Renaissance* (London: Variorum Reprints, 1981)

– : „Federigo da Montefeltro: The Good Christian Prince", *Bulletin of the John Rylands Library*, LXVII,1 (Autumn '84)

CORDARO, M. (Hrsg.), *Mantegnas Camera degli Sposi* (Mailand und New Yor: Electa 1993)

CORTI, G., u. L. FUSCO, „Lorenzo de' Medici on the Sforza Monument", *Achademia Leonardi Vinci*, 5 (1992).

CZARTORYSKI, W., und andere. (Hrsg.), *Circa 1492: Art in the Age of Exploration* (exh. cat., Washington, D.C.: National Gallery of Art, 1991)

DAL POGGETTO, P. (ed.), *Piero e Urbino: Piero e le corti Rinascimentali* (exh. cat., Urbino, Palazzo Ducale e Oratorio di San Giovanni Battista, 1992; Venedig: Marsilio, 1992)

DEAN, T., *Land and Power in Late Medieval Ferrara: The Rule of the Este, 1350-1450* (Cambridge: Cambridge University Press, 1988)

DENNISTOUN, J., *Memoirs of the Dukes of Urbino... 1440-1630* (3 vols; London: Longman, Brown, Green, and Longman, 1851)

DICKENS, A. G. (Hrsg.), *The Courts of Europe: Politics, Patronage and Royalty 1400-1800* (New York: McGraw Hill, 1977)

DRISCOLL, E. R., „Alfonso of Aragon as a Patron of Art", *Essays in Memory of Karl Lehmann* (ed. L.F. Sandler; New York: Institute of Fine Art, NYU, 1964)

DUNKERTON, J., S. FOISTER, D. GORDON u. N. PENNY, *Giotto to Durer: Early Renaissance Painting in the National Gallery* (New Haven and London: Yale University Press, 1991)

EICHE, S., „Towards a Study of the 'Famiglia' of the Sforza Court at Pesaro", *Renaissance and Reformation*, 9 (1985)

ELAM, C., *Studioli and Renaissance Court Patronage* (MA thesis; London: Courtauld Institute, 1970)

ELIAS, N., *Die höfische Gesellschaft. Untersuchungen zur Soziologie des Königtums und der höfischen Aristokratie mit einer Einführung in Soziologie und Gesellschaftswissenschaft.* Darmstadt 1979.

EVANS, M. L., „New Light on Sforziada Frontispieces", *British Library Journal*, XIII, 2 (Autumn 1987)

FILARETE, *Trattato di architettura.* 2 Bde. Mailand Polifilo 1972.

FOSSI TODOROW, M., *I Disegni del Pisanello e della sua cerchia* (Florenz: Leo S. Olschki 1966) *From Borso to Cesare d'Este: The School of Ferrara 1450-1628*, (exh. cat., London: Matthiesen Fine Arts 1984)

GERBONI BAIARDI, G., G. CHITTOLINI, u. P. FLORIANI (Hrsg.), *Federico da Montefeltro: Lo Stato, Le Arti, La Cultura* (3 vols; Rome: Bulzoni, 1986)

GILBERT, C. E., *Italian Art 1400-1500: Sources and Documents* (Englewood Cliffs, N.J., and London: Prentice Hall, 1980)

GOLDTHWAITE, R., *Wealth and the Demand for Art in Italy 1300-1600* (Baltimore: J.Hopkins University Press, 1993)
GRAFTON, A., u. L. JARDINE, *From Humanism to the Humanities: Education and the Liberal Arts in Fifteenth- and Sixteenth-century Europe* (London: Duckworth, 1986)
GREEN, L., „Galvano Fiamma, Azzone Visconti and the Revival ofthe Classical Theory of Magnificence", *Journal of the Warburg and Courtauld Institutes*, 53 (1990)
HALE, J. R., *The Cívilization of Europe in the Renaissance* (London. 1993, dt. München: Kindler, 1994)
HARTT, F., *A History of ltalian Renaissance Art: Painting Sculpture, Architecture* (rev. ed.; London: Thames and Hudson, 1987)
HAY, D., *Europe in the Fourteenth and Fifteenth Centuries* (2nd. ed.; London: Longman, 1989)
– : *The Aragonese Arch at Naples, 1443-1475* (New Haven und London: Yale University Press, 1973)
HILL, G. F., *A Corpus of ltalian Medals of the Renaissance Before Cellini* (2 Bde; London: British Museum, 1930)
HOLLINGSWORTH, M., *Patronage in Renaissance Italy: From 1400 to the Early Sixteenth Century* (London: John Murray, 1994)
HOPE, C., *Titian* (London: Jupiter,1980) „The Early History of the Tempio Malatestiano", *Journal of the Warburg and Courtauld Institutes*, 55 (1992)
JACOBS, E. F. (Hrsg.), *Italian Renaissance Studies* (London: Faber and Faber, 1960)
JENKINS, u. FRASER, „Cosimo de' Medici's Patronage of Architecture and the Theory of Magnificence", *Journal of the Warburg and Courtauld Institútes*, 33 (1970)
JONES, R., u. N. PENNY, *Raphael* (New Haven and London: Yale University Press, 1983)
KEMP, M., *Leonardo da Vincí: The Marvellous Works of Nature and Man* (London: Dent, 1981)
KEMPERS, B., *Painting, Power and Patronage: The Rise of the Professional Artist in the Italian Renaissance* (London: Allen Lane, 1992)
KENT, F. W., u. P. SIMON (Hrsg.), Patronage, *Art and Society in Renaissance Italy* (Oxford: Clarendon Press, 1987)
KIDWELL, C., *Pontano* (London: Duckworth, 1991)
KING, D., „Gasparo Visconti's *Pasitea* and the Sala delle Asse", *Achademia Leonardi Vinci*, 2 (1989)
KRISTELLER, P. O., *Mantegna* (London: Longman, 1901)
LEONARDO DA VINCI, The Literary Works of Leonardo da Vinci (hrsg. von J. P. Richter, 2 Bde.; Oxford: Phaidon, 1977)
LIGHTBOWN, R., *Mantegna* (Oxford: Phaidon, 1986)
LUBKIN, G., *A Renaissance Court: Milan under Galeazzo Maria Sforza* (Berkeley and London: University of California Press, 1994)
LUGLI, A., Guido Mazzoni e la Rinascità della Terracotta nel Quattrocento (Turin: Allemandi, 1990)
LYTLE, G. F., u. S. ORGEL (Hrsg.), *Patronage in the Renaissance* (Princeton, N.J.: Princeton University Press, 1981)
MACHIAVELLI, NICCOLO, *Il Principe*. Bearb., eingel. u. mit Anm. v. Klaus Bock. Bibliothek der Pholosphie Bd. 6, München 1992.
MALAGUZZI VALERI, F., *La Corte di Lodovico il Moro* (4 Bde.; Mailand: Ulrico Hoepli, 1913-23)
MANCA, J., *The Art of Ercole de' Roberti* (Cambridge: Cambridge University Press, 1992)
– : „The Presentation of a Renaissance Lord: Portraiture of Ercole I d'Este, Duke of Ferrara (1471-1505)", *Zeitschrift für Kunstgeschichte*, 52 (1989)
MACIANO A. F., *L'età di Biagio Rossetti: Rinascimenti di Casa d'Este* (Ferrara: G. Corbo, 1991)
MARTINEAU J., u. S. BOORSCH (Hrsg.), *Andrea Mantegna* (exh. cat., London: Royal Academy of Arts,1992; London: Thames and Hudson, 1992)
MARTINES, L., *Power and Imagination: City States in Renaissance Italy* (New York: Knopf, 1980)
MILLON, H. A., u. V. MAGNAGO LAMPUGNANI (Hrsg.), *The Renaissance from Brunelleschi to Michelangelo: The Representation of Architecture* (exh. cat., Venedig: Palazzo Grassi,1994; London: Thames and Hudson, 1994)
MORROGH, A., und andere (Hrsg.), *Renaissance Studies in Honor of Craig Hugh Smyth* (2 Bde., Villa I Tatti conference; Florenz: Giunti Barbèra, 1985)
MORSCHECK, C. R., *Relief Sculpture for the Facade of the Certosa di Pavia, 1473-1499* (New York und London: Garland, 1978)
NATALE, M., u. A. MOTTOLA MOLFINO (Hrsg.), *Le Muse e il Principe: Arte di Corte nel Rinascímento Padano* (exh. cat., Milan: Museo Poldi Pezzoli, 1991; 2 Bde., Mailand: Franco Cosimo Panini, 1991)
PADE, M., L. WAAGE PETERSEN, u. D. QUARTA (Hrsg.), *La Corte di Ferrara e il suo mecenatismo 1441-1598* (Copenhagen: Atti del Convegno Internazionale, 1989)
PAPAGNO, G., u. A. QUONDAM, *La Corte e lo Spazio: Ferrara estense* (3 Bde.; Rom: Bulzoni, 1982)
PARTRIDGE, L., u. R. STARN, *Arts of Power* (Berkeley und Oxford: University of California Press, 1992)
PATERA, B., *Francesco Laurana in Sicilia* (Palermo: Novecen 1992)
PENMAN, B. (Hrsg.), *Five Italian Renaissance Comedies* (Harmondsworth: Penguin 1978)
PICCOLOMINI, AENEAS SILVIUS =Papst PIUS II., *De gestis Concilii Basiliensis commentatriorum libri II*. Hrsg. und ins Englische übersetzt von Denys Hay und W.K. Smith, Oxford, Clarendon 1967.
POLICHETTI, M. L., *Il Palazzo di Federigo da Montefeltro* (Urbino: Quattroventi Edizioni, 1985)
POLLARD, J. G. (Hrsg.), *Italian Medals: National Gallery of Washington Studies in the History af Art* (Washington 1 National Gallery of Art, 1987)
Renaissance Studies, III, 4 (1989), widmet ein Kapitel der höfischen Gelehrsamkeit.
RETI, L. (Hrsg.), *The Unknown Leonardo* (London, 1974)
ROGER, M., „The Decorum of Women's Beauty ... ", *Renaissance Studíes*, II, 1 (1988)
ROSENBERG, C. M., *Art in Ferrara during the Reign of Borso d'Este (1450-1471)* (Diss.; Ann Arbor, Mich.: University of Michigan, 1974)
– : „The Bible of Borso d'Este: Inspiration and Use", *Cultura Figurativa Ferrarese tra XV e XVI Secolo*,1 (1981)
– : (Hrsg.), *Art and Politics in Late Medieval and Early Renaissance Italy: 1250-1500* (Notre-Dame, Ind. and London: University of Notre-Dame Press, 1990)
ROSSI, M., u. A. ROVETTA, *Il Cenacolo di Leonardo* (Mailand: Olivetti 1988)
ROTONDI, P., *Il Palazzo Ducale di Urbino* (2 Bde.; Urbino: L'Istituto Statale d'Arte 1950)
RYDER, A. F. C., *The Kingdom of Naples under Alfonso the Magnanimous* (Oxford: Clarendon Press 1976)

SALMONS, J., u. W. MORETTI (Hrsg.), *The Renaissance in Ferrara and* its *European Horizons* (Cardiff University of Wales Press 1984)
SCHER S. K. (Hrsg.), *The Currency of Fame: Portrait Medals of the Renaissance*, (exh. cat., New York: Fiick Collection, 1994; London: Thames and Hudson, 1994)
SIGNORINl, R., *La più bella camera del mondo: la Camera Dipinta* (Mantua: Editrice, 1992)
SKOGLUND, M. A., *In Search of the Art Commissioned and Collected by Alfonso I of Naples* (Diss.; Columbia: University of Missouri 1989)
THOMSON, D., *Renaissance Architecture: Critics. Patrons. Luxury* (Manchester and New York: Manchester University Press, 1993)
VASARl, GIORGIO, *Le Vite de' Più Eccelenti Pittori, Scultori ed Archítettori* (ed. G. Milanesi, 9 Bde.; Florenz: Sansoni, 1906)
– : *Lebensläufe der berühmtesten Maler, Bildhauer und Architekten*. Anm. v. W. Rötzler und E. Deer. Nachw. v. R. Steiner. Manesse 5 Aufl. 1993
VERHEYEN, E., *The Paintings in the Studiolo of Isabella D'Este at Mantua* (New York: New York University Press, 1971)
VESPASIANO DA BISTICCI, *Große Männer und Frauen der Renaissance*, ausgew., übers., u. eingel. von B. Roeck 1995. 470 S., (München: Beck, 1995)
WARNKE, M., *The Court Artist* (Cambridge: Cambridge University Press, 1993)
WEIL-GARRIS, K., u. J. F. D'AMICO, „The Renaissance Cardinal's Ideal Palace: A Chaeter from Cortesi's 'De Cardinalatu'", *Studies in Italian Art and Architecture...* (Memoirs of the American Academy in Rome, 35; Rom: American Academy in Rome 1980)
WELCH, E. S., „The Image of a Fifteenth-century Court: Secular Frescoes for the Castello di Porta Giovia Milan" *Journal of the Warburg and Courtauld Institutes*, 53 (1990)
– : „Galeazzo Maria Sforza and the Castello di Pavia, 1469", *Art Bulletin* LXXI 3 (September 1989)
WESTFALL, C. W., *In This Most Perfect Paradise* (London: Pennsylvania State University Press, 1974)
WHITAKER, M., *The Legends of King Arthur in Art* (Woodbridge, Suffolk: D. S. Brewer 1990)
WOODS-MARSDEN, J., *The Gonzaga of Mantua and Pisanello's Arthurian Frescoes* (Princeton, N.J.: Princeton University Press, 1988)
– : (Hrsg.) „Art, Patronage and Ideology at Fifteenth-century Courts", *Schifanoia: Notizie dell'Istituto di Studi Rinastimentali di Ferrara*, 10 (1990)

Bildnachweis

Nähere Angaben zu den einzelnen Sammlungen siehe Bildunterschriften; die angegebenen Ziffern beziehen sich auf die Abbildungsnummern, wenn nicht anders vermerkt.

Alinari, Florence: 3, 32, 60, 79
James Austin, Cambridge: 10
Raffaello Bencini, Florenz: 7, 17, 18, 62
Biblioteca Ambrosiana, Mailand: 69 (Codex Atlanticus 53 v-ab)
Biblioteca Comunale Ariostea, Ferrara: 89 (Foto: B&G Studio Fotografico, Ferrara)
Biblioteca Estense, Modena: 97 (Lat. 422 MS V.G. 12, vol.l c. 280 v) und Umschlagrückseite (Detail), 103, und Seite 119 (Ausschnitt aus 97)
Biblioteca Nacional, Madrid: 75 (Codex 2 149 r.)
Bibliothèque Nationale, Paris: 68 and 76 (Imp. Res.Velin 724)
Museum Boymans van Beuningen, Rotterdam: 31
The Bridgeman Art Library, London/Giraudon Paris: 20
The British Library, London: 34 (MS Add 28962 fol. 281 v.)
Calmann & King, London: 110 (Foto: Ralph Lieberman)
Foto Chiolini, Pavia: 77, 80, 81
Museo Civico Rimini: 25 26, 56
The Cleveland Museum of Art:15 (© The Cleveland Museum of Art, Leonard C.Hanna, Jr. 64.150)
Giancarlo Costa Mailand: 71
Devonshire Collection, Chatsworth: 96 (Abgebildet mit Genehmigung der Chatsworth Settlement Trustees)
Arti Doria Pamphili, Rom: 90
Fotografica Foglia, Neapel: 24, 37, 41, 43, 44, 45, 46, 47, 102 und Seite 45 (Ausschnitt aus 45)
Foto Moderna, Urbino: 2, 8, 54, 57, 61, 64, 66, 67, 82, 50, und Seite 91 (Ausschnitt aus 67)
Giovetti, Mantua:16, 28, 111, 124, 126
Landesmuseum für Kärnten, Klagenfurt, Österreich: 5, und Seite 7 (Ausschnitt aus 5)
The Metropolitan Museum of Art, New York, Fletcher Fund, 1946: 4
Ali Meyer, Wien: 119, 120
Paolo Mussat Sartor, Turin: 101
National Gallery, London:1, 52, 95, 100, 118, 127
National Gallery of Art, Washington: Umschlagvorderseite (Ausschnitt) und 14 (Widener Collection), 91 (Samuel H. Kress Collection), 92 (Samuel H. Kress Collection) 99 (Ailsa Mellon Bruce Fund); all © 1995 National Gallery of Art, Washington, Board of Trustees
© Olivetti, Milan and Soprintendenza ai Beni Artistici: 85 (Foto: A. Quattrone)
Museo Poldi Pezzoli Milan: 94
© Museo del Prado, Madrid: 35, 93, 128, und Seite 171 (Ausschnitt aus 128)
Réunion des Musées Nationaux Paris: 42, 59, 105, 117, 122, 123, 125 und Seite 143 (Ausschnitt aus 122)
The Royal Collection, Windsor © Her Majesty Queen Elizabeth II: 116
Sammlung Thyssen-Bornemisza, Lugano: 29
Scala, Florenz: Seite 2-3, 6, 9, 11, 12, 13, 19, 23, 33, 36, 48, 49, 51, 53, 55, 58, 63, 65, 70, 72, 78, 83, 84, 87, 88, 98, 104, 106, 107, 108, 109, 112, 113, 114 und Umschlagrück seite (Detail), 115, 121, 174, und Seite 93 (Ausschnitt aus 87)
© The Trustees of the Victoria & Albert Museum, London: 21, 22, 38, 39, 40, 73, 27, 30, 86 und Seite 17 (Ausschnitt aus 22)

Register